# 古代歷史文化 研究輯刊

## 五 編

王 明 蓀 主編

# 第 20 冊

## 明鄭降清叛清官兵的研究
### （1646～1683）

葉 其 忠 著

## 《御批歷代通鑑輯覽》之御批析述

邵 學 禹 著

國家圖書館出版品預行編目資料

明鄭降清叛清官兵的研究（1646～1683）　葉其忠　著／《御
批歷代通鑑輯覽》之御批析述　邵學禹　著—初版—新北市：
花木蘭文化出版社，2010〔民99〕
目2+80面＋目2+114面；19×26公分
（古代歷史文化研究輯刊 五編：第20冊）
ISBN：978-986-254-433-4（精裝）
1. 明鄭時期　2. 軍人　3. 中國史
618　　　　　　　　　　　　　　　　　　　100000592

ISBN-978-986-254-433-4

9 789862 544334

古代歷史文化研究輯刊
五　編　第二十冊　　　　　　　ISBN：978-986-254-433-4

明鄭降清叛清官兵的研究（1646～1683）
《御批歷代通鑑輯覽》之御批析述

作　　者　葉其忠／邵學禹
主　　編　王明蓀
總 編 輯　杜潔祥
印　　刷　普羅文化出版廣告事業
出　　版　花木蘭文化出版社
發 行 所　花木蘭文化出版社
發 行 人　高小娟
聯絡地址　新北市永和區中正路五九五號七樓之三
　　　　　電話：02-2923-1455／傳真：02-2923-1452
電子信箱　sut81518@gmail.com
初　　版　2011年3月
定　　價　五編32冊（精裝）新台幣56,000元　　　版權所有·請勿翻印

# 明鄭降清叛清官兵的研究（1646～1683）

葉其忠　著

## 作者簡介

葉其忠先後獲新加坡南洋大學歷史系榮譽學士、國立台灣大學歷史所近代史組碩士、牛津大學中國研究系博士、Wolverhampton 大學榮譽法學士（遠距教學）及倫敦大學榮譽法學士（校外課程）學位。曾任中研院近史所約聘助研究員、中研院近史所助研究員。現職是中研院近史所副研究員。著有 *"Western Wisdom in the Mind's Eye of a Westernized Chinese Lay Buddhist: The Thought of Chang Tung-sun, 1886~1962"*（博士論文）、〈1923 年「科玄論戰」評價之評價〉、〈「知識即生活」：從張東蓀與張君勱間的一場辯論看張東蓀早期認識論的核心〉、〈重探所謂「胡適博士學位問題」四種類型的論證〉、〈理解與選擇：胡適與康納脫（James Conant）的科學方法論比論〉以及〈無方之方：胡適一輩子談治學與科學方法平議〉等文。

## 提　要

　　鄭、清對抗，勢不兩立，明鄭官兵何去何從？明鄭官兵在什麼情況下降清？又在什麼情況下叛清？

　　本文從鄭成功的「移孝作忠」典型出發，用個案分析的方式來研究此歷史現象，從中可發現大批明鄭官兵降清、叛清的發生足以反映當時社會政治和軍事的大變動。在此大變動中，所有明鄭官兵都面臨了抉擇。大部分明鄭官兵自始至終效忠明鄭，而有相當數目的明鄭官兵則無法自始至終效忠明鄭，轉而投效清朝，成了降清的明鄭官兵，而降清的明鄭官兵中又有些在三藩叛清時起而響應，背叛清朝。

　　就明鄭三代的降清、叛清官兵個案的分析看來，諸多因素中如「勢蹙而降」、「懼東土初闢」、「水土不服」、「眾叛親離」、「響應三藩」等（至少在某一時期）顯係具有普遍的特色。這些具有普遍特色的因素相當足以反映降清、叛清此一歷史現象，而當降清成為明鄭的危機時，則明鄭的抗清顯露敗亡之徵。在鄭成功時代降清是個別現象，而到了鄭克塽時代降清已成趨勢，席捲了抗清的力量。

# 目

# 次

# 第一章　緒　論

　　本論文以明鄭三世主要降清、叛清官兵為研究對象，其目的在於了解此歷史現象以及對此現象的解釋。

　　本論文所用「降清」一詞，是指明鄭官兵不再效忠明鄭，轉而為清朝效命而言，因而不包括那些雖脫離明鄭抗清行列但不效命清朝的明鄭官兵；至於「叛清」是指那些曾經降清（含明鄭降清官兵）後又抗清的官兵的反覆行為。本論文所用的「叛清」、「抗清」二詞與一般所說的「反清」一詞的意義大致相同，所不同的是，「叛清」比較側重於先降而復叛，而「抗清」則通常表示其人始終未降過清。

　　本論文以一批反覆的人物為研究對象，自以反覆人物為探討中心。除對反覆事件做一般性說明外，並特別注重個別反覆事件的具體因素和情況，因此個案研究是本論文的重點。在研究個案時，本文將依下述步驟：

　　（一）降清或叛清的事實記載。

　　（二）關於降清或叛清的藉口。

　　（三）設若降清和叛清都是當事人的抉擇，則據此觀點加以評價。

　　本論文把反覆者的背景分析放在次要地位，因為體認到即使個人在教養、憧憬等等各有差異的情況下，反覆者在降清、叛清的行動上仍有抉擇的可能性，否則很可能得出這樣的結論：反覆者是沒有行動自由的，因而降清、叛清將無是非對錯。其實明鄭官兵當初的抗清即是個抉擇，他們跟隨明鄭三世，出生入死，征戰於海上陸上，不管他們的動機如何，都顯然是種決定，是種自由的表現。

　　抉擇和自覺性是分不開的，就本文所研究的反覆個案看來，所有的反覆

行爲都是自覺的，有目的的。每個反覆的個案都可看做是反覆思想的具體化
——即付諸於行動。在研究個案時可以發現，藉口最能說明反覆問題——因
爲任何藉口都是反叛者所能編織的最好的理由，它至少具有兩層作用：

（一）滿足行爲裡不良動機的要求，並求得心理上的安慰。

（二）求得社會認可或諒解某種行爲的有效法門。

本論文共分八章。第一章緒論說明以個案研究明鄭官兵降清、叛清的用
意；第二章著重分析鄭成功抗清復明的抉擇及對此抉擇的解釋；第三、第四、
第五、第六、第七共五章是以第一和第二章的討論爲準，分析明鄭官兵降清、
叛清的具體事例；最後則爲結論。

## 明清西曆對照簡表（年次以明朝之隆武、永曆爲準）

| 明 | | 清 | | 干支 | 公曆 | 明 | | 清 | | 干支 | 公曆 |
|---|---|---|---|---|---|---|---|---|---|---|---|
| 永曆 | 1 | 順治 | 4 | 丁亥 | 1647 | 永曆 | 20 | 康熙 | 5 | 丙午 | 1666 |
| | 2 | | 5 | 戊子 | 1648 | | 21 | | 6 | 丁未 | 1667 |
| | 3 | | 6 | 己丑 | 1649 | | 22 | | 7 | 戊辰 | 1668 |
| | 4 | | 7 | 庚寅 | 1650 | | 23 | | 8 | 己酉 | 1669 |
| | 5 | | 8 | 辛卯 | 1651 | | 24 | | 9 | 庚戌 | 1670 |
| | 6 | | 9 | 壬辰 | 1652 | | 25 | | 10 | 辛亥 | 1671 |
| | 7 | | 10 | 癸巳 | 1653 | | 26 | | 11 | 壬子 | 1672 |
| | 8 | | 11 | 甲午 | 1654 | | 27 | | 12 | 癸丑 | 1673 |
| | 9 | | 12 | 乙未 | 1655 | | 28 | | 13 | 甲寅 | 1674 |
| | 10 | | 13 | 丙申 | 1656 | | 29 | | 14 | 乙卯 | 1675 |
| | 11 | | 14 | 丁酉 | 1657 | | 30 | | 15 | 丙辰 | 1676 |
| | 12 | | 15 | 戊戌 | 1658 | | 31 | | 16 | 丁巳 | 1677 |
| | 13 | | 16 | 己亥 | 1659 | | 32 | | 17 | 戊午 | 1678 |
| | 14 | | 17 | 庚子 | 1660 | | 33 | | 18 | 己未 | 1679 |
| | 15 | | 18 | 辛丑 | 1661 | | 34 | | 19 | 庚申 | 1680 |
| | 16 | 康熙 | 元 | 壬寅 | 1662 | | 35 | | 20 | 辛酉 | 1681 |
| | 17 | | 2 | 癸卯 | 1663 | | 36 | | 21 | 壬戌 | 1682 |
| | 18 | | 3 | 甲辰 | 1664 | | 37 | | 22 | 癸亥 | 1683 |
| | 19 | | 4 | 乙巳 | 1665 | | | | | | |

# 第二章　鄭成功抗清復明與忠孝

鄭成功所發動的明鄭三世抗清運動是清統一中國過程中最後消滅的一股抵抗力量。此抵抗力量在中國歷史上具有二特殊意義：

（一）就「忠」的觀點而言，鄭成功是個徹底的、極端切合的典型，深符「春秋大義」。

（二）滿清以異族入主中國，鄭成功誓死抵抗，效忠明室，意味著種姓反抗，為近代民族主義的張本。

大部分中文文獻對此二點都有詳細的記載，在此可用「忠」、「孝」、「反清復明」三個概念來概括。

研究鄭成功，第一個要問的問題是：他為什麼要抗清？第二個問題是：他為什麼要抗清復明？抗清是個抉擇，抗清復明也是個抉擇。一句話，抗清也好，抗清復明也好，兩者都是行動。由抗清而抗清復明，或說抗清即是復明，說明抗清是手段，復明是目的。鄭成功的抗清復明無疑是極高度自覺性和社會性的抉擇與行動。其自覺性表現在他有許多可能性的選擇，其社會性表現在他把滿清統一中國的過程拖延了近四十年。

一般而言，對鄭成功抗清復明抉擇的解釋，是以鄭芝龍降清、隆武帝遇害、母親切腹自殺這三件大事為根本。

《台灣鄭氏紀事》記成功誓師云：

……既遭國難、諫父不聽、且痛母死非命，慷慨激烈、謀起義兵……所善陳輝、張進、施琅、施顯、陳霸、洪旭等願從者九十餘人，乘二巨艦、斬纜行，收兵南澳，得數千人，文移稱「忠孝伯招討大將軍罪臣國姓」。[註1]

---

〔註 1〕川口長孺，《台灣鄭氏紀事》，頁22。

最詳盡的綜合見張菼的《鄭成功紀事編年》一書，它云：

隆武二年十一月十七日，父芝龍降清，成功走金門。清兵淫掠安平，田川太夫人自殺……清兵既入天興，芝龍撤兵，屯安平，樓船尚五、六百艘；以清營之訊未通，未敢迎投……成功諫之曰：「閩、粵之地阻深，不利馳騁，憑高設險，虜騎雖百萬，其奈我何！誠能內修庶政以固根本、外輯師旅以強其兵，通洋興販以裕其餉，明『春秋』尊王之義，勵多士、忠貞之節；伺隙而動，足以伸大義於天下也！」芝龍哂曰：「孺子！何足以知之！夫以四鎮之雄，天塹之險，南都亡不旋踵；閩、粵一隅，豈足當全國之兵！」成功曰：「父未之思也！南都之亡，蓋以君非勘亂之才，臣多姦佞之輩，遂致天塹難憑，志士飲恨耳！」芝龍曰：「識時務者方為俊傑；且人以禮先，設與為敵，一有失利，追悔莫及！豈能捨富貴之實利而求忠義之虛名，棄優遊之歲月而走不測之險途！爾勿多言！」成功痛哭前跪曰：「父教子忠，不聞以貳；且清虜何信之有？虎離於山、魚脫於淵，後果可知；父當三思！」芝龍怫然不悅。成功出語叔鴻逵，鴻逵危之，助成功走避金門。芝龍疾成功不識時，以語鴻逵，鴻逵意清人不可測，與弟芝豹以「魚不可脫於淵」諫之……芝龍曰：「甲申之變，亦屬失其鹿，天下共逐耳！天下無常，唯有力者居之；新朝三分天下過其二，欲以一隅抗，亦何其不自量，棄暗投明，英雄多有行之者，吾何嫌！」……芝龍以田園遍閩、粵，秉政以來，益莊倉五百餘；駑馬戀棧，遂從五百騎趨天興，過泉州，大肆招搖，以博洛來書示人，命求官者就議價……博洛挾之俱北，從者俱在別營。慮成功有後患也，以書據之；成功亦以書復曰：「我家起草莽，違法聚眾，朝廷不加誅，更錫爵命，至闔門封拜；以兒之不肖，賜國姓、掌玉牒、畀印劍，親如肺腑；即糜軀粉骨，豈足上報哉！既不能匡君於難，致宗社墮地，又何忍背恩求生、反顏事仇？大人不顧大義，投身虎口，吉凶未卜；而趙伍伍員之事，古人每圖其大者，唯小人努力自愛，勿以兒為念！」芝龍得書，嘆曰：「兒不來，海上之禍未艾也！」以語博洛曰：「北上面君，是我本願；但子弟擁兵海上，又素非馴良，且奈何？」博洛曰：「非吾慮所及！」至北都，授精奇哈番。鴻逵及彩，入於海。

十二月初一日，盟文武僚於烈嶼，起兵抗清。成功在金門，既悉帝后

凶耗，又痛母死非命；加之父入虎穴，生死難料；國恨家仇，萃於一身，悲不自勝，遂謀起義。於是為紹宗發喪，縞衣起兵，會於烈嶼；設高皇帝位，定盟恢復，其誓眾詞有云：「本藩乃明朝之臣子，縞素應然；實中興之將佐，披肝垂地；冀諸英傑，共伸大義。」定明年為隆武三年，文移稱「招討大將軍忠孝伯罪臣」。願從者忠勇侯陳豹、忠靖伯陳輝、忠振伯洪旭、忠匡伯張進暨施琅、施顯等，得同志者九十餘人，乃收兵南澳，得數千眾，軍聲大振，宗室遺老皆往依之。〔註2〕

從上引長文可知，促成鄭成功抗清復明抉擇的決定性的理由。對鄭成功而言，家仇國恨是分不開的，是由滿清入主中國帶來的，因而抗清就變成了鄭成功為家報仇、為明雪恨的前提。但可惜的是，對一般明鄭官兵而言，家仇國恨並不是全然合一的。明末的腐敗政權，使老百姓家破人亡，鋌而走險，這是家仇。若要把家仇和因滿清入主中國所帶來的國恨結合起來，則得有認同明政權的前提，若無此前提，家仇和國恨將無法合一。但在深受「華夷之辨」濡染的國土上，種族的猜忌、文化的衝突是不可避免的，因而一般百姓縱使不支持明政權，沒有強烈的國恨，也可能同情鄭成功的抗清復明。問題是：一般老百姓會支持明鄭三世的抗清復明到什麼程度？

鄭成功以抗清復明為終身追求的目標，可以說是他個人和社會上的愛恨的昇華，也可以說是鄭成功的「移孝作忠」的彰顯。他在二十四歲那年起兵，之後所以能發展出一股抗清復明的龐大力量，除了他的家仇、國恨能吸引老百姓的同情和支持外，最重要的當是東南沿海早已存在的海上活動。概言之，東南沿海之所以能成為明鄭三世抗清復明的根據地，其理由不外乎：

（一）東南沿海是鄭家海上勢力的根據地，鄭成功長於斯，發展勢力自然得心應手。

（二）滿清入主中國，接掌大明江山，為時尚短，遠處一隅的東南沿海仍保有明的勢力。明、鄭勢力兩相結合，既可抗清，又可將鄭家的海上勢力導入正軌。

（三）海洋天險是以海為生的明鄭勢力最安全的保障，是善騎射、不善水戰的清軍的剋星。

由鄭芝龍兄弟建立起來的鄭家東南沿海勢力，到了鄭成功時代，因鄭成功的起兵抗清而有了質的變化。鄭芝龍本身雖沒有為明祚效命，卻為他的兒

---

〔註2〕 張菼，《鄭成功紀事編年》，頁26～8。

子鄭成功提供了為明效命的必要途徑。總而言之，分析鄭成功為明祚效命的
根源，可從二個層次著眼：

（一）鄭成功是海盜鄭芝龍的兒子，鄭芝龍對他的期望、影響，使他獲
得宗人府府正的殊榮，對弱冠即受諸叔歧視的鄭成功而言，不啻給他指示了
認同的方向。《鄭成功紀事編年》云：

> 紹宗人閩正位……唯鄭氏是賴，成功隨父陛見，帝時未有嗣，奇成功
> 容止，撫其背曰：「惜無一女以配卿……卿當盡忠吾家，毋相忘也！」
> 遂賜國姓。〔註3〕

賜姓的目的是「盡忠吾家，毋相忘也」，鄭成功的確是接受了此寵召，立
意效命，文云：

> 時清人為間於江南者為內院洪承疇，於閩者為御史黃熙胤，皆晉江人，
> 與芝龍頗通聲問。帝因而居常不寧，成功因間跪奏曰：「陛下鬱鬱不樂，
> 得無以臣臣父有異志手？臣受國厚恩，義無反顧，臣以死捍衛陛下
> 矣！」〔註4〕

（二）當了國姓爺、宗人府府正的青年鄭成功，對其父原有極誠摯的期
待——期待他父親能為明效命，永當忠臣，但鄭芝龍的見機行事使他大失所
望。在「天以難危付吾儕，一心一德賦同仇，最憐忠孝難兩盡，每憶庭闈涕
泗流！」〔註5〕「克敘彝倫，首重君臣之義；有功世道，在嚴夷夏之防」〔註6〕
「成功恨異族之入寇，痛王室之播遷；不遑寧處，焉能坐視！」〔註7〕「大義
滅親，從治命，不從亂命」的思想下，鄭成功選擇了忠臣的角色。

---

〔註3〕同註2，頁19。
〔註4〕同註2。
〔註5〕同註2，頁124。
〔註6〕同註2，頁65。
〔註7〕同註2，頁111。

# 第三章　鄭成功時代的降清官兵

　　鄭成功時代的抗清復明活動是明鄭三世抗清的顛峰時期。終鄭成功一生，背叛他的鎮將或鎮將以上的將領有十餘員；雖然這數目與他吸收的將弁人數相比要少得多〔註1〕，但對明鄭三世抗清影響最大的降清事件——施琅、黃梧的背叛，都發生在此時。永曆五年，左先鋒施琅的逃死降清，鄭成功曾頓足曰：「唉！吾不幸結此禍胎，貽將來一大患！」〔註2〕永曆十年六月，前衝鎮黃梧據海澄裏脅副將蘇明、知縣王士元降清，使鄭成功損失「糧粟二十五萬石、軍器衣甲、銃器無數，各將私積又無數。」鄭成功曰：「吾意海澄為關中海內，故諸凡盡積之，豈料黃梧如此悖負，後將如何用人也！」〔註3〕施黃二人降清後，對鄭經、鄭克塽二代抗清的危害在後文會論及，這裡暫且省略。茲先列表以明此時期官兵降清的姓名、年月。

### 鄭成功時代的降清官弁

| 個案 | 官弁姓名 | 降清年月（以永曆紀年） | 個案 | 官弁姓名 | 降清年月（以永曆紀年） |
|---|---|---|---|---|---|
| 1. | 陳　斌 | 四年閏十一月 | 2. | 施　琅 | 五年五月 |
| 3. | 黃　梧 | 十年六月 | 4. | 林興珠 | 十年六月 |
| 5. | 顧　忠 | 十年八月 | 6. | 陳寶鑰 | 十年十月 |
| 7. | 楊啓智 | 十年十二月 | 8. | 唐邦杰 | 十一年十一月 |

〔註1〕據張雄潮〈鄭成功對將吏的統御才略〉一文，頁58得知，（《從征實錄》載）自永曆三年十月起至永曆十三年七月止，清將的降附鄭氏和舊將的歸附，計有清將五十餘員、清官兵二十餘員，舊將三十餘員。
〔註2〕施琅，《靖海紀事》，頁26。
〔註3〕〈鄭成功對將吏的統御才略〉，頁59。

| 9. | 劉進忠 | 十二年十月 | 10. | 余　新 | 十三年七月 |
|---|---|---|---|---|---|
| 11. | 陳　鵬 | 十四年月 | 12. | 萬　祿 | 十五年六月 |
| 13. | 房星燁 | 十五年七月 | 14. | 陳　豹 | 十六年三月 |

註：隆武二年至永曆十六年五月八日、順治三年至十八年、西元 1646～1662 年。

茲按個案發生的先後，試予分析如下：

## （一）陳斌的個案

陳斌有兩次降清的記錄。第一次是在永曆四年閏十一月（清曆十二月），《鄭成功紀事編年》云：

> 左先鋒施琅兄弟恃功而驕，動輒凌人；斌與之不相能，語人曰：「恃眾，吾亦有兵；恃力，縱使兄弟二人，吾將隻手碎之！」郎（琅）聞，陽謝之，而陰愬於成功。斌不自安，率部去，留書成功述其情。斌旋入潮陽，清兵至，降。〔註4〕

陳斌，潮人，本是鄭家舊將，於永曆三年十一月來自海陽，因腰大力饒，掌較常人倍之，人呼之「大巴掌」，是鄭成功的驍將〔註5〕。他的來歸鄭成功是經過一番奮鬥的。《鄭成功紀事編年》云：

> ……俄楊廣來歸。廣與斌有郤，曾脅之以兵，斌負三歲子於背出奔，至城門，一手持斧破門，一手持刀禦敵，得逸……。〔註6〕

降清後的陳斌顯然是不得意的，故有一再反覆的行為。文獻上對他再歸附鄭成功一事只有這樣的記載：「（永曆）七年，潮人黃海如、陳斌道成功入潮，是年，全粵俱奉永曆。」〔註7〕但對他為鄭成功效命不成，被迫一再降清則有較多的記載，如《台灣外記》報導他降清及其下場云：

> （順治十四年，九月）陳斌等罷星塔待援，總兵施琅遣人招斌，斌率盧謙等薙髮投誠，全師至福州。泰令大廳按冊內花名領賞，五人一隊，從東轅門入，由西轅門出，即收其器械，梟首千有餘人。斬訖，方收斌與謙等，併殺之……。〔註8〕

《台灣鄭氏紀事》認為陳斌是被誘殺的，它云：

〔註4〕《鄭成功紀事編年》，頁 40。
〔註5〕楊英，《從征實錄》，頁 5、9，《鄭成功紀事編年》，頁 34。
〔註6〕《鄭成功紀事編年》，頁 34。
〔註7〕諸家，《鄭成功傳》，頁 6。
〔註8〕江日昇，《台灣外記》，頁 167；鄭成功傳說被殲者凡五百餘人（頁 14）。

……（永曆十一年）……三月，故鎮海將軍定西侯鴻逵病卒于梧州，成功回島。尋遣將城州峽江牛心塔，令陳斌、林銘、杜輝等守之。清兵來攻，銘棄回，斌降而被誘殺……。〔註9〕

促成陳斌第二次降清的情勢是無援〔註10〕，招降他的是仇人施琅，誘殺他的人也是施琅。

## （二）施琅的個案

施琅在永曆五年四月二十日背叛鄭成功投降清朝〔註11〕。他的降清是明鄭降清官兵中對明鄭命運摧殘最鉅的一起個案，明鄭最後即亡於施琅之手。

施琅本是隆武一將兵，在閩變後降清，以總兵隸屬李成棟；當鄭成功起兵時，他於永曆元年九月歸附〔註12〕，成為鄭成功抗清最基本的九十餘人中的一個。《福建通志列傳選》說他是：

……晉江人……少臂力絕人，通陣法，尤善水戰，諳曉海中風候。明末從軍，討山賊有功，擢游擊，嘗隸黃道周麾下；道周不能用，乃謝去。鄭成功託明賜姓，棲海上，以琅為左先鋒，相得甚，軍儲卒伍及機密大事悉與謀，嗣因成功將掠奪粵之惠、潮，以佐餉，琅不可，成功弗懌。琅復以法誅逃將成功所，成功怒，執琅於囚艙中；琅脫身投誠……。〔註13〕

靖海紀事欽定八旗通志名臣別傳可以補充上文，它云：「……國朝定鼎後，偽唐在朱聿釗據福建，潛號隆武，琅以功多，為同輩所忌，乃從海出粵東，集勁卒八百人，憩黃岡鎮，鄭成功者……素知琅名，欣倚以為重，遮入海，禮遇甚渥，會以糧匱，謀剽掠廣東，琅正言阻之，拂其意，有標弁得罪，恃鄭親曙逃於鄭所，琅申軍法擒斬之。鄭怒，遂執琅，而分禁其家屬。琅以計得勝，其父與弟俱遇害。」《鄭成功紀事編年》有綜合云：

郎（琅）本假歸，及南下計沮，又加中左克敵功，並未復其左先鋒鎮職，而其部將萬禮已升後衝鎮，怨望；郎本隆武時宿將，資望與黃廷、洪鎮等埒，意更怏怏。因請為僧以揣成功意；成功令募兵，許授前鋒鎮。成功諸鎮，戎旗為首，次先鋒，奪先鋒而授前鋒，是降也；且尚

---

〔註9〕《台灣鄭氏紀事》，頁40。
〔註10〕《鄭成功傳》，頁14。
〔註11〕《鄭成功紀事編年》，頁42。
〔註12〕同註11，頁29。
〔註13〕陳衍，《福建通志列傳選》，頁99。

有待，自非所望。乃逕削髮，有召不赴。尋因細故碎右先鋒黃廷營中器，成功誠之，郎陽諾而陰含忿。又以親軍曾德求入成功親隨營，擒治德，成功馳令勿殺，不從。於是，成功陰圖之益亟。二十日，傳令發兵，命各鎮登艦，另謀提調以轄；郎弟顯，屬援剿右鎮黃山提調。山召顯計事，至則出成功令羈之。時黃廷已收郎，親隨黃昌亦繫其家屬，乃併交樓船鎮忠定伯林習山幽之，習山副將吳芳守，俄有人偽持令箭取郎，芳不察，並派兵押送；途次，郎脫走，投左先鋒蘇茂所；茂方晚食，郎曰：「聞爵主購我千金；與弟厚，以千金相贈。」茂陰以小舟縱之去，郎尋再降於清。〔註14〕

〈鄭成功擒治施琅事件種因考〉一文根據《從征實錄》裡所有關於施琅的文字，並對照《海紀輯要》、《閩海紀略》、《海上見聞錄》、《鄭成功傳》、《台灣外記》和《閩海紀要》六書中有關的記載，得到如下的結論：「……總之，由《從征實錄》所揭舉之施琅的跋扈、不法、分化、反側等事蹟看來，鄭成功擒之欲治的理由是證據確鑿、罪無可逭了。」〔註15〕

其實《從征實錄》為鄭成功的戶官楊英所著，其觀點和〈鄭成功擒治施琅事件種因考〉一文所駁斥的六種史料一樣，都不能以鐵證視之。綜合各方面的文獻看來，施琅做過明官、降過清，且是鄭成功起兵時的重要參與者之一；他有本領、有才略，在鄭成功前恃才倨傲，屢忤成功，勸諭不改，成功唧之，欲置之於死地不遂，反促其降清。

## （三）黃梧、蘇明的個案

黃梧、蘇明等人於永曆十年六月叛鄭，清定遠大將軍濟度奏報云：

偽都督總兵黃梧、副將蘇明、鄭繼等，謀斬偽總兵華棟等，並殲其部兵四百餘名，率眾薙髮，獻海澄縣投誠……計降……文武大小偽官八十八員、兵一千七百名……。〔註16〕

黃梧，字君宣，平和人，少倜儻任氣，長負智勇略，明季之亂，東南所在如沸，梧遯迹海島中，明亡，事鄭成功，官總兵，令泉守海澄，順治十三年七月，梧以喪師罪受成功綑責，遂斬鄭氏將華棟等，以海澄投誠〔註17〕。《鄭

---

〔註14〕《鄭成功紀事編年》，頁42～3。
〔註15〕黃典權，〈鄭成功擒治施琅事件種因考〉，頁7。
〔註16〕《順治實錄》（台灣：華文書局本），頁12，9下。
〔註17〕《福建通志列傳選》，頁91～8；《漳州府志選錄》，頁53～4。

成功紀事編年》詳之云：

（永曆）十年，正月二十二日……清尚可喜、耿繼茂以所部總兵徐有功、許爾顯會潮州總兵劉伯祿、饒平總兵吳六奇、碣石總兵蘇利犯揭陽，壁西關外。前提督黃廷集諸將議，左先鋒鎮蘇茂曰：「伯祿兩敗於我，雖有新增之援，亦皆屢敗之兵，願以一軍破之。」……是日，清兵大至，茂守西門，聞警輕進，被徐有功邀截爲二，首尾不相顧，遂潰。茂身中二箭，一銃彈而退，兵折大半，軍器、衣甲盡失；勝及文燦死橋下……清兵薄城……二月二十二日……兵官張光啓入揭陽西關敗績事。調左先鋒蘇茂、前衝鎮黃梧、護衛左鎮杜輝回思明，命前提督黃廷戍旗鎮林勝南下通行在，遂棄揭陽……三月……茂等既至中左，以揭陽之役輕敵致敗，喪師折將，另前衝鎮黃梧、護衛左鎮杜輝不以時應援，律皆當斬；議之。眾歸責於茂，於是斬以徇；梧罰甲五百領，輝細責六十，皆照舊管事。蓋茂本叛將施郎之副；郎之逸，茂實縱之，早欲殺之矣。既，諸將有間言，乃厚贍其家；並自爲文遣官察之，其詞曰：「王恢非不忠於漢……然違三軍之令，雖武侯不能爲之改。國有常法，余無私恩；斷不敢以私恩而虧國法，今廢私恩而行國法。」……命前衝鎮黃梧、後衝鎮華棟守海澄……六月二十二日，前衝鎮黃梧、副將蘇明、鄭繼理海澄縣事、王元士以海澄叛降於清……自和議不成，請當事建策曰：「縣此印於國門，彼中豈無應者？」於是諭沿海督、撫、鎮曰：「本朝開創之初，睿王攝，來降者多被誅戮，以致遐方士民疑畏竄匿，從海逆鄭成功者實繁有徒。原其本念，非必甘心從逆。今欲大開生路，許其自新。該督、撫、鎮即廣出檄文曉諭：如有悔過投誠，帶領船隻兵丁家口來歸者，查照數目，分別破格陞擢；更能設計擒斬賊渠來獻者，首功封以高爵，次等亦加世職。同來人有功人等，顯官厚賞皆所不怪！」梧以揭陽失律受責，陰懷不平，又以成功法嚴爲懼。會其思明居宅爲鄭鴻逵所取，因得攜眷海澄，絕後顧；於是爲清廷招徠之策所動，遣中軍賴玉密送款於清漳南道參議吳執忠……梧因說明曰：「揭陽之役，尊足先赴敵，勇亦足以冠軍，顧反被刑；刻哉！足下能保今後之無事乎？」明蓋蘇茂之弟也；曰：「計將何出？」語曰：「不如降清。」因免冠，則髮已薙；露刃者前，梧屬聲曰：「已約四鼓獻城，王元士亦同謀。」明曰：「奈老母滯思明何？」梧曰：

「事難十全；今不決，悔無及矣！」則遂亦薙髮，各陰勒兵以待……
城內皆梧眾，故無抗之者；海澄遂陷……濟度者，以為既得海澄，則
兩島可圖；清閩督李率泰亦請：「此成功積貯地，又為兩島門戶，今不
戰而下，海上喪膽矣！」成功嘆曰：「吾以海澄為關中河內，諸凡盡積
之；叛賊負恩如此，人心不易測哉！」……梧既降，清以「海澄公印」
授之……。〔註18〕

這是清廷改變其處置降清官兵策略後第一宗成功的重要例子。清將原擬
給鄭成功的爵位授予黃梧，可見清之不惜代價以收降抗清力量。

黃梧曾為他的降清辯護云：「……本藩刻薄寡恩，百戰之功，毫無厚賞，
偶而失制，懸首竿頭。」〔註19〕又曰：「本藩養將士如分豬，肥則啗之。」
〔註20〕不管對黃梧的自我辯護的看法如何，一點是肯定的：在黃梧的眼裏，
沒厚賞、寡恩、動輒見殺是他降清的主要因素。

黃梧的降清使明鄭損失相當的兵源。在他為清效命的十二年裏，他招撫
了明鄭官弁二百餘員，兵數萬名〔註21〕。他的降清可以說是鄭成功在處理「問
題部將」時的一大失策，鄭成功似乎低估了絪責、懼不自保、懼法、榮華富
貴對熟諳世故，鋌而走險而活躍海上的黃梧的影響。黃梧和施琅畢竟不是鄭
成功，無法在生命面臨威脅時，置生死於度外，也無法在榮華富貴面前無動
於衷。

### （四）林興珠的個案

關於林興珠在鄭成功時代降清的事實，知道很少。根據張菼〈台灣藤牌
兵討俄研究及天地會僧兵征藏傳說的比較〉一文所述，林興珠字而樸，永春
人〔註22〕，約和黃梧同在永曆十年六月降清，招降他的人是清福州水師副將
韓尚亮，同他一起受撫的人有三百五十餘名〔註23〕。張菼認為：「雖然有關鄭
氏史料多不提林興珠的名字，林興珠是鄭成功部將之降清的則是事實，祇是
降清以後在吳三桂反清時又應吳三桂之檄而反正，但不像楊來嘉諸人的反清
到底，終於又降了清。」張菼並認為林興珠後來降清是因為看到吳三桂勢窮

〔註18〕《鄭成功紀事編年》，頁85～6、88～9。
〔註19〕《台灣外記》，頁153。
〔註20〕《鄭成功傳》，頁13。
〔註21〕《福建通志列傳選》，頁94。
〔註22〕張菼，〈台灣藤牌兵討俄研究及天地會僧兵征藏傳說的比較〉，頁39。
〔註23〕同註22，頁41。

而不能成功才見機而作的。〔註24〕

### （五）顧忠的個案

順治十三年九月十八日，江南江西總督馬鳴佩奏報：「僞總兵顧忠，率眾二千餘名，船七十艘，就撫。」〔註25〕《鄭成功紀事編年》對顧忠其人以及其降清一事亦有所云：

> （永曆十年）七月初十日，水師總兵顧忠率所部官兵降叛於清。忠號「網艙顧三」，故定西侯張名振親標營海鎮總兵也；名振死，義兵多解體，舟山復失，忠亦無所止，遂率所部數千餘眾降於清江南總督馬鳴佩、江寧巡撫張中元，由楊家嘴進口，謁清松江提督馬進寶於上海，尋病斃蘇州。〔註26〕

可知顧忠是直接受張名振節制的。黃典權在〈明清史料中鄭延平部屬異名考〉一文，對顧忠也是鄭將有所說明，文云：

> 顧忠是明末崇明人，曾任定西侯張名振的親標營將。鄭成功奉命北伐南京，他奉命往探烏喇、寧古諸港路⋯⋯去八個月方回。時成功已入長江，敗績回廈，忠是以不果行。〔註27〕

綜觀上文可知，顧忠是由張名振部勒的鄭氏部將。黃典權認為他應該是個很有個性的人，應是脾氣不好，容易衝動的人，因而遂有「莽撞」的渾號；有時寫得雅些，就作「網艙」。

### （六）陳寶鑰（蓼崖）的個案

陳寶鑰在永曆九年二月以隆武舉人被任以協理禮官，而於永曆十年十月假托修葺船隻載眷口，入泉州投清〔註28〕，投靠鄭成功的時間約有一年八個月。《鄭成功紀事編年》云：

> ⋯⋯十月，寶鑰恐成功法嚴，托修葺船隻，攜眷詣泉州，請以為貴州驛傳道。〔註29〕

---

〔註24〕同註22。
〔註25〕《順治實錄》，頁1228上。
〔註26〕《鄭成功紀事編年》，頁91。
〔註27〕黃典權，〈明清史料中鄭延平王部屬異名考〉，頁247。
〔註28〕賴永祥，〈明鄭藩下官爵表〉，頁91。
〔註29〕《鄭成功紀事編年》，頁92。

### （七）楊啟智、杜茂祐的個案

關於楊、杜二人降清的具體情況，清定遠大將軍世子濟度於順治十四年正月十二日奏報福建戰況時提及云：

> ……前者恢復海澄具疏後，茲賊勢消阻，陸續投誠偽都督總兵一員、副將五員、參將八員、遊擊二員、都司四員、守備三員、千總七員、把總八員、閒散官六員、文職二員、旗鼓中軍一員、操官四員、義將一員、大小官兵五十二員、兵三千二十六名，前來乞降。又原任同安參將楊啟智，以城陷從賊，今率把總一員、兵三十名，並繳偽總兵關防一顆來降。又原任舟山中軍遊擊杜茂祐，前以舟山失守從賊，今率都司一員、守備二員、把總五員、兵七十八名，並繳偽副總兵關防一顆來降。〔註30〕

由此可知，楊、杜二人的降清是因城陷降鄭，軍事形勢反轉時，他們立刻又回到其原來的主子身邊。

### （八）唐邦杰的個案

《從征實錄》記唐邦杰降清云：

> 永曆十一年十一月二十一日，英兵鎮唐邦杰率前鋒親隨二營逃歸虜、左營將鄭然、中軍許廷珪不從，密報右先鋒楊祖、智武鎮藍衍，追之不及。二十二日，報告，本藩驚訝曰：「邦杰自戊子年（永曆二年）同安來歸，一馬兵耳，見其頗善騎射，於儔人之中，每加賜妻賜金，壬辰年（永曆六年）授入北鎮副將，乙未年（永曆九年）陞授英兵鎮，寵渥亦云周矣。此而叛去，將何用人也？」〔註31〕

鄭成功的確看不出唐邦杰會降清，後人更不易知道。

### （九）劉進忠的個案

劉進忠的降清和施琅、黃梧、萬祿一樣，就資料看來，是鄭成功時代最重要的幾起背叛事件。施、黃是滅鄭的兩大人物；萬祿、劉進忠本身更是個反覆多次的人物，有關他反覆的事蹟在下面還會談到，這裡先述其第一次降鄭又叛鄭的事蹟。他在永曆十二年四月降鄭〔註32〕，六個月後，即於永曆十

---

〔註30〕《順治實錄》，頁 1261 下～1262 上。

〔註31〕《從征實錄》，頁 120。

〔註32〕賴永祥，〈明鄭藩下官爵表〉（二），頁 60。

年十月初二日率其眾入黃海門投清〔註33〕。《鄭成功紀事編年》云：

> ……初，北將被黜，賀世明又以憂辛，進忠頗不自安；初二日，遂叛……。

對劉進忠而言，單單「不自安」就足以使他降清。《清史列傳選》云：「劉進忠，遼東人，初為明總兵馬得功部校；本朝二年，隨得功在蕪湖迎降。」可知，原是明部校的劉進忠，在他附鄭時已是第二次改變其效忠對象了。正如大多數明鄭降清、叛清官兵的個案所顯示的，反覆並不稀奇，值得注意的是：在什麼樣的具體情況下反覆？劉進忠的個案有助於這方面的了解。康熙十二年年底，當吳三桂叛清時，劉進忠也隨著叛清，不久又歸附明鄭。是為其第三次反覆；過了三年，他又叛鄭降清，是為他的第四次反覆；此次反覆因在與清洽降時，也同時和吳三桂通報而為清廷發覺，降清後即被送到北京處決。

對於這樣善變的人，《漳州府志選錄》有云：「……守將劉進忠橫甚，甲寅據潮州以叛者也……」結合第五章劉進忠反覆的事蹟看來，劉進忠是個機會主義者，他的機會主義行為能得逞四次，說明他所處的時代有利於此種心態和事件的存在，台灣外志這本專以劉進忠為中心的小說的流傳可以印證此觀察。〔註34〕

### （十）余新的個案

余新降清一事，根據順治十八年八月一日，江南總督郎廷佐的奏報是這樣的：

> 海寇自陷鎮江，勢愈猖獗……逼犯江寧，我軍各將領……鏖戰良久……陣擒偽總統余新……生擒偽提督甘輝……。〔註35〕

甘輝不降而死，余新降了清〔註36〕。余、甘二人在生死的最後關頭做了不同的抉擇，《台灣外記》記此不同抉擇云：

> 甘輝力戰，見陳謙等盡亡，自稱「甘國公」被擒，見總督管效忠。忠令輝跪，輝不屈。效忠責之曰：「為將自當戰死，不能戰死而被擒，即

〔註33〕《順治實錄》，頁1393下。
〔註34〕該書名叫《台灣外志》。據方師杰人在《台灣外記》（台灣文獻叢刊第六十種）的弁言知悉：「香港某君藏有舊抄本《台灣外志》，八十七回，共八冊，無撰人姓名，亦無序，全記劉進忠事。」（頁1）
〔註35〕《順治實錄》，頁1508下～1509上。
〔註36〕《鄭成功紀事編年》，頁118。

當投順，何敢抗禮？豈以吾劍不利乎？」輝曰：「吾豈不知大丈夫當死沙場？但大廈已傾，非一支可支，若默默與士卒同僵臥於荒垠，是所不願耳！吾今聲言而來者，正欲知我之死處也。」效忠見其抗壯勇烈，欲其降，乃令降將余新勸之，輝見新至，裂眥大罵曰：「余新匹夫，枉生天地之間。兵敗投降，有何面目見我？爾今雖降，亦不能久活！我甘國公，頭可斷而志不可易也！」伸腳便踢，罵不絕口，遂見殺，徐而余新亦被害。〔註37〕

## （十一）陳鵬的個案

有關陳鵬叛鄭降清不成的記載最詳者，當推《台灣外記》，不過爲了篇幅以及權威性，茲引《從征實錄》的簡略記載，文云：

> （永曆）十四年，五月……初十日早辰時，漳港虜船大小四百餘號乘潮直犯圭嶼……一股由同安南北港來犯；□□圭嶼，炮響擁擠……時石虎衛鎮與陳鵬與虜有通，禁不出兵，前協萬宏領兵，林雄請往援，鵬不能禁，即奔馳繼至……。〔註38〕

在論戰罪時：

> ……命兵官忠振伯同戎政王秀奇逮右虎衛陳鵬至，並拘家屬，訊服通虜過師之師，登時寸磔以拘軍中，並誅妻子……。〔註39〕

從上引文字，我們實無法知悉陳鵬何以謀叛（即使是《台灣外記》的記載也不得要領）。《清史稿·鄭成功傳》云：

> 十六年五月……成功使陳鵬守高崎，族兄泰出浯嶼，而與周全斌、陳輝、黃廷次海門。師自漳州薄海門戰，成功將周瑞、陳堯策死之；迫取輝舟，戰方急，風起，成功督巨艦衝入，泰亦自浯嶼引舟合擊，師大敗；有滿洲兵二百降，夜深之海，師自同安嚮高崎，鵬約降，其部將陳蟒奮戰；師以鵬已降，不備，亦敗，成功收鵬之，引還。〔註40〕

由此可知，陳鵬並非因戰敗而納款，《鄭成功紀事編年》記述成功逮陳鵬而寸磔之一事云：

> ……陳鵬通款於清軍，於陳蟒欲馳不許時已覺；慮激變，隱其事。及

---

〔註37〕《台灣外記》，頁182。
〔註38〕《從征實錄》，頁126。
〔註39〕同註38。
〔註40〕《鄭成功傳》，頁55。

兩路告捷，乃命兵官洪旭佯勞軍而圖之。旭伏甲二十於舟，渡高崎，偕親隨二詣鵬致成功勞之之意；辭出鵬送登舟，伏甲突起執之，解纜去。鵬眾見鵬不返，大譁；刑官程應璠及陳璋適時至，出成功諭，乃定。遂數鵬罪而寸磔之於教場，妻孥併誅焉。〔註41〕

陳鵬估計錯了，他看好清軍，向清納款；結果清軍吃敗仗，他的降清行動也就跟著失敗了。

### （十二）　萬祿（蔡祿）、萬義（儀、郭義）、薛聯桂、羅瑛（棟）、陳華、柯鵬等的個案

此六名明鄭官兵是在永曆十五年六月間降清的，時成功已逝世（五月初八日）。和下章將論及的黃廷個案一樣，二萬等人降清的預謀，早在鄭成功逝世之前已見端倪，因此歸到鄭成功時期來討論。至於黃廷的個案，雖也預謀在此時，但在性質上則屬於鄭成功逝世後，鄭經繼承初期混亂狀態下的產物，因此延後到該時期才加以討論。

二萬等人的降清，和施、黃、劉（進忠）等少數幾個個案一樣，很幸運地有多些資料，故可以作比較詳細的討論。《康熙實錄》記述順治十八年閏七月六日二萬等人降清的事件云：

……海澄公黃梧，招撫鄭芝龍屬下都督萬儀、萬祿等，擒偽中匡伯張進、偽總兵朱受，拆毀所據銅山城垣房屋，率偽官一百八員、兵四千四百名、兵民家口萬餘，渡海來歸……。〔註42〕

與二萬一起降清的有羅棟〔註43〕、柯鵬等。《漳州府志選錄》可補充上述所記：

十八年四月，鄭成功破台灣據之……六月賊將蔡祿、郭義燉銅山，入雲霄就撫；偽忠匡伯張進自焚死。祿、義俘掠銅山子女以數萬。哭聲震地，死者相枕藉……。〔註44〕

清方解釋二萬等降清的理由是識時向化，傾心投誠，但二萬有何理由「俘銅山子女以數萬」？製造「哭聲震地、死者相枕藉」的慘劇？《台灣外記》詳記二萬事蹟云：

〔註41〕《鄭成功紀事編年》，頁129。
〔註42〕《康熙實錄》，頁87下。
〔註43〕同註42，頁93下。
〔註44〕《漳州府志選錄》，頁18。

……有謠傳東山蔡祿、郭義暗通黃梧欲投誠，功隨發密諭，交楊榮回廈與洪旭，令行單調二鎮全師過台。「若遵令，則無他意；如遲延觀望，急除之。」……郭義遂整船欲東。蔡祿與其部將陳華、羅棟（華，漳浦人，後投誠……棟，平和人，後投誠……）謀曰：「不意藩令來如此之急。」華曰：「事已八九，豈可半途而廢？」棟曰：「恐二爺不允！」祿曰：「二爺是吾事。爾可速差人往海澄公處為要！」華曰：「今夜即去。」祿遂藏羅、陳二將於內，差人請義。義到，祿曰：「國姓信讒，以大兄之故（大兄指萬禮，前禮等同盟，以萬人合心，以萬為姓，萬禮即張禮……）懷疑我兄弟二人。我業已遣人投誠。我去，汝能保其無恙乎？不如俱去，何如？」義曰：「大兄雖不死於戰爭而溺於水，實亦沒於王事，非同謀叛者等，與汝我何干，而相疑至此？」祿一時無以答。其兄萬五（禮小功弟，即長林寺僧道宗也）擊楯曰：「君臣不可相疑，疑者必離。今者藩令來召，是疑之漸也。況台灣新闢，荒涼之地，去者多不服水土；此決不可去。若召而不往，非臣子之禮，勢難兩立。七弟所見甚高，宜從之。」義意尚躊躇。道宗復迫之曰：「自古，英雄棄暗投明；若當斷不斷，乃婦人之仁也。」義方決，祿即出陳華、羅棟二將，插刀立誓。即將船收回，聲言檣棋不堅，難以衝過橫洋，停泊修整輝洗。義、祿又將軍器帶入城，欲謀併銅山，慮忠匡伯張進，難於下手……六月初一清晨……進聞城中鬨，急傳親欲出。而門者奔報曰：「萬二、萬七反了！兵已圍城。」進忙懷其印即從後門登山，向北而走。陳華尾追，進回顧曰：「爾不念夙昔乎？何相逼也？」華曰：「無他意，請本爵安民。」進曰：「吾將印交汝。」華得印即回。進欲越城，見無船停步，而祿又差羅棟至，進無奈回見二鎮，說之曰：「吾亦有心久欲投誠，奈何無人為引。今既已二公舉事，何不預知，使吾忽忙？今若不棄，願與偕行。」祿、義大喜，隨出牌諭安民。進曰：「凡事尊讓之，可稱交善。」祿、義信以為然。初四日，進託病不出。祿促原察言司薛聯桂至，欲殺之。道宗衛救，祿雖陽許，而心未灰，隨道宗住於九仙巖，朝夕不敢離。後同祿、義投誠……初六日，呂籧請進曰：「……公既與二鎮合心獻城投誠，亦整備，恐旦夕兵至，去無及矣。」進泣曰：「……進海濱一匹夫耳！生逢亂世，受先帝恩垂，位至伯爵。復荷藩主深信，共事恢復，委託土地之寄。今日失守，罪不容

誅，尚有何面目與之同行再屈膝於人也？」……祿、義二處（銅山、南澳）師動，於八尺門排渡通師過銅山。而海澄公黃梧同右路總兵王進功，督兵駐苟陳埭，令詔安營副將劉進忠帶兵過江接應祿、義……十九日，祿、義任眾搶掠，空其城，由八尺門投誠……。〔註45〕

《鄭成功紀事編年》總結二萬等降清一事云：

大軍東征，諸將憚險遠，多不欲行，加之東荒初闢，不服水土，成功法又嚴峻，更視台灣爲畏途。會叛將黃梧、施郎計間成功左右，叛而降者寵被過當；有僞造印較者，故不究其實；江湖策士之託招徠爲招搖者，亦各如其欲，於是叛者繼續。義、祿與故後提督萬禮爲姓結盟，取「萬人合心」義，皆以萬爲姓……禮入功臣廟……後悉其已陰輸款於梧以北征長江而未及發，成功深恥之，以遁而落水非戰爲爲由出禮至於廟。義、祿以是皆怨。內心不自安，乃踵禮前約而應梧招。成功知其謀，檄義，祿東渡；憎道宗，禮族弟萬五也，激之……二人遂分踞要害而反……。〔註46〕

由以上討論可知，二萬等人降清的主要原因與東荒初闢，不服水土，成功的嚴法分不開。至於所謂猜疑主要是藉口，而黃梧、施郎的招撫則助長了降清的趨向。原是鄭芝龍部屬的二萬，其降清非出於政治的考慮，其理也明矣。

### （十三）房星燁（葉）的個案

《漳州府志選錄》云：「……（順治）……十八年……九月，先是原任漳州知府房星葉降賊逃歸……。」房星葉何以「降賊」？上引書有提及：「（順治）十一年十二月……先是……千總劉國軒、魏潛通成功；十二月初一夜，賊將甘輝、洪旭等直接至南門，國軒開城納之，總鎮張世耀、知府房星葉俱降賊。」〔註47〕《從征實錄》也提及房星葉降鄭的不得已局勢：「（永曆）八年……十一月初二，漳州協守清將劉國軒獻城歸正……總鎮張世耀、協將魏標、朴世用、知府房星燁……等已知我兵進城，是早俱來降……。」〔註48〕

至於房星燁何以「逃歸」？〈鄭成功對將吏的統御才略〉一文云：「永曆

---

〔註45〕《台灣外記》，頁197～200。

〔註46〕《鄭成功紀事編年》，頁138。

〔註47〕《漳州府志選錄》，頁16。

〔註48〕《從征實錄》，頁16。

十五年七月原任漳州知府房星燁，為索國舅門館，遂逃入京……。」〔註49〕

綜合以上零散的記載，房星燁是在永曆八年十一月因劉國軒等人通款鄭成功而被迫降鄭的；到了永曆十五年七月他才有機會逃入京，重歸其主子，期間為鄭成功效命共七年四個月。他本是清官，降清似乎是理所當然的。

### （十四）陳豹（霸）的個案

陳豹是在永曆十六年三月舉家降清的〔註50〕。鄭亦鄒的《鄭成功傳》有云：「二月，有謗忠勇侯陳霸歸款本朝，以全斌之甲伐之。霸，平鹵步將，而成功之姻也；鎮南澳十餘年，與許隆、蘇利數百戰，粵人畏如虎，但性傲多怨。」〔註51〕《漳州府志選錄》說他「短小精悍，自唐王入閩，據南澳近二十年，廣寇蘇利、許龍皆驍勇自負，獨畏豹。至是，與成功貳；遣周全斌攻之，乃入廣東投降。」〔註52〕

姻親相仇釀成反覆，可知程度嚴重。《清史稿‧鄭成功傳》對「與鄭成功貳」有所澄清云：「康熙元年，成功聽周全斌讒，遣擊豹；豹舉家入廣州降。」〔註53〕《泉州府志選錄》對陳霸降清前的活動有云：「（順治）十三年，海賊陳霸等竊踞汭州，勒餉、燒燬房屋；夜則入內地擄掠男女。至康熙二年，方討平之。」〔註54〕有關陳豹降清比較詳細的記載見於《台灣外記》：

> 永曆十六年……二月，成功檄洪旭、黃廷同泰等，陸續載諸眷口過台。三月，成功以洪旭、祈鬪等十人分管社事。時台地初闢，水土不服，病者即死。故致各島搬眷，俱遷延不前。有譌言：「南澳陳豹不尊令，已密通平南王投誠。」功信之，隨手諭與經並洪旭等，令周全斌領大熕船五隻過廈門，合杜輝、黃昌等師擊豹。豹聞之大驚，急集諸將議曰：「必有大奸人反間，如之奈何？」諸將曰：「請速遣人往辨。」豹曰：「辨不及矣。」諸將曰：「若不往辨，當整船禦之。」豹曰：「禦之，則情真矣，兩虎相鬪，必有一傷。」諸將曰：「不辨，不禦，坐以就擒乎？」豹曰：「本爵自從平公數十載（平公指芝龍），一片肝膽，惟天可表，今既信讒言而來，辨之弗能及，禦之非本心，此乃藩主相逼，

〔註49〕〈鄭成功對將吏的統御才略〉，頁71。
〔註50〕〈明鄭藩下官爵表〉，頁82。
〔註51〕《鄭成功傳》，頁22。
〔註52〕《漳州府志選錄》，頁18～9。
〔註53〕《鄭成功傳》，頁56。
〔註54〕《泉州府志選錄》，頁4。

自壞長城半面，非本爵背恩而去。爾等速收拾下船，合此一塊土，入
粵投誠，何哉？」諸將咸應曰：「本爵所見極是。」豹遂率眾跟蹌下船，
從虎頭門投誠……。〔註55〕

由上所述，可得陳豹降清的原因有二：其一、對台灣新闢，水土不服的
畏懼，以及因此畏懼而造的謠言；其二、鄭成功之信讒言以及陳豹把被讒當
成降清的依據。一方面反映了陳豹的性格，一方面也反映了讒言的力量。

　　分析了鄭成功時代的主要降清個案後可以發現，造成明鄭官兵降清的因
素是多元的，有的部將因畏罪而降清，有的因畏懼風險、水土不服而降清，
有的因意見不合而降清，有的因戰敗而降清，有的因受讒言而降清，有的因
失去信心而降清，原因不一而足，要想找出一個一致的因素相當困難。

---

〔註55〕《台灣外記》，頁208〜9。

# 第四章　鄭經抗清前期的降清官兵

## 第一節　叔侄爭權和鄭經時代的抗清

　　鄭成功在永曆十六年五月初八日逝世。他的逝世引起了繼承問題——誰來領導那已持續了十七年的明鄭抗清運動？在明鄭抗清領導階層裡，不同派系互相競爭，結果分裂成兩股對立的勢力，一股贊成鄭成功之弟鄭襲在台灣繼統；一股則贊成鄭成功之子鄭經在金、廈繼位。鄭襲一派人物有蔡雲、李應清、曹從龍、張驥、黃昭、蕭拱宸等，鄭經一派人物有鄭泰、洪旭、黃廷、王秀奇等。

　　以叔侄為中心的二派爭奪各有其根據。擁鄭襲派為了使鄭襲能「南面自尊」，指出鄭經繼承之非，鄭襲繼統之是時，有云：

> 世子嗣繼大統，理之正也。誰敢背主易言？但世子奉命守國而亂倫，致先王大怒，賜死者再。又不能悔過自新，而反統兵據國，此自古以來亦未有是子，使先王日夜搥胸飲恨而死。既明知其子之惡，難居人上，故遺言傳位與弟，非諸將竊萌異念。況襲爺仁慈勇敢，先王愛惜，不離左右，今承兄遺命，承兄大統，亦是守先王之土地。煌煌，誰敢逆之？〔註1〕

　　從鄭襲派所提出的理由看來，他們是訴諸於「非常」之理——即鄭經不適為人主這一點。此點和鄭成功在台灣逝世所產生的「非常」之勢有著密切的關係。《鄭經鄭克塽紀事》云：

---

〔註 1〕《台灣外記》，頁 218。

　　……先藩既薨……諸持重者洪旭、鄭泰遠在思明，周全斌以事繫，東都人心惶惶；於是群雄推季父淼（即襲）護理大將軍以安之。淼以世藩嘗獲罪於父，幾構大難，萬不足纘先人之緒，謀自立爲東都王；其客蔡雲、李應清、曹從龍、張驥陰結中衝鎮蕭拱宸、後衝鎮黃昭，矯爲先藩遺命，數世藩罪狀，奉淼即眞；並□武衛左鎮隨征營劉國軒管鎮事，分兵據險，以防思明之兵。〔註2〕

　　鄭經派所據的理由是長子繼承此一傳統，但決定二派勝負的是武力。永曆十六年六月初二日，鄭經接黃安密陳「黃昭、蕭拱宸二賊假先藩遺言，命襲爲東都王，業已分兵據險。」〔註3〕在洪旭「事久多變，速出周全斌勤兵台灣」的建議下，乃以陳永華爲諮議參軍、馮錫范爲侍衛，整兵向東〔註4〕。至此，繼承之爭遂演成軍事鬥爭。鄭襲派在武力上顯處劣勢，而黃安之拒絕參加鄭襲一邊，反向鄭經通報實是對鄭襲的最大打擊。在周全斌的軍力優勢和領導下，鄭襲派不久即失敗了，鄭經入主台灣，明鄭三世的抗清乃進入了第二期——鄭經時代。

　　鄭經時代的抗清活動，除了三潘叛清前期曾有一度因勢趁便的擴張外，就其抗清程度而言，似已有不同的著重。張菼在其清代《台灣民變史研究》一書認爲：

　　……台灣鄭氏自從鄭成功逝世以後，嗣藩鄭經對他父親的「反清復明」的立場，已作了若干修正……其心目中已無「明」，奉行「明朔」僅是一種利用而已，鄭經時代已經反清而不復明了……。〔註5〕

　　所謂「反清而不復明」顯然意味著，鄭經心目中的抗清和鄭成功一心一意的「抗清復明」有所不同。這種不同可從三方面來解釋：

　　（一）鄭經本人是明鄭抗清的第二代，雖然抗清不一定意味著復明，但不抗清就一定不能復明，鄭成功既把抗清和復明當成一件事，鄭經在繼承鄭成功的遺業時乃無可選擇地接受了此前提，但鄭經本人沒有鄭成功的魄力、號召力和領導能力，因而對鄭成功的遺業就不易駕輕就熟了。

　　（二）鄭經時代沒有一個在世的明皇帝可以效忠。自永曆帝被殺後，明朝的機運已正式滅絕。雖然鄭經仍奉永曆正朔，但他不另立明室，就抗清復

─────────────────

〔註2〕 張菼，《鄭經鄭克塽紀事》，頁4。
〔註3〕 《台灣外記》，頁218。
〔註4〕 同註3。
〔註5〕 張菼，《清代台灣民變史研究》，頁6、7、9。

明的觀點看來是不利的，因為鄭家的號召力畢竟不比朱家天下。尤有進者，鄭經缺乏鄭成功那種知遇的體驗，因而不易達到鄭成功那樣程度的忠悃。

（三）在永曆帝被殺，鄭成功逝世後，清朝基本上已不把鄭經的抗清放在眼裡，若不是三藩叛清事起，鄭經捲土重來，鄭、清和議或許能實現也說不定。分析鄭經時代鄭、清和議的文獻和三藩史料，我們有理由相信若不是鄭經因勢西向，清朝不會改變其「鄭氏不足為患」的想法的。三藩叛清和鄭經西向，使鄭經的抗清和復明雖不如鄭成功時代的明確，卻也不是只有抗清沒有復明的曖昧。抗清是明鄭存在的依據，復明則是抗清的有力理由。

不抗清即無從復明，但要抗清，鄭經卻力有不逮，這可從二方面來看：

（一）環境方面：在三藩叛清前，鄭經時代的大陸已全在清廷的控制之下，清廷的海禁政策乃得以有效地實施，這對以沿海接濟為生的明鄭抗清力量，無疑是致命的打擊。鄭經所面臨的困難充分暴露在「船不滿百、兵不滿萬」此一西向的軍力上。

（二）人的因素：鄭經本身並不像鄭成功那樣「唯明朝是視」，而明鄭官兵中有許多早已是出生入死的一群，他們之所以跟隨明鄭，與其說是為了復明，倒不如說明鄭為他們提供了一個求生、發跡、冒險的機會和依據。心眷鄭氏不一定就眷戀明室，雖在心眷鄭氏的感情上也因明鄭而反清〔註6〕。當鄭成功逝世時，海上人心動搖，可見明鄭領導，尤其是鄭成功的領導的重要，而叔侄爭權則暴露了領導危機。鄭經雖順利地度過了繼承危機，卻無法阻止因繼承之爭所引發的對明鄭的叛離，大批降清個案使明鄭抗清力量損失過半。鄭方的損失即是清方的獲益，就降清的人數或影響而言，鄭經時代是明鄭抗清的轉捩點。

## 第二節　領導危機和大批降清個案

鄭襲、鄭經叔侄繼承明鄭抗清領導權之爭是明鄭抗清領導危機的序幕，大批明鄭官兵降清則使此領導危機具體顯現。

若拿鄭成功時代和鄭經時代降清官兵的個案和個案做一比較，可發現鄭成功時代的降清個案和個案間幾乎沒有直接關係，而鄭經時代的許多個案與個案間則不但有直接關係且與繼承之爭分不開。

〔註6〕同註5，頁6。

　　鄭成功逝世的消息傳到清官處，清朝即認爲這是可乘之機，因而展開了對鄭經的第一次招降活動：「朝廷誠信待人，若釋疑，遵制削髮登岸，自當原爵加封。」與此同時，清方也用了反間計，因而有「以所有諸侯印信並送回諸印，將楊來嘉改作鄭泰、洪旭、黃廷之使，密獻兩島題報，倡揚以亂之」的策略，以期收間撫之雙效。鄭經、鄭泰、黃廷等有鑑於「東寧初闢，先王陡爾仙逝，茲又遭蕭、黃二賊構釁於內；順之，有負先王宿志；逆之，則指日加兵。內外受困，豈不危哉！」乃提出「欲效朝鮮例，不削髮，稱臣納貢而已」以對，企圖達到「陽和陰違，候靖內患，再作籌量」的目的。〔註7〕

　　清朝的撫間在表面上不成功，但卻在鄭經肅清明鄭隊伍裡的鄭襲派分子時發生了巨大效用。原來在平定鄭襲派的過程中，鄭經派在黃昭的營中，搜出了鄭經伯父鄭泰與黃昭通書數封，其內容據稱係囑黃昭扶襲拒絕，金、廈他自爲之〔註8〕。鄭經決志要除去鄭泰種下了大批降清個案的禍根，因爲鄭泰所擁有的船隻比鄭經多。當鄭泰知悉鄭經對他起了疑心時，他的確面臨了抉擇。一方面他對「不如投誠」的勸告，曾有「先太師不爲前車之鑑也！泰豈能再誤」的考慮；另一方面，他似乎是早與清方通了款曲。五月十一日（即鄭成功逝世後第三天）已有報告說他差總督楊來嘉、楊洪齎書赴靖南藩與率泰軍處，說他向化似殷，但以人眾，慮登岸安插難固之意〔註9〕。鄭泰在觀望、猶豫的當兒，鄭經已準備好了。鄭經利用周全斌「香餌之計」，道是「藩主可稱台灣新創地方，無人約束，恐生意外之虞，欲眷口盡搬過台安插，然後西向，而金、廈各島，暫交伯總制。安彼之心，再作計較。」〔註10〕六月，鄭經命禮官鄭斌、戶官吳愼齎「金、廈總制」印諭過金門與泰。「泰喜受印，厚待斌，終未敢過廈稱謝。弟鳴駿不知其兄細隱，固請曰：『骨肉血親，受託土地重寄，何用如此遲疑，而貽笑於人！』……初六日，泰往廈見經，經待之如常。語及成功，兩相慟哭，禮意倍厚；且囑其南北固守。泰無疑焉。初七日，經置酒邀泰議事，伏甲兵於內。半席，經擲杯於地，喝左右擒泰。泰言：『何罪？』經出其與黃昭書，泰無言可答，經令泰縊死。即遣周全斌督大船隨潮金門，抄其家。鳴駿於是口三更，得其親隨張益同水師鎮蔡璋逃回報信，知兄泰被執，號哭曰：『吾負殺兄之名！』時蔡鳴雷，急止駿曰：

〔註7〕 《台灣外記》，頁214。
〔註8〕 同註7，頁221。
〔註9〕 同註7，頁224。
〔註10〕 同註7。

『事已如此！哭之何益？恐覆巢難望完卵，速收拾投誠，遲則周全斌統兵至矣！』駿頓悟，謝曰：『非先生指迷，必遭毒手。』跟蹌舉家引舟遁。全斌至城仔角，知駿逸去，追之弗及；撫其餘眾，把險通經。」〔註11〕

　　鄭泰本人雖欲降清不遂，但其受害卻為其弟鳴駿、子纘緒、從子纘昌以及大批不願東遷的將領提供了降清的藉口〔註12〕。《台灣外記》記載此事云：

　　……鄭鳴駿稱建平侯、鄭泰子纘昌稱永勝伯、同忠靖伯陳輝、左武衛楊富、左虎衛何義、左鎮陳平、右鎮許雄、前鎮黃鎬、後鎮林宗珍、水師一鎮洪陞、二鎮蔡璋、三鎮曾和、四鎮吳泗、五鎮張治、參軍張鳴雷、雷子協吉、蔡協、黃良驥、陳彭、陳佳策暨楊來嘉、陳遂等文武大小共四百餘員、船三百餘號、眾萬餘人入泉港投誠……。〔註13〕

　　對此一大批降清的人與船的確實數字，各家記載頗有出入。《泉州府志選錄》的記載是：「……鳴駿……從子纘緒以巨艦五百將卒八千歸誠。」〔註14〕《康熙實錄》載云：「……鄭纘緒統所部文武各官四百餘員、水陸兵丁七千三百餘名，各帶家眷、駕舟艦一百八十餘號，直抵泉郡港口投誠……。」〔註15〕

　　上述三項數字之所以互異，主要是對此次投誠所當涵蓋的範圍不一致而起的。其實，因鄭泰之死而引發的降清事件，不單單限於受鄭泰家族直接或間接控制的官兵、船隻，它還包括了大批不願東遷的官兵，如王秀奇、陳輝、楊富、何義、阮美、周全斌、黃廷等〔註16〕。若以鄭鳴駿的降清為起點，則從康熙二年六月起至唐熙三年止的半年裡的降清事件，都可以看成是由鄭泰之死所引發的。此期降清個案之多，有如過江之鯽。這可從康熙二年二月十四日共有四十六位明鄭降清官兵受銜一事看出。〔註17〕

# 第三節　降清個案的分析

　　在上一節，我們已扼要地說明了大批降清個案發生的一些共同因素；鄭泰之死以及部將對台灣新闢水土的畏懼。在這一節裡，我們將著重探討組成

---

〔註11〕同註7，頁225～6。
〔註12〕石萬壽，〈論鄭成功北伐以後的兵鎮〉，頁16。
〔註13〕《台灣外記》，頁226。
〔註14〕《泉州府志選錄》，頁93。
〔註15〕《康熙實錄》，頁165上。
〔註16〕〈論鄭成功北伐以後的兵鎮〉，頁16。
〔註17〕《康熙實錄》，頁174下。

此時期降清個案的個別因素。

鄭經時代的降清個案和人數比鄭成功時代多得多，因此分三章加以處理。福建安輯投誠事務戶部郎中的委任以及其自康熙元年赴任迄康熙三年間所招撫的明鄭官、兵、民人數都可以說明這點。管理福建安輯投誠事務戶部郎中賣岱報告他三年來所招撫的明鄭官、兵、民、船的數字計有文武官三千九百八十五員、食糧兵四萬九百六十二名，歸農弁兵民六萬四千二百三十名，眷屬人役六萬三千餘名口，大小船隻九百餘隻〔註 18〕。耿繼茂也在康熙元年十二月十四日報告了他所招撫的人數，略云：「自順治十八年九月起，至康熙元年七月止，陸續招撫偽將軍、都督、總兵、並副、參、遊、守、千、把總等官，共計二百九十員；兵共四千三百三十四名；家口共四百六十七名。」〔註19〕至於康熙三年以後的降清數字，則有黃梧的籠統數字。黃梧在他為清效命的十二年中，共招撫了明鄭官兵二百餘員，兵數萬名，其中包括了驍將萬祿、萬義、黃廷、陳輝、周全斌等明鄭主要部將。〔註20〕

以下，讓我們來看一些重要的個案。

### （一）楊學皋的個案

楊學皋是鄭成功逝世後不久即降清的明鄭部將之一。康熙元年十一月二十五日，靖南王耿繼茂的疏報云：

> 偽振威將軍左都督楊學皋，率所屬官兵三千餘名，人民家口三萬有餘，投誠……。〔註21〕

《漳州府志選錄》云：

> 順治四年二月，漳浦佛潭橋民奉庠生楊學皋為帥，陷漳浦……。〔註22〕

《康熙實錄》載錄楊學皋因兵敗降清：「七年……五月，師還漳浦，襲楊學皋，大城之；學皋降。」〔註23〕

據上可知，楊學皋本是地方勢力，降過清，附過鄭成功，在鄭成功逝世後又降了清。

---

〔註18〕《康熙實錄》，頁 201 下。
〔註19〕同註18，頁 138 上。
〔註20〕《漳州府志選錄》，頁 54。
〔註21〕《康熙實錄》，頁 136 下。
〔註22〕《漳州府志選錄》，頁 13。
〔註23〕《康熙實錄》，頁 137 上～8 下。

## （二）周家政的個案

康熙二年八月二十日，浙江巡撫朱昌祚有報周家政降清的疏報云：

> 僞侯周崔之，乃鄭逆腹心，其子周家政，棄逆效順，齎僞印關防，同
> 其兄弟，及僞鎮將領、兵丁家口、百姓男婦，齊進溫州黃華關。隨就
> 近安插……。〔註24〕

據《康熙實錄》記載授周家政總兵職時的文字看來，我們得知周家政之父周崔之也是張煌言的部將〔註25〕，是由張煌言部勒的明鄭部將。又據《靖海志》附錄三得知：「周崔（鶴）芝者，福清人也。少讀書不成，志而為盜海上……久之招撫，以黃華關把總稽察商舶……乙酉秋，唐王隆武加水軍都督，副黃斌卿駐舟山……福州既破，鄭芝龍降，周崔之以死諫。」〔註26〕

周崔之本是海盜，後來做過明朝的把總、隆武的水軍提督，曾勸鄭芝龍不要降清。以周崔之的事蹟做背景，再看看周家政降清的情形。《鄭經鄭克塽紀事》云：

> （永曆十七年七月）家政，水師後軍平夷侯周鶴芝之子也。鶴芝笠鑰
> 海壇，儼為重鎮。時鶴芝□死，家政統其眾，右武衛楊富尚未叛，爭
> 海壇；家政不能堪，率所轄兵、將、家口、百姓詣浙江黃華關降於清。

這是明鄭部將與部將間衝突而降清的例子之一。

## （三）王秀奇的個案

王秀奇於康熙二年九月七日降清〔註27〕。他在永曆四年四月由監督升戎旗鎮，九年四月任慶都伯並右提督，十年十月升總督五軍戎務〔註28〕。按「五軍戎務職在總督各提督鎮營，協助藩主鄭成功父子統率軍隊，為明鄭軍隊中僅次於藩主的職位。」〔註29〕但要職和長期的效忠記錄並不足以阻止他降清。在十六年鄭經繼位時，他已為閑武員〔註30〕，不久，他即降了清。

## （四）陳輝（煇）的個案

《康熙實錄》記載王秀奇的同一日，也記載了陳輝降清，文云：

---

〔註24〕同註23，頁166上。
〔註25〕同註23，頁265下。
〔註26〕彭孫貽，《靖海志》，頁13、104；《鄭經鄭克塽紀事》，頁27。
〔註27〕《康熙實錄》，頁167上。
〔註28〕〈明鄭藩下官爵表〉，頁48。
〔註29〕石萬壽，〈明鄭的軍事行政組織〉，頁50。
〔註30〕〈明鄭藩下官爵表〉，頁48。

偽忠靖伯陳輝，率文武偽官一百三十三員、兵一千六百名、家口八百
餘名投誠。〔註31〕

陳輝是鄭芝龍部將，隆武即位年（西元 1645）七月，授忠靖伯，後和鄭
成功一起起兵。永曆四年任水師鎮，十七年六月因鄭鳴駿降清而降清〔註32〕。
陳輝不但是鄭芝龍、隆武、鄭成功的部將，他也在崇正（禎）朝當過鎮將，《漳
州府志選錄》云：

> （陳輝）字燦珠，海澄人。崇正間，以將材為右營哨兵。從破劇寇劉
> 香有功，歷遷守備、參將，擢鎮將。國朝定鼎，威德南被，或勸以順
> 時；輝曰「：節未可失也！」逃諸海。又數年，中番然曰：「時不可違
> 也！」遂率所部內附……。〔註33〕

至於「時不可違」是否足以解釋就不得而知了。

### （五）陳舜穆的個案

有關陳舜穆降清的官方記載見於康熙二年九月二十五日，管理福建安輯
投誠事務郎中賣岱的疏報云：

> 偽統領掛寧南將軍印左都督陳舜穆，率轄下總兵二員、副總兵六員、
> 參將二十員、游擊十九員、都司三員、守備一員、兵部主事一員、工
> 部郎中一員、監紀、推官二員、兵丁一千名投誠……。〔註34〕

在陳舜穆前後降清的個案都與鄭鳴駿降清有關，和陳舜穆一起受清職的
明鄭部將〔註35〕也都與鄭鳴駿有關，可見陳舜穆的降清亦當與鄭鳴駿的降清
有關。

### （六）何義的個案

何義是隨鄭鳴駿等於永曆十七年六月降清後降清的，同他一起降清的有
魏明等。清官方記載他們降清的日期是康熙二年十月三日，福建總督李率泰
有疏報云：

> 偽副統領何義，乃鄭錦所倚為左右臂指得力之人，會同偽總兵魏明等，

---

〔註31〕《康熙實錄》，頁 167 下。
〔註32〕〈明鄭藩下官爵表〉，頁 84。
〔註33〕《漳州府志選錄》，頁 56。
〔註34〕《康熙實錄》，頁 168 下。
〔註35〕《康熙實錄》，頁 171 上。他們是周家政、周騰、陳蟒、林必遜、王秉耀、陳
　　　　應、詹世好、林先。

率眾來歸。〔註36〕

從和何義、魏明一起受清職的名單看來，至少另有四人也是同時降清的，他們是林雄、李勝、呂勇、吳建。〔註37〕

他們這些人的降清理由，除了因鄭鳴駿降清而降清外，是否還有其他因素；尚不得而知。

### （七）鄭世襲（森）、鄭賡的降清

二鄭的降清，康熙二年十一月四日，靖南王耿繼茂有疏報云：

偽平國公鄭芝龍子鄭世襲，素蓄歸順之心。緣鄭成功攜往台灣，及鄭成功暴亡，復被逆孽鄭經帶回廈門，脫身無術。至是，乘間率偽文武官二百二十四員、水陸兵一百二十名、家口船隻、盔甲、器械等物投誠。又偽都督鄭賡、偽同安伯鄭鳴駿之弟，攜帶官兵共三百一十五名、家屬共三百四十二名口投誠。〔註38〕

此疏報顯然是為二鄭辯護，只提鄭襲「素蓄歸順之心」而未提及叔姪之爭，鄭襲失敗一事。其實叔姪不相容才是鄭襲降清的最根本原由，《鄭經鄭克塽紀事》云：

森在思明，為立事內不自安，乘思明聞警之際，率眷屬、侍從走降於清靖南王耿繼茂。叛將鄭鳴駿之弟賡率家口從。〔註39〕

### （八）楊富、陳宗的個案

楊富是漳州人〔註40〕，他的降清是在康熙二年十一月十一日。靖南王耿繼茂有疏報云：

偽左都督楊富，統率都督僉事陳宗等文武官二百三員、兵丁三千二百五十五員，戰艦、盔甲、器械等物投誠……。〔註41〕

和上節因鄭鳴駿降清而降清的明鄭部將的名單結合起來看，楊富、陳宗的降清與繼承之爭有關。

---

〔註36〕同註35，頁169下。
〔註37〕同註35，頁170下〜1上。
〔註38〕同註35，頁172上。
〔註39〕《鄭經鄭克塽紀事》，頁25。
〔註40〕《清史列傳選》，第一冊，頁151。
〔註41〕《康熙實錄》，頁172下。

### （九）阮美的個案

阮美和周家政一樣，都是張煌言麾下一員部將〔註 42〕。他的降清，康熙二年十一月十一日，浙江總督趙廷臣有疏報云：

偽靖波將軍侯阮美，率弁兵家口共三千六十六員投誠……。〔註43〕

關於阮美其人，其降清的原委，《鄭經鄭克塽紀事》有所說明：

阮氏本海上群盜，故蕩胡侯阮進者，崇禎間受撫，美，其從弟也。魯王監國時，進積功封侯，舟山之役陣亡；美本侯標右鎮，乃以之襲爵；時英義伯阮駿來思明，授水師前鋒，美則棲遲浙海，俄窮蹙投清總兵范紹祖；無所遇，來思明依駿以居。駿，其猶子也。泊舟山再陷，駿與總制五軍戎政陳六御同死之，於是以美替駿水師前鎮原缺，統其餘眾；時永曆十年也。北役長江之役，隸閣部張煌言，偕入蕪湖。至是，義將凋零，義兵星散，美又與右武衛楊富不相能，遂叛，率部降於清浙江總督趙廷臣。〔註44〕

阮美此次再降清時並有一封千餘言的供狀和辯詞，文云：

……竊不肖發源漳群，祖父遷福清，堂構經營舟次，童稚慣習波濤。寓捕寇於捕網，示釣川乎釣國。從此馳驅閩浙，縱橫吳嵩，諸水途而工水戰，阮氏著望，家兄進起也。憶崇禎年間，雖稱海不揚波，崔符時或竊發。兄具網羅之志，克建討賊之勳。石埔把總，實始基焉。嗣閱五轉，則已錫爵而致蕩扶侯。不肖時年方壯，擢任右鎮。及堅績台溫，以前軍左都督總兵掛靜波將軍印。奈家兄殉難陣亡，諸勳連章薦不肖克纘前烈，隨蒙恩詔寵頒，准襲蕩扶侯爵……繼此各鎮爭衡，兼併烽燧，則咸服國藩，聽令節制。而胞姪英義伯駿拜入世戚，任前鎮事矣。不肖深憤時事之集蓼，欲步逸叟於磻溪，掛冠僻島，聊終餘年。適福州閩安鎮總鎮范諱紹祖者，慨然以彤弓盧矢，招廷道左。不肖頗識時務，統艐齊入閩安鎮，以受約束於皇清。然脊力方剛，胸中尚有庸名之氣。豈圖一罹寵中，船兵摯散，資囊罄竭。又兼家計浩繁，日給不敷，窮途之慘，未有甚於此時也。〔註45〕

及部院陳諱錦出師泉州，令剿海上，總鎮范首推不肖總督先鋒摧寇，

---

〔註42〕同註41，頁256下。

〔註43〕同註41，頁172下。

〔註44〕《鄭經鄭克塽紀事》，頁20。

〔註45〕《鄭公史料》三編，頁54～6。

奮不顧身，冒死衝敵。至於金收戰罷，船盡入港，不肖又駕隻舟，長驅捍禦，捕擒數艦，凱奏旋歸，則是不肖有大造於清也，政敘不肖微勞，厥影公道。而總鎮范遷陞湖廣提督，徨彷靡主，憎忉恒耳。且英義舍姪，泉州與戰，認領先鋒，議者以不肖佐清，領助以胞姪，虛礮賣陣，致有脫漏之弊，疏虞之失。嗟嗟！皇清既置不肖於不用，明人又疑胞姪於私通，誠恐而兩弗相濟，阮氏幾難血食。無已，夙夜焦思，冀圖出境，保全胞姪。然而思有所報，義無可斷；以此未插一船，未帶一矢，挈眷入海，兩相無負。正倣古去曹歸漢、封緘府庫之意，此中甚非得已也。〔註46〕

至不肖已住姪營，塗冕泥軒，厭絕軍務，投綸垂釣，誓畢此生。奚天弗意，陷陣覆軍，殲厥胞姪，窮自悼矣！當事者亟將水師前鋒付不肖補缺，非敢攘臂，馮婦貽譏，向令彼時力辭厥任，置若罔聞，其何以慰忠貞之魂而糾潰散之師乎？所以仍拔鎮職，如履春冰淚未曾不雨下閣也。遇荷鄭藩格外優獎，愈增感激，捐軀圖報，何敢隕越？痛哉？中途崩殂，政出多門，冲人繼緒，舊勳解裂，因之撫心酸鼻，勢無底止。雖加陞統領，祇屬虛文，彼新晉武衛如楊富者，孑然鄙夫，虎踞海壇，橫咨吞噬，變激民兵。不肖之會同協理後軍周家政，合師計罪，更圖以破其疊。而周家政懼禍，波及決策，歸命良有以也。不肖細思天祚聖德，歷數已定，非無見幾之智，切佩新朝之化。但鑑前車，躊躇未決。擬將屯耕訓練，另闢遺地疆宇，無扼茅土，稽諸聖國；各有其志，易代尤欽嘉命。而當今體恤忠烈之門，更為倍擊，端不忍犁庭掃穴之加也。何幸欣逢諸老台菁莪廣化，雲□作人，華章寵賁，採及芻蕘。尤荷峕遺貴員，口宣機宜，深獲肯綮，皇華厚隉之章，重嘉賴焉。不肖自愧駑駘，何當伯樂之顧。第四境永清，一方啟釁，寢興自對，誠有負於廣歌颺拜之盛者。茲議統綜息兵鑄鏑，永樂昇平。倘朝以不肖之從前形跡，別生猜嫌，則重耳出奔終難返國，夷吾射蒫，未繇圖霸。伏冀經畫確當，轉疏批導，俾不肖安插得定，春籍久賴……。〔註47〕

以上所引文字在言其欲過平凡一生之不可得，被迫下海為盜、為明官、

---

〔註46〕同註45。
〔註47〕同註45。

爲鄭官、爲清官而不得直的過程，並強調若清不接受他此次（第二次）的投降，則他只好浪跡波濤。這是一封反映一個人多次反覆的絕好文字，從中可見反覆的藉口，以及當事人認爲使其反覆的關鍵原因。

### （十）鄭芝豹生母黃氏的個案

康熙三年正月十三日，管理福建安輯投誠事務戶部郎中賁岱的疏報記載了鄭芝豹生母黃氏，率子姪眷屬等赴閩投誠〔註48〕。投降的原因是「思明棄守，無法輾轉流徙，無所棲止，不得不變初衷，以耄耋之年泥首虜廷。」〔註49〕

鄭芝豹是鄭芝龍的弟弟，是鄭經的祖父輩，鄭芝豹的生母自然就是鄭經的曾祖母輩了。她的降清反映了降清分子的高層性。同樣的例子是鄭芝豹本人，鄭成功弟鄭世襲、世襲弟鳴駿、世襲子賡等人的先後降清。

### （十一）林國樑的個案

林國樑和許多降清個案一樣，都是窮蹙而降的例子。《鄭經鄭克塽紀事》云：

> 永曆十八年，五月……自思明棄守，浙海諸島臨門、牛頭門、楚山、王璟山等勢已孤，諸義師漸解體……萬福招國樑已陰納款矣！事覺，煌言合綜圍之……國樑突圍，率船隻、兵丁投萬福。萬福本無水師，不得濟，得國樑，勢大張，乃以之爲導，遣其將游擊李應先、劉成海等犯，煌言、春雷逆戰，不利，棄走之。〔註50〕

### （十二）林順的個案

林順是在永曆十八年正月降清的。《台灣外記》敘述他受撫云：

> ……康熙二年……十月十九日……林順正在高崎一帶禦敵，同安各港船，忽快哨飛報「黃廷敗陣、陳昇投誠，廈門失守。」無心戀戰，出與全斌合綜。〔註51〕

> 康熙三年甲辰正月，授剿右鎮林順原與施琅善，琅差蔡（徐）媽持書招之。順統全鎮從鎮投誠。〔註52〕

---

〔註48〕《康熙實錄》，頁178上。
〔註49〕《鄭經鄭克塽紀事》，頁27。
〔註50〕同註49。
〔註51〕《台灣外記》，頁229。
〔註52〕《台灣外記》，頁230：「明鄭主要將領史事分述」則謂招撫林順的人是黃梧（該文頁70）。

### （十三）杜輝的個案

康熙三年二月十五日，管理廣東安輯投誠事務刑部郎中花善等的疏報記載杜輝等降清云：

> 偽都督杜輝，於康熙二年十一月，率所屬將領一百二員、水陸兵丁二千九十六名、大小戰船六十二隻，繳偽印關防牌劄，獻南澳地。又偽總兵吳陞，率所轄偽官三十三員、兵六百九十三名，大小船十一隻，繳偽觀武將軍印，並傾向投誠……。〔註53〕

《鄭經鄭克塽紀事》可補充上述，文云：

> 輝鎮南澳，南澳屏藩地也。自陳豹走降於清，輝當左衛之重。戊潮州鎮海將軍王國化招之，乃舉兵，將船、器入揭陽港，南澳遂陷。〔註54〕

### （十四）張傑、吳盛的個案

關於張傑、吳盛二人叛降於清的事，康熙三年三月四日，靖南王耿繼茂有疏報云：

> 海逆洪旭、黃廷等擁鄭錦殘黨，遁踞銅山。所轄偽將張傑、吳盛等率兵民，渡海投誠……。〔註55〕

《清史列傳選》對張、吳二人降清的形勢有云：

> ……二年十月，繼茂率泰督兵渡海，攻克廈門，羽眾驚潰……水師提督施琅以所募荷蘭國夾板船邀擊之，斬級千餘，乘勝取浯嶼、金門二島。錦與偽侯周全斌遁去銅山，復收餘黨突犯雲霄，陸鼇諸衛；總兵王進功率兵與戰，斬殺過半，破案巢於下蔡，逃去悉墮水死，偽將張傑、吳盛率兵民來歸……。

由此可知，兵敗是張傑、吳盛二人降清的決定因素。

### （十五）周全斌的個案

周全斌是在永曆十八年三月間降清的，時金、廈已失守，鄭經退卻到銅山，準備東渡台灣〔註56〕。《台灣外記》載周全斌降清的原委云：

> 全斌接經諭，同黃廷斷後，思與廷、旭有宿嫌，恐過台為其所嫉，遂遣心腹將沈吉送其子周智與率泰為質，泰許封伯爵。吉復命，斌統眾

---

〔註53〕《康熙實錄》，頁182下。
〔註54〕《鄭經鄭克塽紀事》，頁26。
〔註55〕《康熙實錄》，頁184上。
〔註56〕《漳州府志選錄》，頁19。

從漳浦鎮海衛投誠……。〔註57〕

上述「思與廷、旭有宿嫌」乃是指周全斌奉鄭成功征陳豹回來，適過金門、廈門，被諸將所執以防他是奉成功命處理鄭經亂倫和金、廈諸將抗命一事而言。《台灣外記》有載此事云：

　　……鳴雷曰：「藩主誓必盡誅。如有違者，將及於監斬諸公。且有密諭往南澳周全斌。」（時鳴雷在台有過失，恐成功見責，故給假來廈搬眷，因而設言嚇洪旭等人。）……適全斌征陳豹回歸，黃廷慮其受成功密諭爲變。啓經：「先下手爲強，全斌不可縱。」經然之。全斌入見，執交黃昌監守……。〔註58〕

若「思與廷、旭有宿嫌，恐過台爲其所嫉」是周全斌降清的直接原因的話，則它顯示了部將與部將間的不和是明鄭部將降清的一個重要因素，同時也說明了分析個人的自我意識，尤其是個人的挫折經驗，是研究明鄭部將何以反覆的重要依據。分析周全斌在鄭成功、鄭經時代出生入死的記錄，可知他有優良的戰績、功勳並不足以保證不反覆，但過去的任何失敗卻足以構成反覆的因子。周全斌是鄭軍的親軍將領——武衛右鎮統領，是鄭成功部下中知名的驍將，並且是知名的藤牌將軍；鄭世襲在台灣爭立時，鄭經以周全斌爲總督五軍戎務，一戰而殲叛將黃昭，安定內爭；後來，清兵犯金門、廈門，周全斌的船隊出入荷蘭艦隊，如入無人之境，一擊而殲清提督馬得功；後因金、廈、銅山棄守才降了清〔註59〕。《鄭經鄭克塽紀事》載周全斌的一生云：

　　全斌出身吏胥，先藩拔自下僚，累遷至親軍統領，部領虎賁士——鐵人，戰輒有功。瓜、鎮之捷，全斌負甲浮水以濟，身中五矢，其氣彌銳，卒殲清將，克復各城，亦可謂驍勇善戰者矣（按是役者，成功以全斌輕進，失兵多人欲斬以徇；眾環請，乃令戴罪立功，見《鄭成功紀事編年》，頁111）。及先藩薨逝，所倚爲長城而不須史離者，全斌等數人而已。靖內難之役，一戰而殲黃昭，大局遂定；清、荷寇思明之役，以二十艦橫掃清人大艅，叱咤而清名將馬得功落水；功業豈不彪炳哉！惜乎前敵方大勝而後方竟悄遁，舉根重地而棄之，舊將、散

---

〔註57〕《台灣外記》，頁231。
〔註58〕同註57，頁210～1。
〔註59〕〈台灣藤牌兵討俄研究及天地會僧兵征藏傳說的比較〉，頁72。

兵、官吏、富紳無船可渡，流離失所，求死不遑，見者得怵然傷乎！
且諸將之拒命先藩也，全斌竟遭凶繫，人非木石，焉能無憾！〔註60〕
時局促銅山，諸軍乏糧，全斌自浯嶼移泊廣東之南澳，亦無食，欲遂
襲兵官忠振伯洪旭而併之；會風甚，船不能合，而謀已洩，料將自以
自明，乃遣心腹沈吉送其子智入漳爲質，約降……遂率部由詔安降於
清。〔註61〕

　　周全斌的降清應是在形勢和個人的自我意義的衝擊下促成的。周全斌深
感「一木不能支大廈……大勢已去，心灰意冷，更覺鄭經不足以再行輔佐，
洪旭、黃廷等均不足以繼續相處，不能爲鄭氏保存基業，即當爲水身另謀發
展，竟於十八年三月率所部數萬官兵及船艦向清虜投誠。」〔註62〕

## （十六）黃廷、翁求多、余寬的個案

　　黃、翁、余的降清個案，就人數而言是最多的；就其概括如山倒的形勢
而言是具代表性的個案之一；也是鄭經於永曆十八年放棄大陸最後的據點銅
山，欲撤退到台灣時〔註63〕所遭受到的最大的損失之一；更是自繼承之爭以
來連續不斷發生的降清事件的高潮。〔註64〕

　　康熙三年五月五日，靖南王耿繼茂等的疏報敘述此次降清事件云：

三月初六日，臣與總督李率泰、提督王進功、海澄公黃梧等，領兵先
後至八尺門，僞威遠將軍翁求多率兵民六萬餘人人納款。十四日夜半
渡海，進拔銅山，焚毀賊巢，斬首三千二百餘級。僞永安侯黃廷、僞
都督余寬等，率僞官兵、家屬等三萬二千四百餘名出降。所獲船隻、
盔甲、器械無算。逆渠鄭錦，僅存數十艘，乘風遁走金門。計閩海地
界凡數十島，賊巢布列，至是掃滅殆盡。〔註65〕

　　《鄭經鄭克塽紀事》對上述十萬人降清的事件解釋云：

浪跡銅山，而又乏食，人無固志，叛者絡繹，兵官忠振伯啓曰：「思明

---

〔註60〕《鄭經鄭克塽紀事》，頁27～8。
〔註61〕同註60。
〔註62〕金成前，〈甘輝、周全斌、劉國軒與明鄭三世〉，頁137。
〔註63〕繼承之爭造成失敗派系的接踵降清，而降清的官兵又被清朝利用來征剿鄭
　　　　經。在清、荷、降清官兵的三方聯合攻擊下，鄭經被迫退守台灣。
〔註64〕因叔任之爭、鄭泰緇死而觸發的降清人數約佔鄭經抗清兵力之一半，且爲最
　　　　優良者。
〔註65〕《康熙實錄》，頁191下。

新破，人心惶惶，耿繼茂、李率泰便僕僕道途，彼佯爲議和、議撫，實則窺探虛實，兼欲搖惑我人心而離散之也。銅山終不可守，而或猶豫，待變生肘腋，悔無及矣！速徙東都便。」……世藩即行，旭命廷斷後，自率艦二十候與同行，廷部眾憚東部險遠，多不欲，廷亦以此去有生不得入玉門之感，竟欲令其子而輝與女婿吳望宰降清，而自挈眷口偕往；會叛將黃梧使陳克峻以密書至，遂率子若婿同叛，入漳州降清……。〔註66〕

在「浪跡銅山，而又乏食，人無固志，叛者絡繹」，「東都險遠」，「此去有生不得入玉門之感」和清軍壓境，非降即須到台灣的困境面前，黃廷等人降了清；按黃廷嘗仕隆武帝爲都督副將，降過清；在鄭成功時代曾因閩安失律而受降二級示儆的處分，這次的降清結束了他的反覆生涯。

### （十七）陳昇的個案

陳昇的降清是眾叛親離下的產物。陳昇本守高崎，正面向敵，重鎮也。當鄭經棄思明、金門，退守銅山時，他早已通款於黃梧、施琅〔註67〕。康熙三年四月二日，管理福建安輯投誠事務郎中賁岱疏報其降清一事云：

偽左都督陳昇，率大小文武一百二十三員、兵丁二千六百餘人，渡海投誠……。〔註68〕

### （十八）阮欽為的個案

阮欽爲是在永曆二十四年（康熙九年）三月以南日守將的身份叛鄭降清的。《鄭經鄭克塽紀事》、《台灣外記》云：

欽爲，惠安人，以其新附，所部多烏合，度不足當北面屏藩，從勇衛陳永華舉，命奇兵鎮黃應統柳索、呂勝、藍盛、楊正等佐之。欽爲疑將圖之，忿，陰與應交懼而陰爲計，惟懼呂勝驍健，未敢猝發……〔註69〕。值會約分船巡哨，欽爲其眾密計乘清晨勝起梳櫛，欽爲讓先，勝又讓欽爲先。欽爲遂起椗帆，詐作拖流之狀，礙勝船。眾各執器械頂船，一鎗刺死勝，併收其船，入泉州見提督進功投誠……。〔註70〕

---

〔註66〕《鄭經鄭克塽紀事》，頁29。
〔註67〕同註66，頁23。
〔註68〕《康熙實錄》，頁187上。
〔註69〕《鄭經鄭克塽紀事》，頁59。
〔註70〕《台灣外記》，頁258。

　　綜上可知：此期的降清個案顯然集中在康熙元年至三年間，一方面受鄭成功遠征南京失敗、恢復台灣的影響；一方面則和鄭經亂倫、金、廈部將抗命有關。迨成功逝世，則又有繼承問題之爭而導致鄭泰之死。鄭泰的死促使了大批本已動搖的部將加速降清。雖然個別的降清情形有異（有如第三章的個案那樣複雜），但集體的因素或形勢的不利顯已佔一席重要地位，其意義即在反映了個別抉擇的普遍化傾向。

# 第五章　三藩叛清和明鄭官兵的響應

康熙十二年底，吳三桂叛清，接著耿精忠、尚之信先後響應，形成三藩之役。退守台灣已八、九年的鄭經抗清力量仍應時趁勢接受了耿精忠的邀請揮軍西向，各地一時風起雲湧，似有席卷天下之勢，明鄭降清官兵亦起而叛清，此事實似乎證實了鄭經覆書清朝招撫的一段話：

> ……我之叛將、逃卒爲先王撫養者二十餘年，今其歸貴朝者，非必盡忘舊恩而慕新榮也，不過憚波濤、戀鄉土爲偷安計耳！〔註1〕

「憚波濤、戀鄉土爲偷安計」的說法和上章分析的許多降清個案是一致的。但降將叛清是否說明了「況我之叛將、逃卒爲先王撫養者二十餘年，今其歸貴朝非必盡忘舊恩而慕榮也」呢？最好的證明是分析鄭經西向起，到改退澎、台間，明鄭降清官兵叛清的主要個案。

## （一）洪福的個案

洪福的叛清，據鄖陽提督佟國瑤疏報云：

> （康熙十三年）三年十九日，鄖陽副將洪福，以所部兵千餘兵反，攻臣衙門，臣率標下官兵三百餘名，奮勇衝殺，賊退復來。自本日至二十日，共十餘陣。斬賊二百餘級。賊遁去，倉庫衙署，皆得保全。〔註2〕

原來洪福是於永曆十七年與楊富同時叛鄭降清的，清授他都督僉事，當周主吳三桂檄至，乃叛清以應楊來嘉，奉「永曆」正朔佈告軍民，並上啓以聞經〔註3〕。叛清後的洪福，屢戰屢敗，終因窮蹙再降清。《平定三逆方略》

---

〔註1〕 《台灣外記》，頁256。
〔註2〕 《康熙實錄》，頁643下；《平定三逆方略》，頁43。
〔註3〕 《鄭經鄭克塽紀事》，頁70；《平定三逆方略》，頁43。

云：

> 康熙十八年二月辛巳，大將軍順承郡王勒爾錦奏官兵復禮州。勒爾錦
> 聞岳州賊潰，即遣署都統多謨克圖等率師前進；於正月二十七日渡江，
> 太平街、虎渡口諸處賊寇悉皆潰遁。王率大兵於二十九日渡江，次元
> 始。於是前隊官兵分路追剿松滋、枝江、宜都諸縣及澧州，以次恢復；
> 守百星洲僞將軍洪福率舟師，繳印劄來歸。〔註4〕

洪福在奉「永曆」正朔的同時，也受吳三桂的命令，可見洪福的叛清和
鄭、吳二者有關連。

### （二）楊來嘉的個案

永曆二十八年（康熙十三年）三月二十八日，楊來嘉據湖城叛清。《鄭經
鄭克塽紀事》云：

> （楊來嘉）應周主吳三桂檄……仍以永曆正朔布告軍民，並遣使上啓
> （鄭經）以聞。〔註5〕

據此可知，楊來嘉的叛清是直接因吳三桂叛清而來的，而他通報鄭經、
奉永曆正朔，則可看做是恢復和明鄭舊有關係的做法。楊來嘉是福州人，原
是鄭經的親丁鎮，永曆十六年入北都議和止使就是他。在戶官鄭泰畏罪自縊
後，叛降於清〔註6〕。吳三桂叛清時，他起而響應，但因清早有戒備，故只能
據守南漳縣榖城，而無法在戰略要地襄陽發動，形勢上乃遜一籌。《康熙實錄》
云：

> 即令都統鄂內，速至襄陽，偵探鄖陽一路情形。如鄖陽無警，即令兩
> 副都統，率每佐領驍騎二名，逕往荊州都統巴爾布軍前……襄陽總兵
> 官楊來嘉向自海上投誠，其才甚庸，所屬官兵，率皆玩愒，將來恐有
> 他故。可將漢軍官兵，留鎮襄陽，即以此意密諭之，但不必防閑過甚。
> 恐致洩漏，以速其變。〔註7〕

清防閑雖嚴，但畢竟無法阻止楊來嘉之叛。從康熙十三年和其副將洪福
據榖城叛，受吳三桂將軍職起，楊來嘉開始了他叛清的系列奮鬥。「十三年五
月，侵犯均州；九月，犯南漳；十一月，陷中峰寨。十四年三月，總兵劉成

---

〔註4〕 《平定三逆方略》，346～7。
〔註5〕 《鄭經鄭克塽紀事》，頁70。
〔註6〕 同註5。
〔註7〕 《康熙實錄》，頁635下。

龍敗之於良坪，毀其巢；五月，復犯南漳；七月，大兵擊敗之；十一月，分道入寇。十五年正月，副將四十六破賊於黃寶山；五月，楊來嘉據鄖陽乘間竊發，設鄖陽撫治；九月，福復犯均州。十八年，大兵自荊州渡江，福降；來嘉遁。十九年正月，湖廣總督徐治都擊破來嘉，追至巫山，來嘉拒戰，復破之；二月，克夔州，來嘉走重慶；三月，重慶破，來嘉降。逮至京，未至而死。」〔註8〕

楊來嘉終因窮蹙而降。

### （三）萬祿的個案

洪福、楊來嘉的叛清似乎比較幸運，發動後才遭撲滅，萬祿的叛清則較不幸，還來不及叛就被消滅了。萬祿是在永曆二十八年（康熙十三年）四月初五日，於懷慶叛清不遂，死於此役。《鄭經鄭克塽紀事》記載此事的失敗經過云：

> 祿本故後提督建安伯萬禮部將，即蔡祿也；永曆十五年與萬義據銅山叛，降於清，清授以河南河北總兵官。吳三桂既起事，檄至懷慶，祿與楊來嘉約響應，造鳥槍、購騾馬、治甲練兵、刻期舉義。來嘉既樹幟於穀城，祿乃佯稱捕魚，命所部皆披甲；未及舉，事覺，清以內大臣阿密達率兵至，據總兵署以火礮拒戰；俄不敵，遂與姪鼎席等俱執；尋併家口等駢殺於市。〔註9〕

### （四）萬義的個案

永曆三十年三月間，鄭經收到降將萬義叛的私啟。《鄭經鄭克塽紀事》云：

> 義本故後提督建安伯萬禮部將，因取萬人相結合之義，皆從萬姓，實郭氏也；以宣毅左鎮協故忠匡伯張進戍銅山，永曆十五年六月叛，降於清，清廷授以左都督，尋授鄖陽總兵，再調廣西；周主吳三桂起事，檄至廣西，義與提督馬雄同降，三桂封以泰彝伯，加勇威將軍，命與馬雄同徇粵。時因尚之信遣使方便，附以私啟，略云：「銅山當日，鶹首業已向東，一時忽被脅而入，實非己意；告罪，圖報將來！」（經

---

〔註8〕　《清史列傳選》，頁 150～1；詳情見《康熙實錄》，頁 635 下、641 上、678 上、724 上下、728 下、749 下、765 上、781 下、836 上、1180 上下、1185 上、1195 下。

〔註9〕　《鄭經鄭克塽紀事》，頁 73。

手札答之曰：「銅山之變，實非己意，本藩業已稔知其詳，覽啓，知忠義之氣凜凜，故主之思戀戀；留努力馳驅，克奏大功，其所以報效周主者，即所以報本藩也。勉旃！勉旃！」〔註10〕

揆之於鄭經回答清招撫之語，可知舊恩之不假；而「其所以報效周主者，即所以報本藩也」則說明了鄭、吳有抗清的共同點。

### （五）劉進忠的個案

在上一章我們已分析了劉進忠降清的情形，在這裡我們打算分析劉進忠叛清的個案。劉進忠的叛清，和本章的許多個案，都是以響應三藩之一為起點的，他是以他鎮守的地方——潮州叛清的。潮州是耿精忠的勢力範圍，因此當劉進忠叛清時，他以其直接的控制者——耿精忠的叛清，為認同的對象。

劉進忠是在康熙十三年四月二十日據潮州叛清的〔註11〕。《鄭經鄭克塽紀事》在談到他叛清、投附耿精忠時也提及他的反覆史：

進忠原仕清，以游擊戍廣東之澄海，永曆二年（順治十五年）四月來歸，先藩命管後衝鎮；尋於十二月叛，入浙之台州降於清。是時（指三桂反清，耿精忠附之）以總兵為清鎮潮，與清續順公沈瑞同城，不相能，各陰部勒為備；是月二十日，治兵相攻；戰三日，瑞不敵，捧敕、印詣進忠降。會耿精忠命其定遠將軍劉炎殉粵，抵潮，進忠遂剪辮反；精忠授以「寧粵將軍」。〔註12〕

顯然，若沒有吳、耿的叛清，以及「與沈瑞不相能」，劉進忠是否會叛清還很難說。吳、耿叛清使劉進忠不得不在「叛清」和「忠清」二者間做一抉擇；而和沈瑞不相能以及對吳、耿的信心，使他又加入了反清的陣容。但此一選擇同時也帶來了危機：「進忠既應耿精忠據潮州反，清廷命尚可喜圖之；可喜遣子之孝率軍臨潮；進忠慮眾寡不敵，乞援於精忠，而精忠援師阻同安、海澄，不得南；於是進忠遣葛大魁來泉州納款、乞援，乃封進忠以伯，援右提督……命楊弈、金漢臣泛海赴援。」〔註13〕

---

〔註10〕　同註9，頁101。
〔註11〕　《康熙實錄》，頁654下。
〔註12〕　《鄭經鄭克塽紀事》，頁74；關於劉、沈不相能的文字見《台灣外記》，頁276～7。
〔註13〕　《鄭經鄭克塽紀事》，頁80；並參考《台灣外記》，頁278。

「眾寡不敵」的情勢，使劉進忠在極短的時間內又不得不做一抉擇，這一次的抉擇不在要不要叛清，而是要和誰一起抗清，他選擇了鄭經。但選擇了鄭經並沒有解決他所面臨的問題：「七月（永曆三十年，康熙十五年），（鄭經）檄右提督定虜伯劉進忠會師江西，不至。進忠去年，八月單騎來謁見於海澄，見世藩英武不足，禮義疏略。而左右用事者多庸碌，知不足與有為，意輕之。及得汀州，進忠嘆其失計，益陰懷貳；檄其會後提督平虜將軍吳淑出江西，輒以糧餉、器仗未備為辭，逼留興寧。及知將使其與耿氏為難也，意更惡之，又與諸將不協，流言日起，不自安，乃稱病還潮，陰為自保計。」〔註14〕到了如此地步，劉進忠之變乃是意料中事。《鄭經鄭克塽紀事》對劉進忠的再降清頗有微詞：

> 進忠性叵測，而意望甚奢，雖厚爵優賞，不饜其欲；兩度檄調，擁兵觀望；遣其徵餉，不應，派舟購糧，又過羈。洎泉、漳棄守，反跡更昭——既貳於周、又使潮陽城守副將陳文發入閩以應清人之招，仍以清和碩康親王傑書招撫文檄送周主吳三桂，一面益兵分水關以備，並移書惠州右武衛劉國軒曰：「閩省東虜，本爵自當之，將軍當防尚之信自羊城東下。」〔註15〕

> 進忠原隸馬得功（降清明將），故與得功子三奇有舊也。啓聖上其書，傑書乃命啓聖為使，通判王綸部副之，駐馬漳州以俟，先以馬三奇書付文發回潮；書辭以耿精忠仍復王爵為餌，說以「識時務為俊傑」。進忠得書，大喜曰：「吾當為地方、人民計，死、生聽諸朝廷矣！」〔註16〕

《台灣外記》載馬三奇書為劉進忠降清辯解云：

> 因閩疆兵變以來，勢孤莫挽，遂使封疆重臣俱被屈陷；然初心豈敢為從逆而弗顧耶？良以一木難支，惟有隱忍庶圖後日之舉耳。〔註17〕

從上述的分析看來，劉進忠是個機會主義者。他本是明朝馬得功的部下，後來隨馬得功一起降清，為清將；後以潮州降鄭成功，不久又叛歸清；吳三桂叛清時又起而歸降耿精忠，勢蹙又投鄭氏，投鄭氏後又降清，最後終以「居心叵測」而被殺。

---

〔註14〕《鄭經鄭克塽紀事》，頁102。
〔註15〕同註14，頁112。
〔註16〕同註14。
〔註17〕《台灣外記》，頁324。

## （六）施福（施天福）的個案

施福是在鄭經的軍隊入泉、漳時起而叛清降鄭的〔註18〕。他此次的叛清只不過是他許多次反覆行爲之一而已。他本是施琅的族叔〔註19〕，鄭芝龍的舊部，隆武即位年（順治二年）已封武毅伯〔註20〕；鄭芝龍降清時，他沒有馬上隨降，乃「聲言缺餉，盡撤還海。」〔註21〕不久，降清。順治四年九月已有記他爲清效命的文字：

> 庚午，初投誠武毅伯施福，同澄濟伯鄭芝豹，率十鎮官軍，持投誠平國公鄭芝龍牌劄，招撫白沙。至甲子等處，驅散巨寇蘇成，降僞總兵林瑜等。〔註22〕

鄭成功起兵後不久，永曆三年十二月，他「同黃海如來見，藩令……典兵權，辭以老，從之。」〔註23〕「迨思明棄守，復叛，依琅於同安。」〔註24〕

「辭以老」，不欲「典兵權」的施福在見過鄭成功後，當曾回到大陸，並曾在芝龍處做過事。《鄭氏史料續編》有云：「施福……不識何時入京，現在芝龍左右。」〔註25〕該續編在另一處進一步說明：

> 施福於去年（順治十二年）六月內進京，今年二月二十二已回安海去訖……查僞武毅伯施福，准滿協鎮移覆稱云：潛逃下海，要見是否被擒脫落，或係原未擒獲，一並提審……施福潛回安海，顆入逆島，現在徵剿，勢難查輯。〔註26〕

清朝對施福的蹤跡弄不清，施福是否具有雙重身份？因爲後來施福確實是「迨思明棄守，復叛，依琅於同安。」〔註27〕按施福這次降清的時間當在康熙二年十月二十四日前〔註28〕。他的第二次叛清，正如前述，是在吳三桂叛清後不久，鄭經西渡，收復同安時。同他一起歸鄭的還有施琅的養子施齊

---

〔註18〕 《鄭經鄭克塽紀事》，頁95。
〔註19〕 同註18。
〔註20〕 〈明鄭藩下官爵表〉，頁83。
〔註21〕 《靖海志》，頁11。
〔註22〕 《順治實錄》，頁402上。
〔註23〕 《從征實錄》，頁4。
〔註24〕 《鄭經鄭克塽紀事》，頁95。
〔註25〕 《鄭氏史料續編》，頁258。
〔註26〕 同註25，頁355、357、359。
〔註27〕 《鄭經鄭克塽紀事》，頁95。
〔註28〕 《康熙實錄》，頁170下。

（即王世澤），施亥（即施鳳）。〔註29〕

鄭經收復同安，施福等來降是形勢所迫而非眞心，《靖海志》云：「鄭經所親幸施福，密通姚總督，欲爲內應。使授降兵數百人，挈眷來歸，乘機欲舉事。國軒諜知，啓鄭經收殺，併及施齊。」〔註30〕

## （七）楊富的個案

康熙二年十一月十一日楊富降了清，事隔十一年，康熙十三年七月，當吳三桂兵到江西時，楊富謀叛清不成。江西巡撫董衛國疏報云：

> 南瑞總兵官楊富，隱匿在官甲冑，私置竹礟器械，暗招閩兵千餘，練習滾牌，與賊潛通，謀爲內應。臣與定南將軍希爾根寺，密計擒之，即時正法。〔註31〕

楊富的叛清失敗了。他十一年來爲清效命的功績乃付諸虛無。從清朝防變之嚴、行動之捷以及楊富的心未死可看出鄭清衝突的持續性。

## （八）吳淑的個案

吳淑是明鄭降清部將叛清個案中不必再面臨抉擇的例子，他是被牆壓死的。《鄭經鄭克塽紀事》記述他叛清歸鄭云：

> 吳淑，先藩故部也，叛從黃梧，梧疾革時以芳度相托，命拜之；時城中事淑爲王，淑弟潛見援兵難至，孤城岌岌可危，與中營陳士凱說淑獻城，淑不可，謀遂寢。久之，芳度慮餉不繼，大索紳、富助餉，於是人心惶惶；尋又出私幣黃金暨妻妾簪珥充餉，於是人皆知積儲紬，眾心遂散。潛因說曰：「援來遲，簪珥且已充餉，其勢難久，變且生矣！」淑徐曰：「梧雖遇我厚，然吾受先藩厚恩，叛而從梧，負罪良深！今世藩待芳度有加，顧反圖逆命，吾其以私恩而廢公義也哉！」潛知其意可，夜遣人縋城下……約獻城……。〔註32〕

以上對吳淑叛清降鄭的說法是基於「梧雖遇我厚，然吾受先藩厚恩，叛而從梧，負罪良深！今世藩待芳度有加，顧反圖逆命，吾其以私恩而廢公義也哉！」惟《台灣外記》則謂係吳潛先造成事實，淑不得已而從之者，不但

---

〔註29〕　《鄭經鄭克塽紀事》，頁95。按《靖海志》把施福當成施亥，誤也。

〔註30〕　《靖海志》。

〔註31〕　《康熙實錄》，頁667上；關於他十一年的官履參閱《清史列傳選》一五一，其效命清朝的事蹟請參閱《康熙實錄》，頁250下。

〔註32〕　《鄭經鄭克塽紀事》，頁96。

如此，該書尙有一段說吳淑降鄭是權宜之計，它云：

> ……迨見經入泉州，勢愈熾，心甚憂之。吳淑曰：「鄭經之政悉出於馮錫范，當多賄賂，以結歡心。暫且歸附，徐作後圖。」度從淑議，密遣人致意錫范，願附門牆。范大悅，收納珠幣，許之。差者回覆，芳度方遣朱武齋印敕請降，並送錫范厚禮。范果爲芳度說辭，經折矢爲信，允其降，表封芳度德化公、加前提督，仍鎮漳州。范答芳度鹿銃一百門……。〔註33〕

揆之於黃芳度密通清朝並招練軍政的事實，看得出他的確無心降鄭；至於吳淑的用心，則因意外死亡而無法獲得最後的答案。設若吳淑本來的用心和黃芳度一樣，我們仍得分別「假降」和不降以及「假降」和「眞降」的不同。不降就是站在敵對的立場，而「假降」和「眞降」的分別不在行動上，而在最終的目的。究之吳淑降後的行動，他的確是全力爲鄭經效命的〔註34〕；至於他的用心則有：「……丈夫遺臭一次，豈可再爲罵名？」〔註35〕可資爲證。

### （九）林興珠的個案

林興珠何時叛清，無法確知，不過根據清於康熙十三年五月丁卯，因舉首林興珠反功加墾荒都督蔡璋太子少保一事，可知林興珠叛清當在這之前不久〔註36〕。《廣陽雜記選》對林興珠叛清有云：

> 建義（侯林興珠），本江西南安副將，後陞辰州協鎮。平西兵至，降於周……。〔註37〕

林興珠降吳三桂後，任水師將領。他不像楊來嘉諸人叛清到底，終於在康熙十七年又降了清〔註38〕。張莈認爲林興珠的降清「當然是因爲看到吳三桂勢窮而不能成功才見機而作的。」〔註39〕

《廣陽雜記選》上說林興珠是湘潭人，受涵齋（即楊于兩，鄭成功的同學，林興珠的兒女親家）之觀而投誠的〔註40〕。張莈推論曰：「林興珠之叛吳三桂而降清是康熙十七年，而吳三桂之死也在這一年，這時吳三桂大勢已去，

---

〔註33〕《台灣外記》，頁276。
〔註34〕例子很多，如《康熙實錄》，頁975下～6上。
〔註35〕《台灣外記》，頁117。
〔註36〕《康熙實錄》，頁651下。
〔註37〕劉獻廷，《廣陽雜記選》，頁24。
〔註38〕《平定三逆方略》，頁282；《清史列傳選》，頁118；《康熙實錄》，頁978下。
〔註39〕〈台灣藤牌兵討俄研究及天地會僧兵征藏傳說的比較〉，頁41。
〔註40〕同註39。

楊于兩勸林興珠降清，或是爲了保全實力，留待再起的。」張菼的推論的後半部和《康熙實錄》、《平定三逆方略》，甚至張氏本身的論文所提到有關林興珠降清後爲清效命的事蹟很不一致〔註41〕，降清後的林興珠即使有再起的心志，但其行爲則是相反的——他全力爲清效命。

總結林興珠一生的反覆事蹟，得知他抗清一次、降清二次、叛清一次；事件發生的先後是一抗一降，一叛一降，最後一降（康熙十七年）結束了他的反覆行動。

### （十）杜輝的個案

杜輝是被脅叛清的，《泉州府志選錄》云：

> 杜輝……同安灌口人。康熙二年，自海上歸命……十二年，值吳三桂反，輝兄弟俱被脅；至湖廣，日圖歸正，密遣人赴大將軍貝勒王軍前汀期內應。謀洩，兄弟俱被戮。〔註42〕

除了「被脅」外，是否有其他因素促使杜輝「日圖歸正」？前引書的黃明小傳有云：

> 十七年（黃明，康熙十三年，由海上歸命）率義師拒吳逆，爲賊所獲；欲加害，僞將軍杜輝、楊珀力救，得免。明乘機宣布國朝威信，杜輝殺賊歸順，密遣都司熊飛馳稟貝勒王。事洩，輝遭戮。〔註43〕

以上文字把杜輝謀降之功歸黃明，此說法與《平定三逆方略》有所歧異，應從後者。《平定三逆方略》云：

> （康熙十七年三月）癸巳，尚之信奏：僞水師將軍杜輝之子杜國臣向在廣東，臣於本月初六日遣人逆岳州。上諭：杜輝原係雲南永北總兵官，倘思念國恩，傾心歸正，於事甚有裨益。杜國臣抵岳州日，大將軍貝勒選賢能人員密遣至輝所，曉以伊子來岳，招令反正。或杜輝實心歸化，潛約何地，乞遣其子；或畏遣子泄漏，答以他言。貝勒應審察情狀，若國臣可遣，度萬無一慮則遣之，務俾有濟大事；如稍有可疑，切勿輕畀，俟有機會希朕德意，移書招致。爾宜加意愼秘，勿使宣洩。〔註44〕

---

〔註41〕《康熙實錄》有關的記錄見頁1034下～35上、1103下～4上、117下、1594下～5上、1666上下、1974上下；《平定三逆方略》的記載見頁384～5、390、325、336。張菼論文參考註39。
〔註42〕《泉州府志選錄》，頁96。
〔註43〕同註42，頁98。
〔註44〕《平定三逆方略》，頁280。

清朝不但用了人質爲招撫手段，且也用死間計：

……賊杜輝、江義，與吳應期嬰城固守。正色遣表弟魏士曾用死間計，
齎書赴；應期果疑，殺杜輝等十三人，士官亦遇害，賊猜懼，皆出降，
應期奔出；遂拔出岳州，長江諸郡以次削平。〔註45〕

在人質、死間計得逞前，杜輝吃了二次敗仗。《平定三逆方略》云：

僞將軍杜輝等乘船犯柳林嘴，我舟師迎敵，君山、扁山舟師亦來合擊；
賊敗走，斬獲甚多，沉其賊船。〔註46〕

又云：

十月二十二日，僞將軍杜輝、巴養元、姜義乘船二百五十船犯陸石口，
將軍鄂鼐等率師分擊，敗之；獲其船，斬賊無算。〔註47〕

二次敗仗後，以人質、死間計的招撫政策成功了，而有「僞將軍杜輝遣
參將林寧等奉書請降」〔註48〕一事。十二月十六日，「僞巴將軍下總兵陳華、
李超率文武官弁兵丁家口投誠。詢以續降人員，據稱：是月十五夜事泄、吳
應麒即潛拘同謀諸人。十六日昧爽，約杜輝議事，伏兵執之。訊至日中，絞
死僞總兵等數名，及輝之弟姪親丁皆被殺，陳華、李超等僞來投誠。」〔註49〕

　　至此，明鄭降清官兵叛清的最重要個案已分析完畢，再回頭檢討本章第
一節裡鄭經覆書清朝招降時的那一段話：「……況我之叛將、逃卒先王撫養者
二十餘年，今其歸貴朝非必盡忘舊恩而慕新榮也。」從上述十個叛清的個案
裏，我們找不到有來自清方促使他們不得不叛清的理由。這十個叛清個案都
因三藩叛清而起的，大部分和吳三桂的叛清有直接的聯繫，也就是說他們的
叛清在某種程度上認同於吳三桂。除了洪福、楊來嘉、萬祿、萬義、吳淑五
人直接通報鄭經，可以用「非必盡忘舊恩而慕新榮也」來解釋外，其他人如
劉進忠、施福、楊富、林興珠四人並沒有和鄭經直接通報。

　　此十人的叛清時間和三藩叛清的時間相一致，可以說三藩的叛清（尤其
吳三桂的叛清）似乎是「非必盡忘舊恩而慕新榮也」的明鄭部將的叛清的基
礎，沒有吳三桂叛清所號召的情勢，明鄭降清官兵叛清的可能性不大。這是

〔註45〕《泉州府志選錄》，頁128。
〔註46〕《平定三逆方略》，頁312～3。
〔註47〕同註46，頁336。
〔註48〕同註46，頁339。
〔註49〕同註46。

因為鄭經本身並無與清朝相對抗的力量的緣故。

# 第六章　鄭經抗清後期的降清官兵

　　在上一章裏，我們探討了三藩叛清期間明鄭官兵叛清的重要個案。在這一章裡，我們計劃繼續探討鄭經抗清後期官兵降清的個案。

　　此期的降清個案包括了三藩叛清期間新附明鄭的叛清兵的降清以及原屬明鄭的官兵的降清兩大類。新附明鄭的叛清官兵主要是由三藩的官兵組成，這些官兵在三藩叛清前都是清官兵，因此，他們的降清和明鄭官兵的降清不可混為一談，此區別即在新附明鄭的叛清官兵都曾效忠過清朝。就理論上而言，明鄭抗清官兵的降清傾向會比新附明鄭的叛清官兵來得弱些。

　　我們在前面已經論及若沒有三藩叛清，鄭經是不會有機會和能力西渡的〔註1〕。在吳三桂叛清和耿精忠的邀請下，鄭經乃率領僅存的「船不滿百、兵不滿萬」力量向西。在吳三桂未死前（康熙十七年前），鄭、耿曾取得短暫的默契。此默契配合了清朝全力應付吳、耿的兵力（康熙十五年三月後尚之信加入）暫時無暇他顧的有利情勢下，使鄭經的勢力曾有一度擴張到七府之地，而達到所謂的「大師既渡海西，聲威丕振，人心感奮」的地步〔註2〕。但在清的全面反擊下，鄭、吳、耿三方抗清力量間的許多衝突也就更加尖銳化了。這些衝突主要表現在抗清三方如何互相支援以及保存、發展自己勢力上。鄭經因勢趁便接受耿將而佔有耿精忠的地盤（時康熙十五年），這種自利性擴張行為雖無可厚非，卻足以自戕：「耿精忠自鄭經違約汀州後，既內迫於鄭氏，復懼清兵之長驅，勢窮力蹙，擬泛舟入海，為部將所阻，乃肉袒降

---

〔註1〕關於西渡機會可參見《台灣外記》等書載鄭經和耿精忠的書信往來。關於沒有西渡能力可從耿精忠以鄭經力薄（船不滿百、兵不滿萬）而不欲借漳泉二府之地予鄭經看出。

〔註2〕《鄭經鄭克塽紀事》，頁94。

清。」〔註3〕耿精忠被迫降清無疑是逼迫鄭經直接和清對抗。

　　隨著耿精忠、尙之信的先後降清，吳三桂的逝世〔註4〕，整個抗清的形勢已逆轉，降清事件乃更頻仍。宋增璋在他的〈三藩之役鄭經西征始末〉一文中把歷時八年（康熙十二年十一月至康熙二十年十月）三藩先後的抗清和鄭經西渡的全盤形勢，分成三個時期。第一、自清康熙十二年十一月至十五年四月，爲反清戰爭擴張時期；第二、自清康熙十五年五月至十七年七月，爲反清戰爭僵持時期；第三、自清康熙十七年八月至二十年十月，爲反清戰爭敗亡時期〔註5〕。鄭經抗清後期官兵降清的個案大致反映了上述抗清形勢的第三期，下面是此期鄭經官兵降清的具體情形。

### （一）彭世勳的個案

　　彭世勳的降清是許多「兵敗遂降」的例子之一。康熙十五年十二月二十八日，奉命大將軍和碩康親王疏報云：

> 臣前遣人招撫耿繼善，尚未到彼；耿繼善聞大兵將至，即棄邵武府，速往江西。海逆下僞將軍吳淑乘勢取邵武府，復犯延平。伊弟僞總兵吳潛陳華乘兵渡□，在浦塘迎敵。副都統伯穆赫林等，率滿漢官兵，屢次擊敗之，陣斬僞總兵楊大任等，殺賊兵萬餘，生擒僞總兵阮信等三百四十餘人，所獲軍器無算。僞宣武將軍彭世勳以邵武府降……〔註6〕。呈送冊籍。內開：僞弁共五十八名，兵丁三千二百有奇，僞文官十三名，民一萬二千有餘等……又有彭世勳下副將舒良搿，自五府三關帶領二百兵丁投降……令邵武府投誠僞將軍彭世勳、總兵閻秀奇、李世用各帶伊下官兵鎮守邵武府……。〔註7〕

### （二）楊夢月的個案

　　楊夢月降清一事，康熙十六年二月六日，江西巡撫佟國楨疏報云：

> 正月初十日，副將周球等率官兵大破海逆於五里排地方，恢復會昌縣，招撫僞總兵楊夢月等……。〔註8〕

　　楊夢月爲何受撫呢？似乎可以「勢蹙」來解釋。文獻上常稱「兵敗而降」

---

〔註3〕宋增璋，〈三藩之役鄭經西征始末〉，頁172。
〔註4〕耿精忠於康熙十五年降清，尚之信於十六年降清，吳三桂死於康熙十七年。
〔註5〕〈三藩之役鄭經西征始末〉，頁182。
〔註6〕《康熙實錄》，頁876上。
〔註7〕《明鄭史料》三編，頁187。
〔註8〕《康熙實錄》，頁884上。

即意味著「兵敗」可以是投降的理由或根據。有的文獻上只記載降清一事而未說明前因後果。像這樣的事件若加以臚列的話，似乎可以看出一個趨勢。

### （三）苗之秀的個案

苗之秀的個案是鄭經抗清後期新附明鄭的叛清官兵又降清的例子。他本是清將（屬尚可喜），吳三桂叛清時降吳，當鄭經勢力擴張時被迫降鄭，降鄭經後又被迫降清；前後反覆二次，最後仍為清將。《鄭經鄭克塽紀事》對苗之秀降吳降鄭二事有載云：

> 永曆三十年（利用三年、康熙十五年）二月（據《海紀輯要》，頁 48）：時尚可喜昏病日甚，而周主吳三桂所遣將已克肇慶、韶州等府，廣州人心惶惶，分遣在外諸將已無鬥志，加以王國棟屢屢敗遁。犯潮州諸將於去年除夕燒營宵遁。清碣石總兵苗之秀，可喜檄調剳程鄉，其部將護其夫人仍留碣石，見清兵勢如土崩瓦解，邱輝等至碣石，舢艫蔽海，勢不可當，懼而遣使迎師，輝等遂入碣石；其夫人又馳書勸苗之秀納款，之秀亦率部剪辮來歸，程鄉遂復。進忠啟聞，表加之秀將軍，命還碣石……。〔註9〕

「勢迫妻勸」造成了苗之秀降鄭。《台灣外記》透露「妻勸」的原委云：

> （康熙十五年，正月初三日）……總兵苗之秀奉之信令，提師駐剳程鄉縣。其守碣石將見之信屢敗又舢艫遍海，隨脅其夫人鄭氏降。夫人無奈，詣進軍前納款。進忠允許，令夫人馳書以與之秀。秀接書，與眾剪辮降……。〔註10〕

由此可知，苗之秀是受「妻勸」而降清的，「妻勸」的由來則是「脅」、「無奈」的結果。苗之秀之不得已降鄭，可從他在康熙十三年十二月十八日為清效力「剿」劉進忠一事看出眉目〔註11〕。從永曆三十年二月間不得已降鄭起，迄三十一年三月間又重新投清止〔註12〕，苗之秀只為鄭經效命了一年整。同他一起降清的有劉進忠、劉炎等人。

### （四）劉炎的個案

劉炎是因不欲東行而依附苗之秀〔註13〕，並和他一起降清的。《海紀輯要》

---

〔註 9〕　《鄭經鄭克塽紀事》，頁 98。
〔註 10〕　《台灣外記》，頁 302。
〔註 11〕　《康熙實錄》，頁 704 上。
〔註 12〕　〈明鄭藩下官爵表〉，頁 87。
〔註 13〕　《鄭經鄭克塽紀事》，頁 111。

述劉炎依附苗之秀的情形云：

> （永曆三十一年，二月）（鄭經）移北將家眷入東寧……令王進功、沈
> 瑞、張學堯等各搬眷往東寧，陸續起程；劉炎以母老病；至外洋勒兵
> 劫船，乘風下碣石衛，依苗之秀〔註14〕。後與苗之秀皆降於清，仍磔
> 於市。〔註15〕

時苗之秀尚未降清，而對「勒兵劫船」「不欲東行」的劉炎並未加以處置，反而同他一起降清，是何緣故？原來劉炎和苗之秀，都是在不得已的情況下降鄭的，《海紀輯要》云：

> 永曆二十八年十一月……漳州既約降（鄭），諸邑皆下，獨劉炎附耿據
> 守漳浦。精忠遣兵援之，至和平，黃芳度守將擊敗之；精忠復遣其親
> 軍都尉徐鴻弼從間道入漳浦。世子會錫范、得勝由海澄攻之，鴻弼、
> 炎會雲霄鎮劉成龍迎戰於羅山嶺。右虎衛何祐援軍邀擊，鴻弼等大敗，
> 退入城；錫范、得勝督兵環戰，以紅夷衝天砲擊之。劉炎懼，與鴻弼、
> 成龍俱出降。〔註16〕

黃玉齋在〈明延平王世子鄭經光復閩粵〉一文裡也提到劉炎降鄭的不得已情形：「……錫范督眾用天砲銃打入三門，悉落衙，滾壞房屋數十間。炎母大懼，逼炎。炎無奈，請降……。」〔註17〕此處強調劉炎不得已降鄭的用意在於了解其反覆的可能性。他的降清已是第二次反覆，第一次反覆是隨耿精忠叛清，精忠授他定遠將軍。劉炎本是清戊武狀元，由內侍出任汀協，後擢漳浦總兵〔註18〕。如果劉炎隨耿精忠叛清是甘心情願的話，則其不得已降鄭是明顯的，這可從他遣胞弟煌往廈門接經往西歸來給耿精忠作的報告中看出。該報告云：

> ……鄭氏附居廈門，孤懸海外，一片荒蕪。負犁既無其人，採樵又乏
> 其山。兵不過數千，船僅百隻而已。藉舟楫以為居，乘波濤而剽掠，
> 安能成其大事？當擯絕之，切不可與通往來，聚集亡命，擾我邊疆，
> 為害不淺……。〔註19〕

---

〔註14〕夏琳，《海紀輯要》，頁52；靖海志，頁82。

〔註15〕《鄭經鄭克塽紀事》，頁111。

〔註16〕《海紀輯要》，頁43。

〔註17〕黃玉齋，〈明延平王世子鄭經光復閩粵〉，頁116。

〔註18〕《台灣外記》，頁266。

〔註19〕同註18，頁270。

劉炎如此低估鄭經的抗清能力，其降鄭不由衷也明矣。當耿精忠於康熙十五年降清時，劉炎不久也叛鄭歸清。《台灣外記》云：

> （康熙十六年二月）鄭經、繩武、錫范等到廈門，諸文武乘其懷疑未及周防，各星散；如潮惠道德中、碣石總兵苗之秀、漳浦總兵劉炎、漳浦城守張國傑，竊船投誠……。〔註20〕

劉炎顯然不滿意此次的降清，因此康親王傑書的報告中云：「劉炎所遣吳三桂書亦皆搜獲，其心迹與進忠略同。此等皆心懷反側，久留……必致生變。」〔註21〕降了清的劉炎，終因「心懷反側」和劉進忠一起被清所殺。

### （五）程夢簡、孫紹芳的個案

程、孫二人的降清，似乎可用「兵敗而降」來說明。康熙十六年三月四日，奉命大將軍和碩康親王傑書疏報云：

> 海賊鄭錦大敗於興化、泉州，遂爾喪膽，棄漳州、海澄而遁。海澄偽副將孫紹芳、漳州知府程夢簡等，相繼於軍前納款……。〔註22〕

《鄭經鄭克塽紀事》亦云：

> 警至漳，人皆無固志，（經）匆匆與侍衛馮錫范、贊畫兵部陳繩武棄城走，過海澄而不入，遂退保思明。清兵已踞泉，尚遲遲不敢窺漳，及馬三奇、殷應舉、曾養性、汪元勳等騎兵哨探至江東橋，一路無限，漳州府程夢簡迎降……。〔註23〕

### （六）陳璉的個案

陳璉是在康熙十六年六月間以惠州降清的，尚之信疏報云：

> 海賊劉國軒占踞惠州，負固不服。先從陸路窺新安，已被官兵殺敗；又從水路抵東莞縣石龍地方，希圖順流直薄省城。臣統水陸官兵分路夾剿，逆首劉國軒棄城奔竄；偽總兵陳璉以惠州歸正……。〔註24〕

《平定三逆方略》對劉國軒的奔竄原因有說明云：

> 時海賊劉國軒竊踞惠州，聞尚之信、劉進忠等歸順，大兵將至，於六月初十日棄城潛遁，偽總兵陳璉等以城降〔註25〕。由此可知，陳璉是

---

〔註20〕同註18，頁319。
〔註21〕《平定三逆方略》，頁242。
〔註22〕《康熙實錄》，頁891下。
〔註23〕《鄭經鄭克塽紀事》，頁110。
〔註24〕《清聖祖實錄選輯》，頁70。
〔註25〕《平定三逆方略》，頁246。

因窮蹙而降清的。

## （七）黃邦漢的個案

黃邦漢的個案也是「兵敗而降」的例子之一。康熙十六年十月十日，奉命大將軍和碩康親王傑書疏報云：

> 漳州龍溪縣斑山、泉州南安縣五都、同安縣三保谿等處地方，逆賊立營結寨，盤踞山谷，騷擾百姓，為害已久。臣遣前鋒參領都克納、侯馬三奇、副將馮兆京、副都統紀爾他布等，分率滿漢官兵，於斑山等處地方，進剿賊眾，屢次擊敗，並招撫偽副將黃邦漢等……。〔註26〕

## （八）黃瑞鑣的個案

黃瑞鑣的個案也是窮蹙而降的例子。《鄭經鄭克塽紀事》云：

> （永曆三十二年）八月十五日……時副將黃瑞鑣以三百餘眾守（漳平），力戰移時，以無助，遂叛降；喇哈達即以瑞鑣為導，犯安溪……。

〔註27〕

## （九）呂韜、陳士凱、鄭奇烈、紀朝佐等的個案

呂、陳、鄭、紀等的降清，有一說法認為是「……兵多地狹，餉饋不足……既不敢請餉，又無力養兵，人懷觀望……（乃）相繼叛降於清。」〔註28〕呂韜是在永曆三十三年三月降清，他「本以清漳州城守營守備戍江東橋，戰北，中提督劉國軒進軍海澄……以漳城輸款；事露，閩督姚啟聖實之理，將入省；韜乞援國軒遣英義鎮林彪伏同安界牌劫以來，並移其家東寧。」時永曆三十二年二月〔註29〕，距他投清只有一年的間隔。陳士凱的降清見於康熙十八年四月十八日，福建總督姚啟聖的疏報：「木武鎮偽總兵陳士凱率偽文武五十五員、兵一千四百三十一名投誠。」〔註30〕原來陳士凱（愷）是於永曆二十九年（康熙十四年）同吳淑一起降鄭的，曾於三十一年投過清，繼聞黃芳世駐漳，懼罪又來歸鄭，三十二年春啟請入山召募，三十三年二月挈眷入漳州，四月報降清〔註31〕。由此看來，陳士凱在四年內反覆三次（降鄭一次、降清

---

〔註26〕《康熙實錄》，頁935。
〔註27〕《鄭經鄭克塽紀事》，頁126。
〔註28〕〈三藩之役鄭經西征始末〉，頁18；並參考蔡仲琱的個案註3；並《台灣外記》，頁350～5。
〔註29〕《海紀輯要》。
〔註30〕《康熙實錄》，頁1082下。
〔註31〕〈明鄭藩下官爵表〉（二），頁69，並參考《閩海紀略》，頁54。

二次）。

鄭奇烈降清的記載比陳士凱遲一天，福建總督姚啓聖在康熙十八年四月十九日的疏報云：「海逆僞總兵鄭奇烈率僞官五十三員、兵丁一千餘名投誠。」〔註32〕根據《鄭經鄭克塽紀事》的記載，鄭奇烈和紀朝佐似乎是同時被脅降清的，文云：

> ……奇烈，同安諸武生，朝佐則耿精忠舊部，蕩虜將軍蔡寅起兵，二人從之。嗣與寅俱來歸（鄭經）；寅死，二人請入山召募，爲清軍所困，部卒脅之降於清。〔註33〕

證之《康熙實錄》，得知鄭奇烈和紀朝佐不是在同一時間內降清的，紀朝佐降清的記載比鄭奇烈降清的記載遲了近半年之久〔註34〕，但這並不說明他們二人降清的實際時間有如此鉅大的間隔。楊捷在康熙十八年五月二十二日的「彙報僞鎮投誠啓」裡記述陳、鄭、紀等的事蹟云：

> ……山寇、海逆勾連交訌……僞牛宿鎮鄭不伐即鄭奇烈、嘯聚亡命，依附海逆……爲害已久……本職咨會總督……合師夾擊，剿撫並用去後。鄭不伐見我官兵攻圍迫急，設計詐降，覬圖就計逃遯。鄭不伐被我軍追急，隨同差官到營輸誠。又有僞鎮紀朝佐、楊尾、黃高郎等盤踞南安……荼毒生靈，並經本職咨金督、撫……等合力夾剿。紀朝佐續經總督專員招撫。紀朝佐狡謀多端，此剿彼遯……嚴飭……緊追。朝佐狡請就降，又乘間遠遯……緊追至……堵絕糧道……賊情急迫，隨爾歸誠……更有木武鎮陳士愷者，仰慕王爺好生德意，帶領所轄官兵輸城向化。查陳士愷係海上有名大鎮，茲以率眾挈眷航海來歸，可以鼓勵未來之僞鎮。其鄭不伐、紀朝佐等皆山寇巨首，今已歸誠……查僞總兵鄭不伐帶到僞官……兵（見上述數字）……僞總兵紀朝佐帶到官共六十九員、現在僞兵三百名、歸農僞兵八百八十九名；楊廷彩（即楊尾）、黃伯（即黃高郎）、蘇橾三僞鎮共帶官二十九員、僞兵五百四十七名……。〔註35〕

從呂韜、陳士凱、鄭奇烈、紀朝佐的事蹟看來，他們叛清初期並未直接

---

〔註32〕《康熙實錄》，頁1083上。

〔註33〕《鄭經鄭克塽紀事》，頁133。

〔註34〕《康熙實錄》，頁1136下，載紀朝佐降清的疏報時間是在十月四日。

〔註35〕楊捷，《平閩記》，頁109～10；關於鄭奇烈詐降請參考《平閩記》，頁280～2；至於紀朝佐因勢窮力竭以投誠爲緩兵之計並騷擾地方，請參考頁285、290。

受鄭經控制；他們之同鄭經的抗清力量合流，都是在不得已的情勢下做出的。呂韜本是清弁，其降清不足爲奇；陳士凱因情勢、個人的畏懼已反覆多次；而鄭奇烈、紀朝佐二人或曾爲蔡寅的部下，或曾爲耿精忠的將弁，對於他們降清都不需要堂皇的根據。

### （十）蔡仲琱的個案

《台灣外記》談蔡仲琱降清原委有云：

> （康熙十八年三月）……水師五鎮蔡仲琱分寸惠安沿邊，以其老耄不能約束，經令盧宿鎮王傑統其眾，調仲琱回廈。仲琱駕小船入泉州投誠。巡撫吳興祚用之……。〔註36〕

鄭經不能用的人反被清人用了，不僅如此，蔡仲琱的降清也給鄭經造成了相當的兵源損失，《康熙實錄》云：

> ……招撫僞總兵蔡冲（仲）琱等三員、僞員八十五員、兵丁一萬二千五百一十七名，招回島民三千一百九十餘名，共獲大小船六十七隻……。〔註37〕

其實，蔡仲琱的降清不單是「老耄不能約束」而受招而已，它也反映了明鄭抗清此期的危機——正如宋增章所說的——「鄭經兵多地狹，餉饋不足，分汛各鎮，頗有苛擾，特設監紀會同查核。不許苛歛，各鎮不敢請餉，又無力捐資養兵，人懷觀望，故蔡仲琱、呂韜、陳士凱、鄭奇烈、吳定方等十餘鎮相繼叛降於清……。」〔註38〕

當所謂的情勢足以解釋降清個案時，則抗清之舉顯係日趨沒落了。

### （十一）廖琠的個案

廖琠降清，《康熙實錄》有云：

> 康熙十八年三月十九日，福建總督姚啓聖疏報：僞總兵廖琠、黃靖等率眾踞水昌坪，聯絡山海賊寇，爲害地方。臣遣官招撫。廖琠等即率僞官三百餘員、兵一萬二千餘人，詣軍前降。〔註39〕

《台灣鄭氏始末》曰：

> （康熙十七年）冬十月，啓聖伏卒深菁，中設營壘，躬師捷等挑戰；

---

〔註36〕《台灣外記》，頁354。
〔註37〕《康熙實錄》，頁1115上。
〔註38〕〈三藩之役鄭經西征始末〉，頁181。
〔註39〕《康熙實錄》，頁1074下。

三戰三卻，國軒盡前進，奪取其營，捷等佯遯。國軒方據營安撫，夜半伏卒突起，啓聖、捷還軍掩擊，國軒軍大亂，遂乘馬浮水遯。鎮將吳正瑩等戰死，廖琠等及眾一萬二千餘人皆降……。〔註40〕

綜合上引二資料可知，廖琠等的降清和「招撫」、「兵敗勢蹙」分不開的。

關於招撫，鄭全祖、紹衣譔「太子少保兵部尚書兼都察院古都御史總督福建世襲輕車都尉會稽姚公神道第二碑銘」以「修來館」的效用來說明：

（康熙）十有八年，公念海澄負險，與廈門金門海壇相首尾，不可猝下，乃請復水師提督，而大開「修來館」於漳州，不愛官爵資財玩好，凡言自鄭氏來者皆延致之，使以華轂鮮衣炫於漳泉之郊，供帳恣其所求，漳泉之人，爭相喧述……於是不終歲，其五鎮大將廖琠黃靖賴祖金福廖興以所部鄭奇烈陳士愷等降，繼之林翰許毅等皆被用，鄭氏始上下相猜阻，而簡練諸降將之卒，驟充水師驟益二萬餘人……。〔註41〕

誠然，以「利」相誘是有效的，但若說純是招降始造成「鄭氏上下猜阻」則是言過其實了。

### （十二）李萬金的個案

李萬金的個案是明鄭士兵降清的例子，《台灣外記》云：

康熙十八年九月三日東石寨者，乃林陞地方。國軒調陞攻海澄，委其健將惠安人楊忠鎮禦之；及楊忠掘鹽死於深滬，陞又奉調督兵石碼，委其部將施廷、陳中二人共守之。因中醉後，鞭撻其健卒楊虎、李萬金，金乘夜逃入泉州投誠。密稟提督楊捷：「東石悉係老弱，寨內空虛。願為前導立功。」……捷得其寨。〔註42〕

因受「鞭撻」可以構成反覆的理由顯示出抉擇的低層次，這和鄭成功的抗清抉擇比較起來，確有天壤之別。鄭成功在作出抗清的決定後，已決志不改變了，這可從鄭成功在鄭清和議上向清朝提出清方不可能接受的條件一事看出。然而，就明鄭官兵而言，他們的抗清決志是遠不如鄭成功的。明鄭官兵降清、叛清不但說明此點，且也反映了明鄭降清、叛清官兵的價值觀念的多變——可以從抗清到降清又到叛清、降清。施琅可以因和鄭成功不和而叛降清朝；黃梧可以因畏罪而降清；李萬全則因被鞭撻而降清，在在都說明不

〔註40〕《台灣鄭氏始末》，頁71～2。
〔註41〕轉引自黃玉齋，〈明延平王世子鄭經在閩浙抗清與三藩的崩潰〉，頁120。
〔註42〕《台灣外記》，頁361。

同的抉擇層次。

### （十三）蘇堪、康騰龍的個案

蘇、康二人的個案也是「兵敗而降」的例子之一，《鄭經鄭克塽紀事》云：

（永曆三十四年）二月二十三日，（經）命中提督劉國軒旋師思明，遂棄海澄，觀音山、石碼、陳洲、玉洲、彎腰樹、福河、下滸、三岔河、展旗寨、曹門寨、澳頭、象鼻、虎頭山、馬洲、果堂、太平寨、觀音寨、水頭、獅子山十九寨併棄之；守海澄蘇堪、汭洲康騰龍叛，降於清。〔註43〕

清史稿《鄭成功傳》亦云：

十九年，興祚出同安，與啟聖、捷會師，自陸路響廈門。提督黃工色以水師攻海壇……毀錦師船十六、兵三千……錦將朱天貴引還。正色督兵追擊，斬錦將吳丙、林勳；湄洲、南日、平海、崇武諸澳皆下，天貴出降、副都統沃申擊破錦將林英、張志，水陸並進趨玉洲；國軒走還思明，錦將蘇堪以海澄降……遂克廈門、金門。錦還台灣。〔註44〕

### （十四）陳昌的個案

陳昌是在康熙十九年二月間降清的，《靖海志》對他的降清背景說明云：

（康熙十九年二月）鄭經欲撥國軒兵三千，配小船直入泉州港，攻萬提督，使人持令箭抽兵。時兵已乏糧，盡皆潰散，國軒禁不能止。守海澄陳昌以城投誠……。〔註45〕

楊捷進一步敘述陳昌受撫的情形：

……海澄既復，賊心離散，本將軍復多方宣布皇仁，廣行招撫。隨有偽鎮陳昌，於二十六日午時，差遣偽監紀參議周天奇等前來納款……偽總兵陳昌率領所轄大小船隻百餘號、官兵五千餘名，並移帶眷口到海澄城外登岸投見……。〔註46〕

《鄭經鄭克塽紀事》則著重在陳昌「劫主獻清」的企圖，它云：

……（鄭經等）棄思明、金門揚帆而東；楊威左鎮陳昌、協理五軍戎務吳桂、信武鎮黃瑞叛，降於清。〔註47〕

---

〔註43〕 《鄭經鄭克塽紀事》，頁138。
〔註44〕 《鄭成功傳》，頁59～60。
〔註45〕 《靖海志》，頁91。
〔註46〕 《平閩記》，頁230～1。
〔註47〕 《鄭經鄭克塽紀事》，頁138。

至於陳昌何以叛，且「劫主」，同書有進一步的說明：

> 聞報馬勝龍以泖洲降清，泖洲距思明咫尺，門戶不啻洞開，協理吏官
> 洪磊、戶官楊英、工官楊賢首攜眷登舟，於是人心騷動，島中鼎沸；
> 諸軍乘間劫掠……陳昌菊謝村、鼓浪嶼，早密通於清，見世藩且走，
> 遣其心腹楊一彪將健卒三百以快哨五駛來，詐稱請令，將劫坐舟……
> 計不售，走降於清。〔註48〕「劫主獻清」是陳昌的個案最顯著的特色。

## （十五）吳桂、黃瑞的個案

吳、黃的降清是兵敗如山倒下的產物，《台灣外記》云：

> ……鄭經於（康熙十九年二月）二十六日接報「康騰龍獻泖州，引姚
> 啟聖各道師雲集海澄縣暨海滄地方。不日即會同水師合剿廈門。」百
> 姓震動……二十七日，全島人民鼎沸，攜男挈女，各自逃竄，莫能禁
> 過。經見人心已變，即令……將……所有輜重寶玩，悉運過台。時陳
> 昌業通姚啟聖……是夜三更，啟聖接吳桂、黃瑞遣人投誠，備陳鄭經、
> 劉國軒已遁台灣，請大師過廈門，安撫百姓……清兵始敢問渡，乃不
> 折一矢而入思明；有大、小戰船數百，沒撤退有序，可畢濟也，至是
> 悉為清有；另有糧數萬石，火礮、衣甲、器械不計其數，皆拱手資
> 敵。〔註49〕

## （十六）朱天貴的個案

朱天貴的個案在鄭經抗清後期的官兵降清個案中，佔一重要地位，它反
映了此期新附明鄭的叛清官兵的許多特色。他是在永曆三十年（康熙十五年）
十一月降鄭的，過了三年半，永曆三十四年五月叛鄭降清〔註50〕。《台灣外記》
述他降鄭的情形云：

> 康熙十五年十一月，耿藩左都督曾養性接精忠檄，隨剃髮撤師，自溫、
> 台航海回閩。其部將朱天貴，不肯從養性投誠，將舟師悉附守鎮定海
> 奇兵鎮黃應與水師一鎮蕭琛等，引眾邀擊養性歸師，獲船十號，報
> 捷……。〔註51〕

由此可知，朱天貴本是耿將，並隨耿叛清，在耿降清時沒跟著降清，反

---

〔註48〕同註47；《台灣外記》，頁369～70。
〔註49〕《台灣外記》，頁369～70；《鄭經鄭克塽紀事》，頁139。
〔註50〕〈明鄭藩下官爵表〉，頁73。
〔註51〕《台灣外記》，頁311～2。

而依附鄭經繼續其叛清。據《福建通志列傳選》，「朱天貴字達三，莆田人，幼隨父避亂福寧三沙；三沙陷，天貴被掠，鄭氏奇其才，厚遇之，授左都督，統樓船二十八鎮……。」〔註52〕此段起載朱天貴為明鄭效命的文字顯然與上引《台灣外記》的記載不符。《康熙實錄》的記載可以驗證朱天貴的投效鄭經並非在三沙被掠，該記載云：

> ……逆賊朱天貴遁據南日湄州等嶼，臣（福建水師提督萬正色）咨會撫臣吳興祚陸船聲援，臣親率水師於二月十四日自海壇進剿，逆賊南遁，我師尾至平海嶼，與撫臣會師。朱天貴復合偽將軍林陞駕艍三百餘艘踞崇武嶼。臣於二十日乘風自平海南下，賊率艍迎戰，臣揮軍掩擊，大敗賊眾，沉賊艍二十餘艘，陣斬偽總兵吳丙、副將林勳等，擒殺甚眾，克復湄州、南日、平海、崇武諸澳……。〔註53〕

戰敗本身並不足以促使朱天貴降清。《福建通志列傳選》對促成朱天貴降清的情勢有云：

> ……康熙十九年，大集舟師伐島。在武衛林陞守海壇，畏其眾，退守遼羅。左鎮朱天貴爭之不得，乃率所部降……。〔註54〕

《台灣外記》對「爭之不得」的說明有云：

> ……林陞見正色悉入港內，全隊欲要寄泊圍頭……陞曰：「……意欲全艍暫退守遼羅，諸公以為何妨？」天貴曰：「退守遼羅，萬萬不可！今日之戰，雖未破敵，然敵人之膽亦少遜怯。豈可反避而自搖動乎？可將船進泊海壇，分一旅守觀音澳，再令一旅寄泊石排洋一派地方。倘水師出港，可以互相牽制……」江勝、陳諒咸以「天貴之論甚高，宜從之。若退遼羅，恐廈搖動，則陸師危矣！」陞執已為總督，當聽吾指畫，不從眾議。傳令：「全師退泊遼羅！」天貴辭去，仰天嘆曰：「藩立用此輩為師，大事去矣！」……。〔註55〕

據此可知，「爭之不得」是朱天貴降清的重要因素，延平王台灣海國記就是採此說法，它云：

> ……時清兵大舉攻島……（林）陞畏清軍，棄海壇守遼羅，天貴爭之不得，乃率所部降清……。〔註56〕

---

〔註52〕《福建通志列傳選》，頁177～8。
〔註53〕《康熙實錄》，頁1187下。
〔註54〕《福建通志列傳選》，頁72。
〔註55〕《台灣外記》，頁369。
〔註56〕轉引自〈明延平王世子鄭經在閩浙抗清與三藩的崩潰〉，頁130。

《鄭成功傳》則偏重在整個情勢的說明，它云：

> ……（康熙）十九年春正月……舟師伐島……經命左武衛林陞爲督，帥援剿左鎮陳諒、左虎衛江勝、樓船左鎮朱天貴禦之。既望我師，畏其眾也，退舍而遊，棄海壇；無所得及，陞令數舟取水寮羅。諸戈舡望風而潰，天貴迎降……。〔註57〕

綜合上述的討論可知，朱天貴的降清，涉及大軍壓境以及和林陞不一致二問題，如何解決呢？《海上見聞錄》云：

> 國軒至廈門，知勢不可爲，收拾餘眾下船……（永曆三十四年庚申春二月，康熙十九年）二十六日，兵變擄掠。世藩焚演武亭行營，盡率諸軍登舟……二十八日，萬提督入思明州。二十九日，世藩至澎湖。朱天貴守泊銅山，姚啓聖招之，遂投誠……。〔註58〕

接受了清的招撫，朱天貴乃結束了他叛清效鄭的行爲。《海紀輯要》談及朱天貴受招撫時云：

> ……廈門之棄，朱天貴率所部全軍屯南澳；船凡百餘隻，軍容甚盛，進退未決。姚啓聖累遣官致書招之，乃進泊銅山，於五月率眾入海澄投誠。〔註59〕

但《鄭氏史料》三編對同降的船數有不同記述，它云：

> ……初九日……朱天貴率領二萬餘兵，船三百餘隻來降……。〔註60〕

招撫之能成效，乃有賴「征剿」的具體情形，《福建通志列傳選》云：

> ……海壇爲賊朱天貴所據已七年（按天貴降鄭只歷三年半，在降鄭前他隨耿精忠叛清。），破之則奪其所恃，廈門、金門自危，海澄聞風必潰……時朱天貴有從叔丙坤在興化，正色令齎書往招天貴而洩其言於海上。分前鋒兵爲二，聲言鳥船，由外洋進，趕繒子船由內洋進，天貴分兵堵禦，正色以所乘大船由滸嶼門入。天貴急迎戰，正色佯置天貴取他舟，諸偏將以天貴有異志，各懷觀望。我師奮勇爭進……天貴退據南日、湄州諸澳。正色既克海壇……天貴聞風遁去……正色……亟分將士六隊，乘風南下，擊沉其舟十二，遂克崇武……時巡撫吳興祚自崇武馳會，正色曰：「賊已竄料羅，則海澄、金門、廈門皆空

---

〔註57〕《鄭成功傳》，頁34～5。
〔註58〕轉引自〈明延平王世子鄭經在閩浙抗清與三藩的崩潰〉，頁130。
〔註59〕《海紀輯要》，頁64。
〔註60〕《鄭氏史料》三編，頁222。

虛……」翊日，陳昌、羅士珍等以海澄降。鄭經知事不可爲，率家屬遁歸台灣。正色分兵爲三路，直擣料羅，遂至金門受降，朱天貴率偽鎮來歸……。〔註61〕

綜觀上述的分析可知，朱天貴的降清的在形勢、戰敗、爭之不得、招撫的情況下發生的，他的降清是決然的，下述的記載可說明此決然的態度。《鄭經鄭克塽紀事》云：

（永曆三十四年）五月十九日……思明之棄，水師總督右武衛林陞棄走澎湖，江勝遂率所部出料羅外洋，天貴乃率艅北上，剽掠沿海，截劫洋船，然後駛銅山；俄江勝亦至。銅山本馬興隆、楊德、邱添汛地，天貴欲強占之，詭言船大，又不諳港道，將己船盡泊港口，困諸人於內。江勝覺有異，命眾毋解甲，遣人謂天貴曰：「欲乘北潮駛南澳。」天貴憚勝船堅、士眾，恐與興隆等併力，正利其去，許之。於是誘執興隆、德、添，沉興隆父子五人於海，沒其家；又縱部肆掠銅山而踞之。尋清閩督姚啓聖遣李榮春、吳應麟來招，是日，天貴入海澄降清。〔註62〕

在鄭、清對抗的最後一役——澎湖之戰，朱天貴身先士卒的反鄭行爲，並以身殉清，獲得了清朝贈他「太子少保」銜，以彰其「實心報國，功不可泯」，一反一正的事蹟相差幾希！

### （十七）江機的個案

《康熙實錄》十九年六月十七日，奉命大將軍和碩康親王傑書的疏報中記載江機的降清云：

偽將軍江機等，聚眾恃險，通連海寇，爲福建、江西、浙江三省之害已久。今福建巡撫吳興祚等宣示招撫。江機等率領偽官一千一百三十八員、兵丁四萬三千六百二十九名投誠……。〔註63〕

關於招撫的情形，《泉州府志選錄》有進一步的說明：

……泉有江拐子，名機，爲海上鄭氏黨；聚眾邵武山中，蔓延衢、信，其卒皆裹頭露足，登高輕捷如飛；官軍莫何，（郭）國祚年方二十餘，與江右翁韜謀爲閩撫吳留村諭降。書牘，越塹踰巖，抵其帳下；江發

〔註61〕 《福建通志列傳選》，頁149～5。
〔註62〕 《鄭經鄭克塽紀事》，頁139；更詳細的記載見《台灣外記》，頁372～4。
〔註63〕 《康熙實錄》，頁1206下。

書怒，欲殺之。偽總兵高茂方力諫勸降，釋之歸，而江機尚猶豫不決。
國祚皆韜經造吳公請見，陳江幾可撫狀；並請擅假書牘罪。吳大喜，
立作手札，擇有幹略者偕行；江幾遂率所部七萬餘人降……。〔註64〕

江機之受招撫並不如上述所說的那樣簡單，楊捷在「檄邵武等營」透露：

……山寇江拐子哨聚江西廣信、撫州一帶，近爲我三省會師擊敗，竄
伏深山，見吳逆黨羽潰散，無可依傍，乃復潛遣奸宄下海飯依鄭經，
發給偽平夷將軍印箚並偽轄下逆夥箚付數十百張，領回散給偽黨。近
據投誠人員供稱的實，合亟緝捕……。〔註65〕

可見江機是在敗師、受緝的情況下才受招撫的；他在招撫前的事蹟，《台
灣外記》有比較詳細的說明：

（永曆三十三年五月）時有泉之同安人江機，綽號枴子；與楊一豹同
糾眾，歸耿精忠。忠授機左軍都督，出寇江西。迨精忠歸正，機即統
其所部，招集餘黨萬餘人，寇閩、浙、江右交界之所。康親王及三省
督、撫屢遣官招之，機不從。密令其中軍楊麟，伏行至廈門，納款於
鄭經。經允其降，授機爲征彝將軍。機率眾欲下海，途由建寧。守建
寧副將劉起龍督兵截殺，不期機先分其半，欲去攻城。起龍恐城有失，
隨領全師回援。機見龍兵抽回，乘勢掩殺。起龍兵大亂，身中流矢，
無心戀戰。回至城中，是夜身亡。飛報親王、啓聖，聖馳令各處隘口，
重兵把截。一面差官再招之。機見山路遙遠，而各處守禦又緊，計絀，
隨率眾投誠。〔註66〕

「山賊」出身的江機，其降清的決定也毫無例外地是要經過掙扎、深思
的。

## （十八）郭承隆的個案

郭承隆的降清是個畏罪的例子，《台灣外記》云：

康熙十九年十月初二日，馬虎、李時春交結搖艣舡仔楊阿德、乘潮渡
二人，私從星嶼登岸。原提標左營游擊郭承隆，於破海澄時降經。經
又遣人密入泉州搬其孥子出口，授承隆爲監督。魏赫謀逃，被獲；經
悉徙海澄隆降將於台灣，僅留馬虎、孟安等。迨李時喬又逃，承隆恐

〔註64〕《泉州府志選錄》，頁114。
〔註65〕《平閩記》，頁318。
〔註66〕《台灣外記》，頁357。

累及己，亦棄其妻子，入漳投誠……。〔註67〕

## （十九）施明良、王世澤的個案

施、王的個案是鄭經時代的第二宗「劫主獻清」事件，它發生的時間和第一宗類似事件（參考前述陳昌的個案）幾乎同時，《鄭經鄭克塽紀事》詳述此事云：

永曆三十四年二月二十三日，承制誅謀逆援剿前鎮施明良、監督王世澤，沉其家屬七十三人於海。〔註68〕

明良原名「亥」，叛將施郎之從子，來歸後投元宿鎮，易名「鳳」；施改「明良」，擢今職。世澤則郎之養子也，原名「施齊」，來歸後易今名，授女宿鎮；清閩督姚啟聖之保題郎為水師提督，世澤引嫌解釋；永曆三十一年漳、泉棄守，叛降於清；及海澄復，則又來歸，授今職。二人遣施辰良潛往泉州送款，由清隨征知府王麟、通判蔡搏萬、副將王振動之介，清寧海將軍喇哈達以綾書付辰良攜回曰：「足下識時俊傑，必有勳獻以自表見，所以屈身海島，決非素心，實迫於時勢萬不得已耳！來使到，備悉高懷，知足下有走逆效順之心，深樂虛坐以待。果能從中斡旋，早立不世奇勳，我朝朝功之典原有成規，自當力疏荐引——裂土分第，以上公之爵相待。願足下乘機決計，自有勝籌相接應，毋懷猶豫也。」得書大喜，密結副將施琦、施廷輔、監督田香五、僉事道王捷、都事於典國，七人歃血定盟，約劫世藩入泉州；並使捷與典國潛致書喇哈達：「明良樗櫟棄才，淪落海隅，每同功第王世澤深懷朝廷鴻恩，早有歸輸之志；前奉將軍德諭，益以捐軀為期。第事非苟且，一時難就，明良已屯兵集眾——吳潛為明良知契，吳國俊素有叛國之心；仰冀鑒宥，容良設法徐圖以報不次之恩。」於是以雜技能、詼諧取媚於世藩，馳射、酣飲，日夕不離；又交懽於贊畫兵部陳繩武、侍衛馮錫范等，於是上下皆親之。先是，永曆三十二年，賓客司傅為霖報使於清，清閩都姚啟聖厚結之，為霖受寵若驚，允為內間；明良乘間言：「傅為霖胸藏珠璣，國士無雙，豈但使於四方不辱君命哉！」世藩併親為霖。〔註69〕

---

〔註67〕同註66，頁361。

〔註68〕《鄭經鄭克塽紀事》，頁136。

〔註69〕同註68，頁136～7。

世藩時居南山口，明良伺間將圖之；會姚啓聖密諭清同安總兵王英爲接應，英遣林易來通，以不便書信來往，明良有從子應元在同安，約作兩地往來，乃告英以候舉事，請頒旗號，相機接應；啓聖欲其併圖中提督劉國軒，復餽二千金以促之，明良復書啓聖圖國軒疑而訊之，得其情，乃星馳思明告變。世藩不信，曰：「施明良忠肝義膽，種種可愛，不過攻事之暇聊佐談論耳！將軍何不相容至此！」時明良守高崎；令心腹密備快哨，說世藩巡行海口，將薄高崎矣！會國軒欲回觀音山，來辭，知世藩隨明良巡海，急率二十騎追及之，諫曰：「藩主千金之重，仍以輕身遠出！」雖倖而免，國軒終以隨時變生爲慮，乃上啓曰：「爲內不除國之安危未定事；有施明良密通賣國，不但明良一人，黨羽甚多……」覽啓不樂，以示贊畫兵部陳繩武曰：「施明良一匹夫耳！中提督喋喋不休，必欲置之於死地而後快；何廣之不廣耶！」時所資爲長城者國軒一人耳，未便過拂其意，乃命徙明良、世澤於東寧以緩之。十八日，二家眷口已在船矣！國軒知之，悉世澤實曲徒已，心弗樂也，是非既不明，人特視爲武臣拔扈耳；急來求根治之。傳爲霖侍側，知不免於對薄，與其詞連，何不先首！所以免禍，亦所以邀功也，遂盡揭明良與清人交通狀；而明良書辦呂運、家丁吳芳、葉任新亦憚東寧險遠，首其事；於是搜其船，得往來交通書札多件，乃發令箭逮之，羈金門之料羅。是日，命副儀陳慶斬明良、世澤暨明良子馨、偉等二家眷七十三人，皆揚其屍於海。〔註70〕

施、王的個案反映了鄭經末期最嚴重的反覆——出賣整個明鄭抗清運動。

上舉鄭經後期官兵降清的個案反映了勢蹙而降已普遍化的現象，而至少有二起出賣整個運動的事件更說明了明鄭抗清已到了最後的階段。

─────────────

〔註70〕同註68，頁137。

# 第七章　鄭克塽時代的降清官兵

## 第一節　鄭克塽繼立和澎湖之役

　　鄭經於永曆三十四年三月西渡失敗後退回台灣，信心全失，並「因後事倚託有人，遂放縱花酒，不豫政事，而競卜晝卜夜之歡」〔註1〕，政權乃落入馮錫范之手。到了永曆三十五年正月，終「因縱慾過度，痔瘡暴漲，大腸緊閉，醫治無效」而逝世，享年三十九。〔註2〕

　　鄭經死後，由誰來繼承明鄭抗清事業成了一時最重要的問題，爭論的中心是馮錫范所謂的「自古承繼大統，嫡庶尚有分；何況螟蛉？」原來「鄭經西征，法網漸疏，諸鄭親貴，頗有恃勢侵奪之事，永華不能制，乃請以克𡒉監國（時永曆三十三年夏四月，克𡒉，永華女婿，年十六），克𡒉再嚴之以法……諸鄭及將吏忌之；鄭經死，政變遂起，克𡒉被殺。嗣克塽以幼稚秉政，柄歸權臣。」〔註3〕鄭克𡒉在鄭經死時以監國繼立，但在位只有數天，即因非世藩嗣子而見殺。他的見殺是馮錫范，與經諸子、董太妃等權臣的「傑作」，十二歲嗣繼的鄭克塽（錫范的女婿）成了這一派的傀儡。《清朝柔遠記選錄》云：「（康熙）二十年，錦卒，成功妻董氏入間言，殺克𡒉。而立次子克塽，襲延平王，幼弱不任事，事皆決於侍衛馮錫范，人心益矣。」指的就是此事。〔註4〕

---

〔註1〕　《台灣外記》，頁377。
〔註2〕　同註1，頁379。
〔註3〕　盛清沂，〈明鄭內政考略〉，頁79。
〔註4〕　王之春，《清朝柔遠記選錄》，頁8。

　　鄭克塽在位僅二年半——從永曆三十五年二月克臧見殺迄永曆三十七年七月降清止，其間無足述，有之不過澎湖軍敗，先後上表請降而已。

　　明鄭的抗清運動到了第三代——鄭克塽時代，其必敗之運已成定局。此必亡機運可從諸子謀立、權臣弄權、澎湖之役、大批集體降清事件和鄭克塽的無條件降清中看出。

　　清廷在獲知鄭經已死，「諸子謀殺克臧，錫范立其婿克塽嗣位」的情報後，馬上採取了剿撫明鄭的政策。其招撫的告示曰：「凡一切往來招撫常談，皆本將軍（喇哈達）所不樂道；惟有欲鋤盡根株，為萬年長久之計耳。但念爾等皆吾赤子，豈有生而為逆者？況其中不無懷才負異輩，倘得展其所長，足為天朝佳器；而所以失身入海者，實非得已。或為飢塞所驅；或為賊役所迫；或因誤投於法網，苟且逃生，或受欺凌於勢豪，希圖報復，志實可矜。故不吝再四招徠，計其自新……凡有新屬陷身海島者，不妨密報本將軍，給照前去，勸其及早效命，尚有反邪歸正之路，何苦背鄉井、棄墳墓，置身於風濤不測之中？……如果翻然悔悟，慕義前來，除將本員立照原衛敘用外，其勸化之人，功亦難泯，定行一體優渥，斷不爾負。若有見機之哲，舉土地而來歸，斬巨魁而獻首，操舟納款，率眾輸誠，本將軍更當分別具疏題請，從優敘用……。」〔註5〕此招撫政策在敗亡的明鄭政權裡發生了很大效用。（參見第二節）

　　在剿方面，最決定性的政策莫過於康熙帝用姚啓聖、吳興祚二人保荐內大臣施琅負責率兵進攻台灣一事了。

　　澎湖一戰，決定了明鄭的存亡。永曆三十七年六月施琅統大小戰船三百餘號，兵二萬有奇，自銅山出發〔註6〕。劉國軒以眾二萬餘，據守澎湖，並別屯萬人於雞籠與相犄角〔註7〕。施琅率舟師抵達澎湖海面，遂令藍理、曾誠、吳啓爵、張勝、許英、阮欽為、趙邦試等七船衝鋒，縱火焚敵船。國軒坐快船自媽祖宮前來指揮諸鎮迎戰。清船在衝鋒時，爭先恐後，互相頂衝，不能前進，又遇潮落風逆，形勢不利，邱輝、江勝等乘勢攻擊，清船敗退。施琅看見勢頹，親駕大船衝圍救援，被流彈擦過面部，險些喪失生命。施琅的船隊旋寄泊在八罩、永安澳等嶼，休息數日，與諸鎮將商量後，改變進攻的戰

---

〔註5〕　《台灣外記》。
〔註6〕　《鄭經鄭克塽紀事》，頁154。
〔註7〕　黃玉齋，〈鄭克塽〉，頁109～10。

術。不擺行列大陣，致被敵人橫衝直撞，無法捕捉其主力，加以殲滅。而他自己的船比敵人的船多數倍，因此，改用以數船攻一船的「五梅花陣法」進攻，以期消滅敵人的主力。施琅已定計劃，便分三路進攻：以五十艘出牛心灣、以五十艘出雞籠山，為奇兵以分敵勢。自率五十六船，分為八隊，每隊七艘，再列成三疊，為主力進攻，又以八十艘為後援接應。每路分三隊，不列大陣，惟相約以五艘攻一艘，各自為戰。國軒雖然不顧生命，指揮防禦，但因眾寡懸殊，力量不繼，林陞、江勝、陳啟明、吳潛、王隆等相繼戰死，士卒死傷大半，戰船有的被擊沉，有的被焚燬，損失極多，國軒看見這種情形，的確無法再行抵禦，遂率殘部退回台灣。計是役鄭氏方面，大小船被擊沉一百九十四艘，被焚殺官員三百餘人，士卒一萬三千餘人。陸上守軍楊德等一百六十五名官員，率兵四千八百名向清兵投降。〔註8〕

　　澎湖一戰，台灣之精銳損失殆盡。劉國軒戰敗，率殘部退回台灣後，人心惶惶，有不可終日之勢。且因施琅早已派人潛往台灣為間諜，在這種危殆的情況下，當然四出活動，散佈流言，煽動軍隊作亂，投降滿清。《靖海志》云：

> 國軒敗回，群情洶洶，魂魄俱奪，惟有束手待斃而已。於是，施將軍駐師澎湖，休勞士卒，收拾船隻，為進取台灣之計。下令戮一降卒抵死。諸島投戈者數千人，皆厚恤之。有欲歸見父母、妻子者，令小船送之。降卒相謂曰：「軍門恩澤，及我骨肉矣，死難報也。」歸共傳述之，台灣兵民莫不解體歸心，惟恐王師之不早來也。〔註9〕

　　國軒回台，向克塽報告軍事失利經過之後，克塽與馮錫范召集文武官員，會商戰守策略。在軍事頹勢之下，人心動搖，士氣低落，組織瓦解，險象環生。無論戰守，均無把握。有的主張堅守海岸，和清決戰，有的主張放棄台灣，統率全軍及眷口，直取呂宋以為基地。錫范遂決定謀取呂宋，為暫時棲身之地。當時風聲鶴唳，謠言四起，人心浮動。國軒看見這種紛亂的情勢，為拯救生民，安定社會，便對錫范說：「欲攻呂宋，可以行於澎湖未失之前。今澎湖已失，人心懷疑，苟輜重在船，一旦兵弁利其所有而反目，尊王之前車可鑑也（按錫范父馮澄也，於永曆十八年，自銅山坐船欲撤退台灣，船至東椗，被僕人所殺，而劫去財物）。」錫范因此躊躇不決，問計於國軒，國軒

---

〔註8〕陳澤，《細說明鄭》，頁121～2。
〔註9〕《靖海志》，頁95。

主張向清投降，以免塗炭生靈〔註10〕。《台灣外記》載劉國軒的主張云：

> 公（對馮錫范「如此奈何？應分兵死守？」）當細思，戰則難料，降則
> 易安。

> 議論未定，忽施琅遣國軒原副坐營曾蜚前來招撫，許保題軒總現兵總
> 兵，軒意遂決。密克塽，命禮官鄭平英等詣澎湖軍前納款。范撓其事
> 者再，軒攘之曰：「昔者張、卞二使至島議撫，則議不稱臣，以致兩島
> 流離！今春黃朝用至台再撫，則議不削髮，又致澎湖喪師。皆係公之
> 操持不定！當此之際，尚且狐疑；倘一朝變起蕭牆，將奈何？從來識
> 時務者爲豪傑；大事已去，當速順天！」錫范無以答，時台中諸將密
> 納款獻台者，不止一、二人。〔註11〕

鄭克塽向清投降，原希望「削髮稱臣，仍居台灣，永爲朝廷屏翰。」但
是施琅不依，必須無條件投降，否則再決一戰。那時台灣人心惶惶，戰守均
非所宜，迫得只好聽劉國軒計劃，再進降表，派兵官馮錫圭、工官陳夢煒、
陳國昌、馮錫韓等再至澎湖見施琅，實行奉土降清，舉國歸附〔註12〕。鄭克
塽的降表顯示了明鄭抗清無可奈何的結局：

> ……伏念，先世自矢愚忠，追懷前代之恩，未沾盛朝之澤。是以臣祖
> 成功，蓽路以闢東土；臣父經鞿韅而雜文身。寧敢負固重險，自擬夜
> 郎？以保遺黎，孤棲海角而已。茲蓋伏遇皇帝陛下，高覆厚載、仁育
> 義懷，底定中邦，如旭日升而普照，掃擴六宇，雖浮雲翳而乍消。苟
> 修文德以來遠人，寧事勝心而焚海內？乃者舳艫西下，自揣履踏之獲
> 愆，念此血氣東成，無非霜露之所墜，顧行何敢再逆，革心以表後誠
> 也……。〔註13〕

比之鄭成功的「夫鳳凰翱翔於千仞之上，悠悠宇宙之間，任其縱橫而所
之者，超超然脫乎世俗之外者也。」〔註14〕相異何止千里！時乎？勢乎？

---

〔註10〕 《細說明鄭》，頁122。

〔註11〕 《台灣外記》，頁427。

〔註12〕 《細說明鄭》，頁126；《台灣外記》，頁429；又此次舉國歸附的人數：武職
一千六百有奇、文職四百有奇、兵四萬餘人（見於《鄭經鄭克塽紀事》，頁
171）。

〔註13〕 〈鄭克塽〉，頁124。

〔註14〕 〈鄭清和議始末〉，頁13。

# 第二節　降清個案的分析

　　在上一節裡，我們把情勢當作是促使最後一批明鄭官兵降清的最重要因素，因而不免忽略個案的分析，茲擬在本節加以補充。

　　在鄭克塽繼立之後迄降清的二年半裡，除了最終降清外，重要的降清個案只有數起。

## （一）傅為霖的個案

　　傅為霖曾和施明良、王世澤同謀欲擒鄭經獻清不遂，並在施、王計謀不得逞時出首（請參閱施、王的個案），保存了性命。但傅為霖並沒改變其獻主的計劃，終因被覺伏誅。這是明鄭三世所碰到的第四次謀主的事件〔註15〕。

　　《福建通志列傳選》記述為霖伏誅云：

　　……方經在廈門，姚啓聖賄其嬖人施亥，令擒以自效。及克塽立，行

　人傅為霖密約十三鎮同日發難；事泄，並及沈瑞，屠其家……。〔註16〕

　　為霖，字石澣，號晦三，南安人〔註17〕，「海五商傅參宇之子。永曆十七年以戶都吏隨鄭鳴駿叛降於清，清授松江府督糧通判；尋革職，便來歸。其人巧黠，贊畫兵部陳繩武善之，荐為賓客司。三十三年，和議復起，命之報使於清，清閩督姚啓聖厚結之，遂貳。施明良事洩，為霖出首以掩己，而與清人交通如故也。時輔國公李口聽屢以為霖叵測為言，為霖不自安，陰結典威，遣典威子榮密通姚啓聖曰：『廢長立幼，主少國疑，權貴樹黨，人心不附，時不可失也。』啓聖報以偽劄數百，銀數萬兩。囑收典兵符有實力者共為內應，以高官、厚爵為餌；為霖乃與典威結高壽、蔡愷及建威後鎮朱友歃血定盟。俄朱友不自安，首為霖事，於是下獄，命侍衛馮錫范推問餘黨。十一月初一日，磔為霖、高壽、陳典威、蔡愷梟示。皆流其家於淡水。」〔註18〕

　　傅為霖和施明良、王世澤、陳昌一樣，是要出賣整個抗清的最高領導，乃極端的叛逆行為。

## （二）何祐的個案

　　何祐不只要投降且欲當內應。《鄭經鄭克塽紀事》云：

---

〔註15〕第一次謀害主子的記載見於《台灣外記》，頁185～6；第二、三次參考本文陳
　　　　昌、施明良——王世澤二個案。

〔註16〕《福建通志列傳選》，頁73。

〔註17〕同註16，頁311。

〔註18〕《鄭經鄭克塽紀事》，頁145～6；詳載見《台灣外記》，頁386～7、391。

祐，先藩親軍宿將也，總督雞籠、淡水防務，為東北門管鑰；早通款於郎，結黨以待內應。時得澎湖不守之信，密遣其子仕陸泛海入澎，納款於郎，願獻東寧以自效；不俟請命，會副總督右先鋒鎮李茂率部棄雞籠、淡水遁回承天府，遂空北防。（林）亮、（蔡）添、（黃）騰等亦密與郎所遣間使通，約為內應，請郎迅舉帆東。〔註19〕

何祐，渾號鑽子，漳州平和人。原隸後提督萬禮〔註20〕，因驍勇善戰，由末弁升至左武衛將軍，在鄭經西征閩、粵時，縱橫漳、泉、潮、惠等地，戰功特著，清兵聞其名而喪膽；鄭克塽時代，鎮守淡水，早和清人勾結〔註21〕，靖海紀事云：

……臣（施琅）自入閩以來，即遣心腹之人密往台灣、澎湖賊中，道達臣之舊時部曲現為賊官者，從中潛謀取事。遂有偽鎮營何祐等謀結黨類以待內應。臣業有題報，但恐漏洩，未敢直接生名……。〔註22〕

《台灣外記》載何祐等戍守雞籠山云：

……今施琅出為水師提督，水務諳熟，詭計甚多，此處（雞籠山）應急為設備，切勿疏防，以貽後悔……集左武衛何祐為北路總兵，以智武鎮為副，往守雞籠山，總鎮如蔡文、鄭仁、黃良驥、沈誠諸宿將，不服茂所統；范聞之，憤甚，旋又啓塽，擢茂為右先鋒以壓之。眾屈於威，不得已從之行。祐到雞籠山，與諸將踏勘地勢；不外舊址，會議仍興工築城。蔡文嘆曰：「以現成金湯永固之城，無故毀為平地，如兒戲然！今又重勞兵民再築。謀國者，固如是乎？」祐立驅土番同諸兵士負土搬石，照舊址築城。仍於可泊船隻登岸處，築炮台防築。祐於旁山上結一大營、周圍開壕、築短牆以作犄角勢，但士卒疲勞，不服水土；兼乎足沾潢水，箇箇發癢，抓破即腫，糜爛難堪，兵士怨望。〔註23〕

於此可知明鄭官兵不欲來台之一、二。而當知悉澎湖敗績，何祐等乃向清納款獻台〔註24〕。澎湖之役實是何祐提前降清的促進因素。

---

〔註19〕《鄭經鄭克塽紀事》，頁162。

〔註20〕同註19，頁92。

〔註21〕〈台灣藤牌兵討俄研究及天地會僧兵征藏傳說的比較〉，頁39。

〔註22〕《靖海紀事》，頁64～5。

〔註23〕《台灣外記》，頁394。

〔註24〕同註23，頁427～8。

### （三）兵民的個案

澎湖之役前,「台灣人心惶惑無定,兼以劉國軒恃威妄殺,稍有嫌隙,全家屠戮,人心思危,芒刺在背。」〔註25〕「彼處米貴,每擔價五、六兩,七社土番倡反,形勢甚麼。」〔註26〕在這樣的情勢下,兵民的降清乃不能免。《台灣外記》云:

（康熙二十一年）……六月二十八日……澎湖長髮賊柳長勝、林斗二人,赴臣軍前投誠。詢接林斗等供稱:「原坐杉板頭船過來投誠。澎湖新舊熕船、鳥船、趕繒船、雙帆船各船,共有一百三十隻。劉國軒、林陞、江勝等,共計賊眾六千餘。內有家眷舊賊,約二千餘名;其餘俱係無眷口新附之眾。私相偶語提督不嗜殺人,只等大軍到,便瓦解皈順。有偽蕭一鎮下將領謀議:候出娘媽宮操船,乘勢駕船過來投誠;被其知覺,登時殺其頭目九人……。」〔註27〕

又:

（康熙二十二年）正月初二夜有原係偽將劉秉忠等,在澎湖挈眷八十二名口,駕雙帆船一隻,前來廈門投誠……。〔註28〕

又:

正月二十二日,偽總理李瑞奪民船一隻,帶兵二十一名,亦自澎湖前來投誠。三月三十一日,有偽兵許福等十四名駕小船一隻,自台灣前來投誠;又三月十六日有偽民許六、吳阿三等奪漁船一隻,在澎湖帶眷一十九口,前來投誠。四月初三日,有海賊鄭才等一十八名,於四月初一日從淡水港奪破船一隻,前來投誠,是此賊中今日之形勢,滅在旦夕……。〔註29〕

澎湖一戰證明確是如此!

---

〔註25〕同註23,頁400。
〔註26〕同註23,頁410。
〔註27〕同註23,頁401。
〔註28〕同註23,頁406～7。
〔註29〕同註23,頁409。

# 第八章　結　論

　　鄭、清對抗，勢不兩立，明鄭官兵何去何從？明鄭官兵在什麼情況下降清？又在什麼情況下叛清？這是本文探討的中心問題。從本文所分析的降清、叛清個案看來，每個個案都能提供一些說明，但沒有一個個案能單獨地回答上述的問題。

　　本文從鄭成功的「移孝作忠」典型出發，用個案分析的方式來研究明鄭官兵降清、叛清此歷史現象，從中可發現大批明鄭官兵降清、叛清的發生足以反映當時社會政治和軍事的大變動。在此大變動中，所有明鄭官兵都面臨了抉擇。大部分明鄭官兵自始至終效忠明鄭，而有相當數目的明鄭官兵則無法自始至終效忠明鄭，轉而投效清朝，成了降清的明鄭官兵，而降清的明鄭官兵中又有些在三藩叛清時起而響應，背叛清朝。本文即專就這批無法自始至終效忠明鄭的官兵加以個案的研究，發現叛鄭降清和響應三藩叛清，和自始至終效忠明鄭一樣，都是極嚴重的抉擇。

　　就明鄭三代的降清、叛清官兵個案的趨勢看來，個別因素如「勢蹙而降」、「懼東土初闢、水土不服」、「眾叛親離」、「響應三藩」等顯係具有普遍（至少在某一時期的特色）。這些具有普遍特色的因素反映了降清、叛清此一歷史現象，而當降清成為明鄭的危機時，則明鄭的抗清顯露敗亡之徵。在鄭成功時代降清是個別現象，而到了鄭克塽時代降清已成趨勢，席捲了抗清的力量。

　　從忠的觀點而言，降清、叛清都是失節的行為，都是不忠不義的事。鄭氏三王屬下若干降清叛清的變節事件，除可說明在劇變時代，一批無知與現實人們的醜惡行為外，同時也能證實鄭成功的高超人格和他的偉大情操，鄭氏受人崇敬而至今弗衰，良有因也！

# 參考書目及引用文獻

1. 《大清世祖章（順治）皇帝實錄》（台灣：華文書局，民國 53 年）。

2. 《大清聖祖仁（康熙）皇帝實錄》（台灣：華文書局，民國 53 年）。

3. 川口長孺，《台灣鄭氏紀事》，台灣文獻叢刊（以下簡稱文叢），民國 47 年。

4. 方豪，《方豪六十自定稿》，自刊，民國 58 年。

5. 王之春，《清朝柔遠記選錄》，文叢，民國 50 年。

6. 王先謙，《東華錄選輯》，文叢，民國 58 年。

7. 毛一波，《南明史談》（台灣：商務書局，民國 61 年再版）。

8. 毛一波，《鄭清和議之經緯》，台灣文獻六卷三期。

9. 毛一波，《魯王抗清與明鄭關係》，台灣文獻十一卷一期。

10. 毛一波，《南明史談》（台灣：商務書局，民國 59 年）。

11. 中央研究院編譯，《中國歷史人物論集》（台北：正中書局，民國 65 年二版）。

12. 石萬壽，《論明鄭的兵源》，大陸雜誌第四十一卷六期

13. 石萬壽，《論鄭成功北伐以前的兵鎮》，幼獅學誌第十一卷第二期。

14. 石萬壽，《論鄭成功北伐以後的兵鎮》，台灣文獻第二十四卷第二期。

15. 石萬壽，《明鄭的軍事行政組織》，台灣文獻第二十六、二十七卷。

16. 江日昇，《台灣外記（全二冊）》，文叢，民國 49 年。

17. 阮旻錫，《海上見聞錄》，文叢，民國 46 年。

18. 朱之瑜，《朱舜水文選》，文叢，民國 52 年。

19. 朱維靜，《施琅與鄭延平的恩怨》，文史薈刊第一輯。

20. 沈雲，《台灣鄭氏始末》，文叢，民國 47 年。

21. 邵廷采，《西南紀事》，文叢，民國 57 年。

22. 佚名，《行在陽秋》，文叢，民國 54 年。

23. 佚名，《吳耿尚孔四王全傳》，文叢，民國 56 年。

24. 宋增璋，《三藩之役鄭經西征始末》，台灣文獻第二十七卷二期。

25. 吳宗慈，《明鄭部將降清始末》，文獻專刊五第一、二期。

26. 林子候，《明鄭對日關係與存銀事件》，台灣文獻第二十五卷四期。

27. 金成前，《甘輝、周全斌、劉國軒與明鄭三世》，台灣文獻第十六卷第四期。

28. 金成前，《鄭成功起兵後十五年間征戰事略》，台灣文獻第二十三卷第四期。

29. 金成前，《鄭成功南京戰敗與征台之役》，台灣文獻第二十五卷第一期。

30. 金成前，《鄭成功李定國會師未成之原因》，台灣文獻第十六卷第一期。

31. 金成前，《施琅黃梧降清對明鄭之影響》，台灣文獻第十七卷第三期。

32. 金成前，《陳永華馮錫範與明鄭後期之成敗》，台灣文獻第十七卷第四期。

33. 金成前，《鄭經與明鄭》，台灣文獻第二十三卷第三期。

34. 金成前，《鄭氏黃姓將領之忠奸事錄》，台灣文獻第二十二卷第一期。

35. 金成前，《鄭耿交惡的前因後果》，台灣文獻第十七卷第一期。

36. 金成前，《蔡政忠事鄭氏平議》，台灣文獻第二十二卷第二期。

37. 《南明史料（全四冊）》，文叢，民國 52 年。

38. 施琅，《靖海紀事》，文叢，民國 47 年。

39. 紀昀，《平定三逆方略（全三冊）》，文叢，民國 59 年。

40. 胥端甫，《明清史事隨筆》（台灣：商務書局，民國 61 年再版）。

41. 夏琳，《閩海紀略》，文叢，民國 47 年。

42. 夏琳，《閩海紀要》，文叢，民國 47 年。

43. 夏琳，《海紀輯要》，文叢，民國 47 年。

44. 陳衍，《福建通志列傳選》，文叢，民國 53 年。

45. 陳衍，《漳州府志選錄》，文叢，民國 56 年。

46. 陳澤，《細說明鄭》，台灣省文獻委員會，民國 67 年。

47. 孫甄陶，《清史述論》（台北：九思出版社，民國 67 年）。

48. 徐復觀，《中國思想史論集》（台灣：學生書局，民國 64 年四版）。

49. 郭為藩，《自我心理學》（台北：門山書局，民國 64 年再版）。

50. 翁同文，《康熙初葉「以萬為姓」集團餘黨建立天地會》，南洋大學研究院人文與社會科學研究論文第三號。

51. 《清世祖實錄選輯》，文叢，民國 52 年。

52. 《清聖祖實錄選輯》，文叢，民國 52 年。

53. 曹履泰，《靖海紀略》，文叢，民國 48 年。

54. 張菼，《鄭成功紀事編年》，台灣研究叢刊第七十九種，民國 54 年。

55. 張菼，《鄭經鄭克塽紀事》，台灣研究叢刊第八十六種，民國 55 年。

56. 張菼，《台灣民變史研究》，台灣研究叢刊第一○四種，民國 59 年。

57. 張菼，《台灣鄭氏牌餉（樑頭餉）的繳收》，台灣文獻第十九卷第三期。

58. 張菼，《關於台灣鄭氏的「牌餉」》，台灣文獻第十九卷第二期。

59. 張菼，《台灣反清事件的不同性質及其分類問題》，台灣史獻第二十六卷第二期。

60. 野人，《明鄭有沒有投降》，台灣風物六卷五、六期。

61. 張雄潮，《鄭成功對將吏的統御才略》，台灣文獻第十四卷第二期。

62. 張雄潮，《清代台灣民變迭起迅減的因素》，台灣文獻第十五卷第四期。

63. 張雄潮，《鄭成功於金廈外圍戰的戰略與戰術》，台灣文獻第十三卷第一期。

64. 彭孫貽，《靖海志》，文叢，民國 48 年。

65. 黃典權，《鄭成功史事研究》（台灣：商務書局，民國 64 年）。

66. 黃玉齋，《明延平王世子鄭經光復閩粵》，台灣文獻第十六卷第二期。

67. 黃玉齋，《明延平王世子鄭經在閩粵的抗清》，台灣文獻第十六卷第四期。

68. 黃玉齋，《明延平王三世》，台灣文獻第十七卷第三期。

69. 黃玉齋，《明鄭抗清的財政與軍需的來源》，台灣文獻第九卷第二期。

70. 黃玉齋，《明延平王世子鄭經在閩浙的抗清與三藩的崩潰》，台灣文獻第十七卷第一期。

71. 黃玉齋，《明延平王世子鄭經的反攻大陸與三藩的反清》，台灣文獻第十六卷第一期。

72. 黃玉齋，《明延平王世子鄭經在閩浙江沿的抗清》，台灣文獻第十六卷第四期。

73. 黃介瑞，《鄭成功復台始末考》，台灣文獻第二十九卷第一期。

74. 黃典權，《鄭成功擒治施郎事件種因考》，台南文化第六卷第二期。

75. 黃典權，《陳永華史事研究》，台灣文獻第二十六卷第一期。

76. 黃典權，《明清史料中鄭延平部屬異名考》，台灣文獻第二十六／七卷第一期。

77. 楊英，《從征實錄》，文叢，民國 47 年。

78. 楊捷，《閩記（全三冊）》，文叢，民國50年。

79. 葉英，《鄭成功與李定國》，台南文化第七卷第四期。

80. 《鄭氏關係文書》，文叢，民國49年。

81. 《鄭氏史料初編》，文叢，民國50年。

82. 《鄭史史料續編（全十冊）》，文叢，民國52年。

83. 《鄭氏史料三編（全二冊）》，文叢，民國52年。

84. 諸家，《清奏疏選彙》，文叢，民國57年。

85. 諸家，《台灣關係文獻集零》，文叢，民國61年。

86. 諸家，《鄭成功傳》，文叢，民國49年。

87. 劉獻廷，《廣陽雜誌選》，文叢，民國54年。

88. 劉紉尼等譯，《中國思想與制度論集》（台北：聯經出版社，民國65年）。

89. 賴永祥，《明鄭研究叢輯（四）》，台灣風物雜誌社，民國60年。

90. 賴永祥，《明鄭藩下官爵表》，台灣研究第一輯。

91. 賴永祥，《明鄭藩下官爵表（二）》，台灣研究第二輯。

92. 鎖綠山人，《明亡述略》，文叢，民國57年。

93. 顏興，《鄭成功的財經政策》，文史薈刊第一輯。

94. 顏興，《鄭成功之兵略》，文史薈刊第二輯。

95. 陳衍，《泉州府志選錄》，文叢，民國56年。

96. 陳衍，《清史列傳選》，文叢，民國57年。

97. 鄭氏宗親會，《鄭成功復台三百週年紀念專輯》，民國51年。

98. 台北市文獻會，《鄭成功全傳》，民國68年。

# 《御批歷代通鑑輯覽》之御批析述

邵學禹　著

## 作者簡介

邵學禹，男，民國 72 年生。90 年進入東吳大學攻讀歷史，大學畢業時應屆考取同校歷史研究所，後於 99 年以《御批歷代通鑑集覽》之御批析述獲得碩士學位，目前正積極展開人生新頁。本書為作者首次以正式格式出版之學術著作，作者自言，內中或多有生澀錯謬之處，還望方家不吝指正。

## 提　要

　　就內容性質而言，《御批歷代通鑑輯覽》一書，其正文和簡端批語皆可看作高宗個人對其前半生統治經驗的具體反映。高宗展現了一種帶有濃厚儒家道德觀念的使命感，對於歷史上的人、事、物，提出了屬於個人的獨有論述。《通鑑輯覽》一書的歷史觀念是基於實用觀點而產生的。此種以傳統道德意涵為敘事主軸的編纂方式，對於後繼之清廷君臣帶有何等影響，則仍有待進一步的考察。

　　全文共分五章，第一章以介紹研究動機和《輯覽》一書的內容形式為主。主要目的在於說明本文所使用之主要史料及其價值。而在第二章中，藉由論述《輯覽》涉及史事考證、論述部分之御批，以期瞭解高宗如何對歷史記載進行再考證和再解釋，並進一步討論這些歷史論證和解釋，對於建立新的歷史體系有何助益。第三章和第四章，則是藉助論述《輯覽》中涉及人物評論，以及歷史人物評價的御批，進一步說明高宗如何建立一套專屬於清王朝的思考論述體系。最後，藉由回顧《輯覽》的編纂過程，和《輯覽》中的各類批示，瞭解《御批通鑑輯覽》在清代官方史學上，以及清高宗思想認知體系上的重要性。

# 目

# 次

# 第一章　緒　論

## 第一節　研究動機

　　作爲中國歷史上最後一個專制王朝，清史─包括了由官方人員進行記載，文獻可徵的正史，以及逸脫於正史之外，在村鎭鄉里之中所廣泛流傳的野史─長年以來皆受到學術界及民間的共同專注，透過學術研究和電視戲劇的傳播，近十年來，再次在臺灣掀起了對於清史的關注熱潮。

　　筆者於大學就學期間，恰逢大陸中央電視台拍攝之「雍正王朝」一劇在台上映，其後又於街坊書肆得閱該戲原作小說作者二月河所撰寫之《乾隆皇帝》。受其內容情節影響，筆者開始對清代歷史，特別是康雍乾時期之清全盛有了濃厚的興趣。

　　大學畢業之後，筆者僥倖考入了母校東吳大學的歷史研究所，因此得以受教於時任國立故宮博物院文獻處處長的馮明珠老師之下。馮老師於講授「清代檔案制度」課程時，要求修課同學需於修課期間，利用國立故宮博物院所珍藏之上諭檔、宮中檔及軍機處檔等諸多院藏檔案，於期末時完成一份主題不拘的學期報告。

　　在報告撰寫期間，筆者留意到了高宗朝一個重要的政治性問題。在明清易代之際，官場及民間之中，雖有爲前朝殉難之士，亦有轉而身仕異朝之人，關於此二類不同人物在歷史上的評價和定位應如何定性一事，實爲難題。

　　針對此一狀況，筆者於學期報告撰寫期間，於上諭檔中發現，高宗針對明末殉難臣民之事，曾有上諭：

崇講忠貞，所以風勵臣節。然自昔累朝嬗代，凡勝國死事之臣。罕有錄予易名者。……久而遺事漸彰，復經論定，今《明史》所載可按而知也。至若史可法之支撐殘局，力矢孤忠，終蹈一死以殉。又如劉宗周、黃道周等之立朝謇諤，抵觸僉任，及遭際時艱，臨危授命，均足稱一代完人，為褒揚所當及。……而事後平情而論，若而人者皆無愧於疾風勁草，即自盡以全名節，其心亦可衿憐……捨生取義，各能忠於所事，亦豈可令其湮沒不彰？自宜稽考使書，一體旌諡。其或諸生韋布，及不知姓名之流，並能慷慨輕生者，議諡固難，於概及亦當令俎豆其鄉，以昭軫慰。……又若明社將移，孫承宗、盧象升等之抵拒王師，身膏原野……凡明季盡節諸臣，既能為國抒忠，優獎實同一視。〔註1〕

在此道肯定明季殉難臣民之歷史地位的上諭發佈之後，高宗的檢討對象開始轉向於明末清初之際身仕二朝之人。高宗於乾隆四十一年十二月，針對朱東觀選輯《明末諸臣奏述》一事，諭曰：

……當時具疏諸臣……在明已登仕版，又復身仕本朝。其人既不足齒，則其言不當復存，應概從刪削。蓋崇獎忠貞，即所以風勵臣節也。……及降附後，潛肆詆毀之錢謙益輩，尤反側僉邪，更不足比於人類。……朕思此等大節有虧之人，不能念其建有勳績，諒於生前；亦不因其尚有後人，原於既死。今為準情酌理，自應於國史內，另立貳臣一門，將諸臣仕明及仕本朝各事蹟據實直書。使不能纖微隱飾……此實朕大中至正之心，為萬世臣子植綱常。〔註2〕

上引諭旨明白指出，清高宗所以創立貳臣傳，是因為這些「貳臣」的行為妨礙了臣節的提倡，既然「在明已登仕版，又復身仕本朝」，在清高宗的眼中當然是屬於「其人不足齒，其言不當復存」之輩，如果沒有「概從刪削」，又要如何「風勵臣節」。

以上引兩道諭旨為核心，筆者得以順利完成該項期末報告。然而該項報告之完成，仍未能完全解答筆者心中之疑惑—亦即清高宗對於歷史事件及歷

〔註1〕 《軍機處檔‧乾隆朝上諭檔‧長本》（臺北，國立故宮博物院藏），乾隆四十年檔，頁149至151，乾隆四十年十月初十日。又見於《清實錄‧高宗純皇帝實錄》（臺北：臺灣華文書局）乾隆四十年十一月癸未條，頁14629～14630。

〔註2〕 《清實錄‧高宗純皇帝實錄》，乾隆四十一年十二月庚子條，頁15023至15024。

史人物之評判，是否僅以純粹的節義問題作爲評判標準？進一步說，在如此嚴厲的批判語句身後，是否反映了其他隱藏於文字之後的思考脈絡？爲進一步探討清高宗於思想理論和政策措施上的運作邏輯，筆者遂將目光投向《御批歷代通鑑輯覽》之上。〔註3〕

　　按，《輯覽》之成書，早於《勝朝殉節諸臣錄》和《貳臣傳》。就史料價值而言，《通鑑輯覽》內中批語爲清高宗「自述所見，具事以書者十之三，儒臣擬批者十之七」，以此觀之，似乎批語的絕大多數皆爲儒臣所擬定，並不具有充分的參考價值。但就實質內容觀之，在儒臣擬批的部分，「經（清高宗）筆削塗乙者七之五，即用其語，弗點竄者亦七之二。」〔註4〕由此可知，在《通鑑輯覽》中的批語，即使不是清高宗親力親爲，也一定是經過清高宗的親自審核。容或有所疏漏，亦不至於偏差過大。因此，研究《通鑑輯覽》正文及其簡端批語，實有助於理解高宗政治思想、歷史觀念，及其史識裁斷。

## 第二節　史料簡介

　　本文主要採用的史料，首先是《通鑑輯覽》，其次則爲《評鑑闡要》。《輯覽》一書，乃經由清高宗「幾餘省覽」，「親御丹豪，詳加論定」而成，〔註5〕是爲承繼《明紀綱目》而編纂的官方史籍。在屢經影印重刊後，現今流通之版本甚爲繁多。僅就筆者所知部分而言，便有據《文津閣四庫全書》影印出版之本、〔註6〕據國立故宮博物院院藏本《文淵閣四庫全書》影印出版之《御批歷代通鑑輯覽》一百一十六卷（附明唐桂二王末四卷）、〔註7〕據國立故宮博物院藏，摛藻堂《欽定四庫全書薈要》影印出版之《御批歷代通鑑輯覽》一百十六卷（另有目錄一卷，附唐桂二王本末四卷）、〔註8〕新興書局出版之《御批歷代通鑑輯覽》〔註9〕、由龔德柏個人影印出版之《御批歷代通鑑輯

---

〔註3〕　下稱《通鑑輯覽》或《輯覽》。
〔註4〕　《御批歷代通鑑輯覽・御製序》，頁3。
〔註5〕　《御批歷代通鑑輯覽・凡例》，此處丹豪二字爲爲原文照引，並非誤字，故不予修改。
〔註6〕　不著撰人，《文津閣四庫全書》（北京：商務印書館，2005年），第116～118冊。
〔註7〕　不著撰人，《景印文淵閣四庫全書》（台北：商務印書館，1983年），第335～339冊。
〔註8〕　不著撰人，《四庫全書薈要》（台北：世界書局，1986年），第173～178冊。
〔註9〕　傅恆等編，《御批歷代通鑑輯覽》（台北：新興書局，1959年）。分爲精裝三冊，

覽》，〔註10〕以及由生生印書館印行之《增批歷代通鑑輯覽》〔註11〕等六個版本。而在本文中，則以新興書局出版之《御批歷代通鑑輯覽》爲主要採用版本。〔註12〕

《通鑑輯覽》全書在形式上可分作正文及批語兩大部分，批語部分共有兩千一百二十九則，〔註13〕喬治忠認爲：「批語均針對正文內容」。〔註14〕然就批語內容觀之，雖說御批之主要評論對象乃是《輯覽》所載史事無誤，但批語所針對之事，卻未必然皆載於《輯覽》之中。細究批語之內容，內中往往出現針對《輯覽》對他書內容修正而發之語。〔註15〕因此，於閱讀《輯覽》時，除需交相參閱正文與批語部分外，亦需對《輯覽》所兼採之諸書有所關注，方可真正瞭解御批含意。

然而，作爲研究高宗思想體系的重要參考書籍，《通鑑輯覽》之始修日期卻難以考定。若依《四庫全書總目》所載，《通鑑輯覽》是書，似始修於乾隆三十二年。〔註16〕然細考身爲主纂官員一員的楊述曾生平，則知《通鑑輯覽》

---

以及平裝十二冊等兩個不同版本，內容上並無差異。

〔註10〕傅恆等編，《御批歷代通鑑輯覽》十二冊（永和：龔德柏印行）。

〔註11〕清高宗敕纂，《增批歷代通鑑輯覽》（台北：生生印書館，1985年）。

〔註12〕據文本文字考之，龔德柏所據以標點的版本，與新興書局版並無二致。且新興書局版中〈開元五年九月，令史官隨宰相入侍〉條，內中「諸司皆正牙辦事」一句，正牙（即衙字）之牙，初撰本皆將「牙」字，誤作「邪」字。後經高宗於乾隆五十九年下令改正。今新興書局版本中已然改正，可知新興書局所按之版本，當爲乾隆五十九年下令修改後之版本無誤。考量到年代因素，故以年代離現代較近，校勘次數較多者爲主要採用版本。生生版內中增入清聖祖批語處，雖有在批語旁註明康熙二字，然與本文探討目標無涉，故不採用生生印書館版本。四庫本因有借閱限制，於研究利用上多有不便，所以也不列爲主要採用版本。關於《通鑑輯覽》修改過程，請參見何冠彪〈清高宗綱目體史籍編纂考〉，收錄於氏著《明清人物與著述》（香港：香港教育圖書公司，1996年）。

〔註13〕此數目據新興書局1959年精裝版本統計。侯德仁於所著《乾隆御批通鑑》，（北京：中華書局，2008年）之前言中記爲一千九百餘條，總字數約達十五萬字。此一統計與筆者統計所得之數量有所出入，因侯氏未曾表列，難以細考。

〔註14〕喬治忠，〈《御批通鑑輯覽》考析〉，收於氏著《中國官方史學與私家史學》（北京：北京圖書館出版社，2008年），頁259。

〔註15〕如《通鑑輯覽》卷2，記載成湯於桑林祈雨一事，批語指出舊說不足爲信，然《輯覽》實未將舊說納入書中。此則批語即爲一例。批語內容，請參見《通鑑輯覽》頁0072，「御批」。

〔註16〕《四庫全書總目》針對《輯覽》一書，記曰：「《御批通鑑輯覽》一百十六卷，附明唐桂二王本末三卷。乾隆三十二年奉勅撰。」上引內容請參見《四庫全

始修之日，絕不應晚於乾隆二十四年。

《清史列傳》載楊述曾生平如下：

> 述曾⋯⋯二十四年，充通鑑輯覽館纂修官。三十二年，《通鑑輯覽》
> 書成，將脫薰而卒，年七十。始編《輯覽》時，折衷體例書法本末
> 條件，總裁一委之，又詳定輿地謬譌，彙爲箋釋。與朱筠⋯⋯諸人，
> 同事發凡起例，斷斷不少假。及卒⋯⋯奉旨賞給四品頂戴。〔註17〕

又，《湖海文傳》載楊述曾〈復王舍人書〉如下：

> 頃接來書，傳總裁所諭分注紀年，欲改綱目舊文，稍變其例。⋯⋯
> 而來札又云，⋯⋯倘實有不可更定之處，亦不必強爲從事。俱見執
> 事虛衷商榷之聖心，敢不再爲詳陳，以俟裁奪。〔註18〕

由上可知，楊述曾在《通鑑輯覽》館中地位非同一般纂修，蓋《通鑑輯覽》
之「發凡起例」，皆由楊氏主導。總裁官「欲改綱目舊文，稍變其例」，亦不
敢不問述曾而行。姑且不問這是否爲其所謂「虛衷商榷」之心，但可明顯看
出總裁官員相當尊重楊述曾在體例變動上的判斷力。因此，既然楊述曾在《通
鑑輯覽》館中具有如此權限，以其生卒年考證《通鑑輯覽》之編纂起迄年限，
應屬允當。

至於《通鑑輯覽》完稿於何時，據《清史列傳》相關記載可知，乾隆三
十二年時全書即將脫稿，再就其書卷首之〈御製序〉及〈進呈表〉所題日期
加以比對，大抵來說，即便日後仍對是書多有增定修正，全書初稿之成應不
會晚於乾隆三十三年正月初十。〔註19〕

而《評鑑闡要》一書，或可說是針對《輯覽》所載御批而成的摘要本。
全書共收御批七百九十八條，皆爲「嬴經御撰」之言，及經高宗所「改批籤
者」。〔註20〕其纂修動機則是由於《通鑑輯覽》「奉聖明之筆削，盡怯史斷之

---

書總目》，卷四十七

〔註17〕《清史列傳・文苑傳二》第十八冊（北京市：中華書局，2005 年），頁 5832
至 5833。

〔註18〕〔清〕王述曾，〈復王舍人書〉，收於〔清〕王昶《湖海文傳》第五冊，卷四
十二。（臺北市：廣文書局，1968），頁 868 至 869。

〔註19〕關於《御批歷代通鑑輯覽》之纂修起迄日期，請參看何冠彪〈清高宗綱目體
史籍編纂考〉，收錄於氏著《明清人物與著述》，頁 265。亦可參看喬治忠〈御
批通鑑輯覽考析〉，收錄於上揭氏著《中國官方史學與私家史學》，頁 257。

〔註20〕若據《輯覽・凡例》所言，則此處所收之御批，當佔全書御批之八成左右。
但據統計，《闡要》全書所收御批不過七百九十八則，僅約佔《輯覽》全書御

溷淆」，但「其事爲臣子所不敢言」者。故而提出「擇之精」而「刪其繁」的主張，希望將已完稿之《通鑑輯覽》重新加以整併，「勒爲一書」，以爲「傳後以法今」之書，「教萬世之君臣，永以爲訓詁」。全書的編纂目的則是希望讓《評鑑闡要》成爲「證諸史之公是公非」，以及「賅百王之心法、治法」，進而達到「羣疑以之盡破，成案不可復翻」，「庶幾教萬世之君，永以爲訓詁」的功能。此一意見經清高宗批准之後，方有《評鑑闡要》之成。〔註21〕

　　本文所採用之次要史料則是《清高宗御製詩文全集》、《御製日知薈說》等高宗御撰之詩文和論文合集。其史料價值在於佐證及補充高宗於《輯覽》御批中所未嘗，或是未能詳言之思緒脈絡。如收錄於《御製文初集》第十卷之〈大清一統志序〉、第十四卷之〈西域地名考證敘概〉，以及收錄於《樂善堂全集》中的〈治天下在得人論〉等文，皆是例證。

　　除此之外，舉凡《高宗實錄》、《（清聖祖）御批資治通鑑綱目》、《御定資治通鑑綱目三編》、《欽定文淵閣四庫全書》等官定史籍和叢書，對筆者針對高宗御批進行分析和討論提供了莫大的幫助。

　　大體言之，由於直接涉及御批之史料極爲有限，故本文試以《通鑑輯覽》

---

批數量的百分之三十七點五上下，與〈凡例〉顯有不合之處。就筆者閱覽所及之材料，目前無法解釋此一狀況。暫錄於此，以備參考。

〔註21〕乾隆三十六年正月，劉統勳等聯名上奏，奏稱：「臣等……時秉睿裁之論定，獲觀《通鑑》之成書。惟閣綱備揭乎御評，而特筆僅臚於《輯覽》。雖徵文而咸備，欲約措而末由。非肇《闡要》之編，曷副專行之實。……臣等……未精於得間。及奉聖明之筆削，盡怯史斷之溷淆。……蓋史例以編年爲要，而傳國以表統爲先，興廢之間，進退所係。……我皇上出之以獨斷，衡之以大公。……至皇朝鼎建之初，值勝國社墟之會，……乃尤獨排眾議，申命紀年既大書甲申之元，又附著福王之錄，所見者大，……使前史早識此義，將叢論何自而紛然，其事爲臣子所不敢言。及其詞亦游夏所莫能贊。若乃折衷人物，訂證舛偽，語之詳而擇之精；刪其繁以增其簡，旁逮屬詞而比事，皆當傳後以法今。特以卷過百餘，文成數萬，欲標至義，必綜大全。臣等敬請勒爲一書，……詳加甄錄，細擇措歸。謹繕全函，恭呈乙覽。帙分十二，而備條系八百，而贏經御撰者十之三，改批籤者七之五，用是刊之秘殿，副在藝林，證諸史之公是公非。賅百王之心法、治法。羣疑以之盡破，成案不可復翻。庶幾教萬世之君，永以爲訓詁。足示三長之法式，賴有是書，無任懇誠。伏候進止。謹奏。乾隆三十六年正月日。」由上引奏摺原文可知，《評鑑闡要》一書之編纂，乃起於于敏中、劉統勳等人之請，復經高宗准行而成。奏摺原文，參見〈評鑑闡要‧劉統勳劉綸于敏中聯名奏摺〉，收錄於《通鑑史料別裁》第十三冊（北京：學苑出版社，1998 年），頁 177～178。

及《評鑑闡要》為出發點，佐以御製文集、實錄，以及其他官定史書和叢書，試著對高宗的思想架構做出初步的分析和討論。

## 第三節　研究回顧

### 一、學位論文部分

對於清高宗其人其政，學界論述所在多有，探討的角度也十分多元。單以國內稽查有案的碩博士論文言之，自藝術角度入手者，便有覃瑞南〈清高宗書畫鑑藏之研究〉和〈清高宗御製工藝之研究〉。在其〈高宗御製工藝之研究〉，覃氏驗證了高宗在御製工藝方面的主導和影響，對於瞭解清高宗御製工藝對中國工藝美術史的影響實有貢獻。此外，周妙齡之〈乾隆朝《職貢圖》、《萬國來朝圖》之研究〉和馬雅貞〈戰爭圖像與乾隆朝（1736～1795）對帝國武功之建構——以《平定準部回部得勝圖》為中心〉二文，皆以圖像作為研究之出發點，可說別出心裁。而馬氏之文，指出乾隆朝院畫實為有意識運用風格與圖像，以因應滿洲獨特政治情境之作品，對於乾隆朝院畫的象徵意涵分析得相當透徹。〔註22〕呂松穎〈清代乾隆御製詩詩意圖研究〉同樣以圖像著手，指出詩意圖如何體現乾隆的為君之道、人生觀、文學觀與藝術觀，以及如何揭示出乾隆的個人特質。〔註23〕

在中（國）外（夷、邦）關係上，陳俊隆〈乾隆皇帝運用文殊菩薩化身策略與西藏地區的治理〉一文，解釋了乾隆如何利用文殊菩薩皇帝此一名詞，以及空間設置、唐卡繪畫、滿洲的名詞釋義等方式，塑造一己之形象，確立清帝在藏傳佛教區的政教權力。施澔霖則是放眼清政權與邊疆地區之關係，在〈清代邊政策略——乾隆朝治理新疆之個案分析（1760～1795）〉一文中，就「軍政」、「民政」、「經濟」、「宗教」等四方面進行探討，進而分析總體策略與治理新疆之策略兩者間演進之關係，對乾隆朝治理新疆策略之利弊得失有整體的考察。〔註24〕林秋燕〈盛清諸帝治蒙宗教政策之研究〉，內中論及高

---

〔註22〕馬雅貞，〈戰爭圖像與乾隆朝（1736～95）對帝國武功之建構——以《平定準部回部得勝圖》為中心〉，（國立台灣大學藝術史研究所碩士論文，2000年），頁101。

〔註23〕呂松穎，〈清代乾隆御製詩詩意圖研究〉，（國立臺灣師範大學美術學系碩士論文，2000年）。

〔註24〕施澔霖，〈清代邊政策略——乾隆朝治理新疆之個案分析（1760～1795）〉，（私

宗如何「因俗而治」，以黃教解決許多邊疆問題。更改革黃教，完成建立民族
聯合生命共同體的理想。〔註25〕

　　徐漢霖〈中國與中亞歷史關係之探討——以哈薩克汗國爲例〉一文，對
於清高宗時期，哈薩克周旋於中國、沙俄兩國間之情形有著深入探討。〔註26〕
而林志偉〈清乾隆朝的官馬——需求、購補與孳養〉、〔註27〕翁靜梅〈清廷與
哈薩克在新疆貿易之研究——乾隆朝爲中心〉，〔註28〕以及賴淙誠所撰寫之
〈清越關係研究——以貿易與邊務爲探討中心（1644～1885）〉，〔註29〕此三
篇論文分別探討了乾隆朝對於西北及西南兩地情的處理方式，指出透過互市
和朝貢的模式，清廷得以以遙制的手段，對兩地進行羈縻。

　　除此之外，洪意評〈洪任輝與乾隆朝之中英貿易〉，〔註30〕以及陳維新〈清
清代對俄外交禮儀體制及藩屬歸屬交涉（1644～1861）〉，〔註31〕兩文探討了
清政府對於朝貢貿易體制破局後的新局面，採取了何種應對及補救之措施。
對於理解高宗是如何認識外邦洋商的情況，大有裨益。

　　在政治領域上，黃文秉自文字獄出發，對於清代康雍乾時期政治管制措
施進行探討而成的〈清代政治思想管制之研究—以康、雍、乾三朝文字獄案
爲例〉一文，指出三朝文字獄之形成，其間自有其一貫性，難以個案分別視
之。〔註32〕而涂靜盈〈蘇努家族與天主教信仰之研究〉一文，則以蘇努家
族爲例，探討旗人與天主教信仰間的互動關係，其中亦有論及乾隆皇帝的政

　　　　立中國文化大學政治學研究所碩士論文，2006年）。

〔註25〕林秋燕，〈盛清諸帝治蒙宗教政策之研究〉，（國立臺灣師範大學歷史研究所碩
　　　　士論文，2000年）。

〔註26〕徐漢霖，〈中國與中亞歷史關係之探討——以哈薩克汗國爲例〉，（私立清雲科
　　　　技大學中亞研究所碩士論文，2008年）。

〔註27〕林志偉，〈清乾隆朝的官馬——需求、購補與孳養〉，（國立臺灣師範大學歷史
　　　　研究所碩士論文，2005年）。

〔註28〕翁靜梅，〈清廷與哈薩克在新疆貿易之研究——乾隆朝爲中心〉，（國立政治大
　　　　學邊政研究所碩士論文，1992年）。

〔註29〕賴淙誠，〈清越關係研究——以貿易與邊務爲探討中心（1644～1885）〉，（國
　　　　立臺灣師範大學歷史研究所博士論文，2004年）。

〔註30〕洪意評，〈洪任輝與乾隆朝之中英貿易〉，（國立清華大學歷史研究所碩士論
　　　　文，2006年）。

〔註31〕陳維新，〈清代對俄外交禮儀體制及藩屬歸屬交涉（1644～1861）〉，（私立中
　　　　國文化大學政治學研究所博士論文，2005年）。

〔註32〕黃文秉，〈清代政治思想管制之研究——以康、雍、乾三朝文字獄案爲例〉，（中
　　　　央警察大學行政管理研究所碩士論文，2004年）。

治思想。〔註33〕張嫣修〈清國史館《貳臣傳》與《欽定續通志・貳臣傳》之比較研究〉一文則對貳臣問題再次進行檢討，認爲排除了忠孝節義等傳統概念後，之所以會產生此類政治批判，其背後主因乃是清初帝王的統治焦慮所致。〔註34〕林祐伊〈龔鼎孳出仕三朝之研究〉，則以歷事三朝之人爲題，凸顯了以「出處抉擇」作爲評價易代士人的侷限性。〔註35〕

而潘志群〈清初的統治正當性問題〉、〔註36〕張睿娟〈清代滿人的漢化問題──以清代滿文滿語的使用爲例〉、〔註37〕蔣竹山〈從打擊異端到塑造正統──清代國家與江南祠神信仰〉等文，〔註38〕雖然論述主旨不一，卻都不約而同的談到了清初政治環境中的幾個重要課題，也就是政治和思想正統的形成，以及滿族漢化的趨勢。

而在制度面上，張正樺〈清乾隆朝驛傳制度之研究〉從驛傳制度著手，對於乾隆改革地方驛傳管理制度及財政狀況有深入的分析。〔註39〕高進〈從制度面看清代的河防工程──以乾隆時期爲範圍的探討〉〔註40〕以及張惠珠〈盛清時期四川常平倉之研究〉等文，〔註41〕雖與本文論述主旨無直接相關性，但其對高宗如何改革驛傳、建立有效運用的防災、賑災體系的檢討，亦可於御批中尋得佐證。

針對高宗朝的君臣問題，張菁華〈懲貪風而申國憲──乾隆朝懲治侵貪案

---

〔註33〕涂靜盈，〈蘇努家族與天主教信仰之研究〉（國立中央大學歷史研究所碩士在職專班，2008 年）。

〔註34〕張嫣修，〈清國史館《貳臣傳》與《欽定續通志・貳臣傳》之比較研究〉，（私立逢甲大學中國文學所碩士論文，2004 年）。

〔註35〕林祐伊，〈龔鼎孳出仕三朝之研究〉，（國立中央大學歷史研究所碩士論文，2009 年）。

〔註36〕潘志群，〈清初的統治正當性問題〉，（國立臺灣大學歷史學研究所碩士論文，2003 年）。

〔註37〕張睿娟，〈清代滿人的漢化問題──以清代滿文滿語的使用爲例〉，（私立東海大學歷史學研究所碩士論文，1994 年）。

〔註38〕蔣竹山，〈從打擊異端到塑造正統──清代國家與江南祠神信仰〉，（國立清華大學歷史學研究所碩士論文，1994 年）。

〔註39〕張正樺，〈清乾隆朝驛傳制度之研究〉，（國立臺灣師範大學歷史學研究所碩士論文，2007 年）。

〔註40〕高進，〈從制度面看清代的河防工程──以乾隆時期爲範圍的探討〉，（國立臺灣大學歷史學研究所碩士論文，1996 年）。

〔註41〕張惠珠，〈盛清時期四川常平倉之研究〉，（私立中國文化大學史學研究所碩士論文，1995 年）。

研究〉、〔註42〕蔡秉叡〈和珅與乾隆朝晚期（1775～1795）政局之研究〉，〔註43〕以及邱怡靜〈從奏摺硃批看清前期君臣一體之關係〉等文，〔註44〕分別就案件性質、掌權大臣，以及君臣整體關係著手探討，對於觀察乾隆帝的統治技術，實有助益。

　　除上開諸文外，鄭永昌針對乾隆四十年以前錢貴銀賤問題所完成的〈清代乾隆朝錢貴時期之私錢問題及其對策（1736～1775 年）〉，文中意見與結論，亦可與《通鑑輯覽》中論及錢法之御批交相參照，印證高宗在理論與實務間的拿捏與取捨尺度。〔註45〕

## 二、專書部分

　　從上文可知，在筆者所能查找之範圍內，目前仍無以《御批歷代通鑑輯覽》為主要討論對象之學位論文。就專書部分言之，大陸學者戴逸所著之《乾隆帝與其時代》，〔註46〕全書五百餘頁，就清高宗之成長狀況起頭，以高宗朝為經，同時期之政治、人物、經濟、文化、中外關係、城市建設及人物為緯，勾勒出具體而微的乾隆盛世形象。就其引用資料而言，除官修實錄等官方史冊外，對於高宗御製詩文、時人文集和外邦史料亦多有引用，但卻未見戴氏引徵《輯覽》批語以為輔助。

　　而孫文良、張杰、鄭川水等三位學者合著之《乾隆皇帝》，〔註47〕同樣就政治、軍事、文化等諸多方面對清高宗進行討論，採用史料豐富，對清高宗一朝之成就有著客觀論述。但該書於《通鑑輯覽》一書，只於該書第八章〈盛世修書〉中略有提及，亦未對《輯覽》有進一步的討論和評析。

　　陳捷先先生於近年所出版之《乾隆寫真》，〔註48〕對於清代官私檔案及著

---

〔註42〕張菁華，〈懲貪風而申國憲——乾隆朝懲治侵貪案研究〉，（國立政治大學史學研究所博士論文，2006 年）。

〔註43〕蔡秉叡，〈和珅與乾隆朝晚期（1775～1795）政局之研究〉，（國立成功大學歷史學研究所碩士論文，2006 年）。

〔註44〕邱怡靜，〈從奏摺硃批看清前期君臣一體之關係〉，（私立東吳大學歷史研究所碩士論文，2006 年）。

〔註45〕鄭永昌，〈清代乾隆朝錢貴時期之私錢問題及其對策（1736～1775 年）〉，（國立臺灣師範大學歷史學研究所博士論文，2004 年）。

〔註46〕戴逸，《乾隆帝及其時代》（北京：中國人民大學出版社，1992 年）。

〔註47〕孫文良等，《乾隆皇帝》（台北縣：知書房出版社，2001 年）。

〔註48〕陳捷先，《乾隆寫真》（台北：遠流出版，2002 年）。

作多有利用，從史料的角度上剖析和澄清了對高宗其人的諸多誤解，對於瞭解清高宗個人形象和當代社會背景及諸般問題，皆有所幫助。

除上開各書外，仍有諸多以清高宗乾隆年間為主要研究對象之著作，在此不擬一一詳述。惜就各書內容言之，皆未見專章討論《輯覽》。然而，儘管未有專門討論《輯覽》一書的專書或專章面世，仍有部分書籍曾或多或少論及《輯覽》及其史料價值，茲略述如下。

大陸學者喬治忠在其〈論清高宗的史學思想〉一文中指出，《御批通鑑輯覽》是清高宗評析歷史的集大成之作。〔註49〕又在〈《御批通鑑輯覽》考析〉一文中表示，高宗的思想理論和政策措施，得自於《御批通鑑輯覽》的纂修與批閱，並且認為《輯覽》一書藏有豐富的思想史資料，尚有待從學術上加以發掘。此外，《輯覽》對於後起史書之影響亦不可忽視。〔註50〕

侯德仁秉持其師喬治忠的思緒理路，完成了《乾隆御批通鑑》一書。〔註51〕是書乃是自《四庫全書》本《評鑑闡要》中輯出部分御批而成。御批內容則由作者加以翻譯成現行通用之語體文，以便讀者瞭解。此外，亦將部分的《輯覽》正文翻成白話文，以為背景介紹之用。此舉對於有心利用《通鑑輯覽》研究乾隆思想者，確為一大助力。但就內容精確性來說，《乾隆御批通鑑》一書仍有改善的空間。

首先要指出的是，《御批通鑑》一書在序文中表示，《評鑑闡要》乃是「精選《御批歷代通鑑輯覽》中的七百七十八條乾隆帝「御批」而另成一書」，〔註52〕但據《評鑑闡要》卷首目錄可知，《闡要》全書御批共收有七百九十八條，侯氏得出七百七十八條之結論，恐為統計上之謬誤。〔註53〕其次，侯氏指出《通鑑輯覽》全書共有御批一千九百餘條，〔註54〕然據筆者點算，《輯覽》全書，包括未有「御批」的明唐、桂二王本末四卷在內，實收御批數量乃為兩千一百二十九條，侯氏所謂一千九百餘條之說，有待商榷。〔註55〕

---

〔註49〕見喬治忠，《清朝官方史學研究》（台北：文津出版社，1994年），頁278～279。

〔註50〕喬治忠，《中國官方史學與私家史學》，頁269。

〔註51〕侯德仁，《乾隆御批通鑑》（北京：中華書局，2008年）。

〔註52〕侯德仁，《乾隆御批通鑑・前言》，頁7。

〔註53〕筆者曾就《闡要》一書，親手點算，確為七百九十八條無誤。

〔註54〕侯德仁，《乾隆御批通鑑・前言》，頁7。

〔註55〕關於《通鑑輯覽》全書各卷所收御批數量，請參見附錄一：《御批歷代通鑑輯覽》各卷御批數量表。

　　香港學者何冠彪在其《明清人物與著述》〔註56〕一書中，以〈清高宗綱目體史籍編纂考〉一文，對《通鑑輯覽》的始修、續修日期進行詳盡的考察，並明確指出御批的重要性，遠高於《輯覽》之正文。除此之外，何氏於〈論清高宗之重修遼、金、元三史〉一文，以及發表於〈論清高宗自我吹噓的歷史判官形象〉二文中，亦多有引用和論及《通鑑輯覽》之處。而〈清代前期君主對官私史學的影響〉一文則進一步指出，康雍乾三朝帝王之所以熱中修史並排斥野史，其政治意味實難掩飾，此一情況並間接導致了歷史考據學在乾嘉時期的盛行。〔註57〕

　　繼喬治忠、何冠彪二人之後，葉高樹在其《清朝前期的文化政策》〔註58〕的第三章中，於論述清朝政府如何以政治力量干預史學發展之時，將《通鑑輯覽》的編纂作為例證提出。此外，葉氏也與喬治忠同樣留意到《通鑑輯覽》一書對於後起史書之影響，指出《訂正通鑑綱目續編》之重修，《輯覽》義例乃是不可忽視之部分。

　　針對清代史館與清代政治之間盤根錯節的關係，王記錄《清代史館與清代政治》一書，從史館設置、運作機制、官員任命，一直到官私史學間在政治和學術問題上之糾葛，皆有深入的探討和論述。對於理解清代官史編纂活動，大有幫助。〔註59〕

　　從上引論文和專著可以看出，儘管前人針對清高宗本人及其政治環境、社會狀態等相關方面的研究已然相當豐富，專著內容亦十分充實，但卻無人將《通鑑輯覽》中的御批部分進行系統性的整理，亦未嘗試就御批內容反推高宗的思想體系。

　　事實上，《通鑑輯覽》一書中的御批內容十分廣泛，包含了政治、軍事、經濟、文化等各個層面，是清高宗就其親身經歷之政治經驗，歸納整理而成之經世致用心得與見識，也是該書區別於其他史書的最大特點。本文希望透過對御批的整理和分析，並佐以高宗個人的御製詩文集及後人記載，進而推導得出隱藏於御批體系中，不為人見的高宗思考脈絡。〔註60〕

〔註56〕何冠彪，《明清人物與著述》（香港：香港教育圖書公司，1996年）。
〔註57〕何冠彪，〈清代前期君主對官私史學的影響〉，（漢學研究，16：1，1998），頁155～182。
〔註58〕葉高樹，《清朝前期的文化政策》（台北縣板橋：稻鄉，2002）。
〔註59〕王記錄，《清代史館與清代政治》，（北京：人民出版社，2009年）。
〔註60〕然而，涉及清高宗其人其事之研究眾多，且未必皆與本文的探討目標有所相

## 第四節　研究方法與核心議題

本論文的研究方法，其要旨在於將《御批歷代通鑑輯覽》中的御批略作數類，從事件考察、人物評斷、歷史論述與史學意識等不同角度上，對高宗的思想體系作一瞭解與分析討論。其中核心議題大致包括下列三項：

一、清高宗在《通鑑輯覽》，是如何對於過往史籍中的史事和地理記載進行重新考察。通過對此類御批的探討，是否有助於理解此種再考察的模式對於建立屬於清廷官方的歷史解釋體系有所助益？

二、關於歷史人物的品行和能力，高宗在《通鑑輯覽》中多有評判。藉由對於涉及人物評判的御批進行討論，對於高宗的評判方式和標準可望有著進一步的認識和理解，進而論述高宗在《輯覽》全書中所抱持的論述主旨為何。

三、除對史地記載和人物評判有其個人論述標準外，高宗在《輯覽》中亦對歷史書寫此一議題有所關注。對於此類御批，關注焦點在於高宗如何建立對於歷史事件、地理、人物和書寫的評判標準，在此一評判標準下，高宗又是如何建構屬於自身的歷史書寫理論，此種評判標準和理論對於乾隆朝中後期的官方史籍編纂政策發生了怎樣的影響？

最後，本文嘗試藉由對上述各點的綜合討論，反向推論及論述高宗的思想體系因何而生，而此一體系又對《輯覽》一書產生了何種影響。

## 第五節　章節架構

本文以《御批通鑑輯覽》之御批為主要研究對象，釐清御批所包含之各項論述議題、論述標準，以及高宗如何應用這些標準對史事及歷史人物進行重新評斷和評價。

第一章以介紹研究動機、研究目的，以及《御批歷代通鑑輯覽》一書之基本介紹為出發點，說明《輯覽》中的御批，對於研究清高宗之思想體系有何助益。第二章則將御批中以史事考證、論述為主的御批先行分作二表，並

---

關，故在採用文獻及前人研究上，必然得有所取捨。筆者就歷年研究成就之介紹，受限於個人學養及取材範圍之故，必難達到至善之境。疏忽或漏失之處，還請讀者不吝指正。

對這些表格進行簡單的說明，俾使讀者能對此二類御批在整體御批中所佔之份量，能有初步的認識。接著再將史事考證、史事論述二類御批分作數點議題，分別針對高宗在此二類御批中所運用的考證及評論方法進行檢視，觀察清高宗在批論過程中，其鑒衡標準是否一致。

　　第三章則從御批中的人物評論面，說明高宗在此類御批中，是如何以道德和能力兩個角度對歷史人物重行評價。過去對於高宗如何評判人物，學界研究並未嘗見。馬起華於氏著《清高宗朝之彈劾案》，曾就清高宗在各類遭到彈劾之案件上的反應和處分程度進行論述，然此一論述亦只能針對當朝人物進行。欲對高宗如何評價歷代人物之品行和能力的方法有深入認知，仍得透過御批為之。此外，藉由本章對於評論人物道德層面及行為層面之御批的討論，在第四節中，筆者將論述焦點進一步限縮至高宗所抱持的倫理綱常標準。並在針對上下紀綱及君臣行為的討論中，認識高宗在全書中的論述主旨為何。

　　第四章的主要目標，在於檢討此一標準如何為高宗用以對過往的書法義例進行修正、改定。此外，過往人物的評價，在清高宗的評判標準下會有何種改變，亦是討論重點之一。藉著御批，可發現高宗對於諸多歷史難題自有其一套裁斷手法，對於抱持後見之明者來說，雖不見得至公至正，但高宗之評斷仍可算是一以貫之。

　　在第五章中，筆者擬針對前面數章所論述之議題作一概念上的總結，並就性質較為獨特，難以插入前文中之御批作一簡述。最後則是藉由回顧《輯覽》的編纂過程，和《輯覽》中的各類批示，瞭解《御批通鑑輯覽》在清代官方史學上，以及清高宗思想認知體系上的重要性。

# 第二章　傳信示公：史地考證與評論

清高宗於〈御製重刻二十一史序〉中表示：

> ……史者，輔經以垂訓者也。……朕既命校刊《十三經注述》定本，復念史爲經翼，監本亦日漸殘闕。併敕校讎，以廣刊布。其辨譌別異，是正爲多。……夫史以示勸懲，昭法戒，上下數千年治亂安危之故，忠賢奸佞之實，是非得失，具可考見。居今而知古，鑒往以察來，揚子雲曰：「多聞則守之以正，多見則守之以卓。」豈不在善讀者之能自得師也哉。〔註1〕

從上引御製序中，不難發現高宗所強調的重點，在於「經」、「史」之間相輔相成的關係。高宗在文中明白指出，欲使「史」之一物發揮「輔經垂訓」的功能，必當先行「辨譌別異」，方能達此功效。

職是之故，高宗在諸多冠以御製、御批、欽定之名的官方編纂史籍中，往往不厭其煩地指出史籍內容考訂的重要性。對於記載舛誤之處，或命負責編纂諸臣重行改纂，或令其「酌量添修」，其目的皆在於使史著內容達到高宗認定庶足「永稱傳信」，〔註2〕或能「足昭傳信」〔註3〕的水準。

---

〔註1〕 〔清〕清高宗御製，《御製文初集》，收入《清高宗御製詩文全集（一）》（臺北市：國立故宮博物院，民國 64 年）據武英殿刊本影印。卷十一，〈重刻二十一史序〉。下引此書不另出詳註。武英殿刊本《御製文初集》係由經筵講官戶部左侍郎于敏中奏請，排類成編而成。見同書卷首〈御製序・御製文初集序〉及〈奏議・乾隆二十八年〉。

〔註2〕 〔清〕張廷玉等纂，紀昀等校《御定資治通鑑綱目三編・凡例》

〔註3〕 〔清〕張廷玉等纂，紀昀等校《御定資治通鑑綱目三編・上諭，乾隆四十年

　　然而，單純的考訂正僞並不足以讓讀者明瞭史著中「示勸懲」、「昭法戒」的微言大義。儘管「善讀者之能自得師」，但高宗亦樂於就「政事之守舊可法」，或變更宜戒者」處，加以「諄切辯論」。使讀史者能「以資考鑑」。〔註4〕而在《御批歷代通鑑輯覽》之中，針對過往史事加以考證或論述之御批數量之多，恰可有效作爲此一行爲模式的有力佐證。

　　爲有效釐清高宗欲使後世讀者「以資考鑑」之事爲何，在本章中，筆者擬作四節。在第一節中，將就《通鑑輯覽》中針對歷代史事所批示之御批分爲史事考證與史事評論兩類，以便瞭解高宗所關注的歷史事實包括了哪些層面。並將在後續章節中進一步針對本章所使用之御批，進行內容上的解釋和分析討論。

# 第一節　御批分類與說明

　　在總數一百一十六卷的《御批歷代通鑑輯覽》中，以史事考證、論述爲主之御批共有一千三百三十五則，約佔全書御批總數的百分之六十三。〔註5〕其中，御批內容以對歷史記載進行考察、驗證爲主的部分，筆者將其稱爲史事考證類御批。史事考證類御批在全書中共有一百七十一則，約佔全書御批總數的百分之八。而在這一百餘則之考證類御批中，爲《評鑑闡要》所轉錄者共有八十九則，約爲《評鑑闡要》收錄總數的百分之十一，關於本類御批在全書中的分佈情形，可參見史事考證類御批分卷一覽表（表2-1-1）。〔註6〕

　　此外，若將《通鑑輯覽》史事考證類御批分卷一覽表改以長條圖形式加

---

五月十五日》
〔註4〕《清實錄‧高宗純皇帝實錄》，乾隆三十一年五月辛巳。
〔註5〕在説明筆者如何爲御批進行分類之前，必須先行澄清一點，本文的分類判定，其目的主要在於確立本文的討論面向，並試著藉由這幾個討論面向，對清高宗個人在諸多事務上的思考模式進行討論。因此，儘管筆者將《輯覽》一書中的各則御批，分別分類到各個不同類目之下，但這種模式只代表該御批的主要敘述重點，在筆者的認知中與該類目最爲相近，並不表示筆者認爲分類在特定類目下的御批，必然只能帶有該類目的象徵意涵，容先敘明於此。此外，本文的分類容或有所爭議之處，尚請讀者諸君不吝賜教。
〔註6〕本類御批爲數繁多，若於表中一一説明表中各則御批之內容摘要，勢將佔去大量篇幅。是以本文不擬於正文或註釋中詳述各《一覽表》中的御批摘要。如有閱讀上的不便之處，尚請見諒。

以呈現（見圖 2-1-1），則可發現史事考證類御批的分佈區間，呈現前高後低的傾向。以時間斷限觀之，可知此類御批以唐肅宗至德元年為界，呈現前期多，後期少的分佈態勢。

　　此種分佈態勢反應了高宗對於歷史事蹟的懷疑程度，是隨著年代的遠近而有所遞減。越是年歲久遠，欠缺實證加以證明的史事，清高宗便越不會輕易加以採信。在圖 2-1-1 中也可以發現，除第九十一卷至第九十五卷（宋甯宗嘉定十四年至元世祖至元二十四年）此一分佈區間外，其餘區間中，收有超過十則御批者，皆落於圖表的前半部。

　　相較於御批本身的分佈特性，《評鑑闡要》的收錄情形並未呈現出類似的分佈狀況，而是以較為平均的型態散落於各個分佈區間之中。

　　從整體內容上觀之，史事考證類之御批，主要是以特定事項貸討論及辨證為主。為了行文討論上的便利起見，筆者將此類御批依其討論對象略分為「歷史制度」、「歷史地理」，以及「歷史事實」〔註7〕等三大項。此三類中依其討論對象之性質，而各有其所關注焦點存在。在本章第二節中，筆者將針對此三類御批加以討論和分析，關於各項目之關注焦點，亦將於第二節中加以描述。

〔註7〕為了行文上的方便，在本章中將多次運用到「歷史事實」這個詞彙。但正如同後現代史學理論所指出的一般，這裡所謂的「歷史事實」，毋寧說是「歷史論述」將會更為恰當。誠如凱斯・詹京斯所言，「過去」、「歷史」，以及「歷史編纂」其實是三個指稱了不同意涵的名詞。但清高宗及編纂《通鑑輯覽》的儒臣們，在撰寫及擬寫御批時，並未對此三者抱有如此明確的區分存在。在下文中亦可看出，清高宗是將自己針對「過去」所完成的「歷史編纂」，視作為真正發生過的「歷史」來看待的。是以為凸顯清高宗的看法，在行文上不另行區分各個詞彙的不同意義，而統一以「歷史事實」一詞代之。關於「過去」、「歷史」、「歷史編纂」的定義，請參見凱斯・詹京斯（Keith Jekins），著，賈士衡譯，《歷史的再思考》（台北市：麥田，1996年），頁 56。

表 2-1-1：《通鑑輯覽》史事考證類御批〔註8〕分卷一覽表

| 卷　數　別 | 《通鑑輯覽》收錄總數 | 《評鑑闡要》收錄總數 |
|---|---|---|
| 第一至五卷 | 20 | 8 |
| 第六至十卷 | 12 | 6 |
| 第十一至十五卷 | 8 | 6 |
| 第十六至二十卷 | 7 | 5 |
| 第二十一至二十五卷 | 11 | 6 |
| 第二十六至三十卷 | 8 | 4 |
| 第三十一至三十五卷 | 9 | 4 |
| 第三十六至四十卷 | 10 | 7 |
| 第四十一至四十五卷 | 7 | 6 |
| 第四十六至五十卷 | 9 | 4 |
| 第五十一至五十五卷 | 11 | 7 |
| 第五十六至六十卷 | 3 | 2 |
| 第六十一至六十五卷 | 4 | 2 |
| 第六十六至七十卷 | 3 | 1 |
| 第七十一至七十五卷 | 6 | 1 |
| 第七十六至八十卷 | 6 | 5 |
| 第八十一至八十五卷 | 7 | 3 |
| 第八十六至九十卷 | 6 | 3 |
| 第九十一至九十五卷 | 11 | 4 |
| 第九十六至一百卷 | 4 | 1 |
| 第一百零一至一百零五卷 | 6 | 4 |
| 第一百零六至一百一十卷 | 4 | 2 |
| 第一百一十一至一百一十六卷 | 1 | 0 |
| 總計 | 173 | 91 |

資料來源：〔清〕傅恆奉敕撰，《御批歷代通鑑輯覽》一百二十卷（附明唐桂二王末四卷），台北市：新興書局影印出版，民國48年。

---

〔註8〕 本節所謂之考證類御批，其共通點在於御批內文皆著重於針對特定事項進行辯證與討論，並對此一特定事項提出定論。考證類御批與評論類御批不同的地方在於，評論類御批的評論對象涉及層面較廣，而考證類御批的討論對象，則皆可限縮至單一記載項目上。在分類過程中，符合上述特性者，筆者皆將其歸類至考證類御批。

**圖 2-1-1：《御批通鑑輯覽》、《評鑑闡要》史事考證類御批收錄數量長條圖**

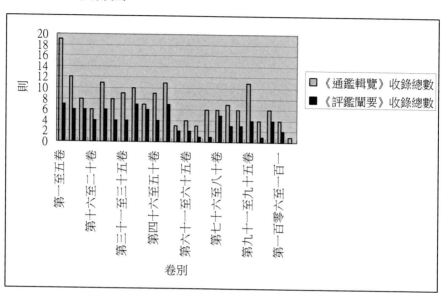

資料來源：〔清〕傅恆奉敕撰，《御批歷代通鑑輯覽》一百二十卷（附明唐桂二王末四卷），台北市：新興書局影印出版，民國 48 年。

　　從下表（表 2-1-2）可知，可歸類於史事評論類之御批共有一千一百六十三則，約佔《御批歷代通鑑輯覽》全書所收御批總量的百分之五十五。而在此一千一百餘則御批中，同樣為《評鑑闡要》所收錄者共有三百九十五則，約佔《評鑑闡要》全書所收御批總量的百分之五十。

　　依據此一資料進行做圖，則可從下圖（圖 2-1-2）發現，與史事考證類御批相較之下，史事評論類御批之分佈狀態雖較為平均，其中仍有四個區間呈現較為明顯的分佈高峰。分別是第二十六至三十卷、第五十一至六十卷、第七十一至八十卷，以及第九十六至一百零五卷。也就是東漢靈帝中平五年至晉惠帝永興元年、唐太宗貞觀十一年至敬宗寶曆二年、後周世宗顯德六年至宋徽宗重和元年、和元世祖至元二十五年至明憲宗成化五年等四個區間。

　　反推回當時的歷史情境，則可發現此四個分佈區間，其時代背景皆為時局變動劇烈的時期。在第二十六至三十卷中，包含了黨錮、黃巾以及三國鼎立等變動劇烈的時代背景。而在五十一至六十卷中，則包含了貞觀之治、武后掌權、開元之治，以及安史之亂等重要史事。後二者則涉及了陳橋兵變、元祐黨爭，以及元明交際之諸多史事。

　　由此一狀況來說，個人認爲，史事評論類之御批數量，或有隨著時局動盪或是平穩而有所增減的可能性存在。而《評鑑闡要》所收錄之御批數量及收錄情形，則與史事考證類御批收錄狀況相近，同樣是以較爲平均的型態散落於各個分佈區間之中，並未存在有明顯可見的收錄標準。

　　本章第三節除就清高宗對於歷史論述、歷史制度、歷史事實等三方面之御批進行分析討論外，亦將針對高宗對於歷史時勢的看法加以進行討論。之所以將其評論歷史時勢之御批獨立成項，主因在於，清高宗在評論歷代史事之時，喜從大局著眼，且好於細節處發大議論，往往將一人之行爲舉止或一事之進退成敗，推演到國勢之盛衰興亡上。職是之故，探討高宗對於歷史形勢演變之看法，或有助於吾人進一步理解高宗理想中的歷史環境應包含哪些要素。

### 表 2-1-2：《通鑑輯覽》史事評論類御批〔註9〕分卷一覽表

| 卷　　數　　別 | 《通鑑輯覽》收錄總數 | 《評鑑闡要》收錄總數 |
|---|---|---|
| 第一至五卷 | 17 | 10 |
| 第六至十卷 | 22 | 8 |
| 第十一至十五卷 | 23 | 13 |
| 第十六至二十卷 | 33 | 21 |
| 第二十一至二十五卷 | 61 | 28 |
| 第二十六至三十卷 | 44 | 18 |
| 第三十一至三十五卷 | 37 | 17 |
| 第三十六至四十卷 | 45 | 19 |
| 第四十一至四十五卷 | 49 | 20 |
| 第四十六至五十卷 | 56 | 15 |
| 第五十一至五十五卷 | 69 | 30 |
| 第五十六至六十卷 | 73 | 20 |
| 第六十一至六十五卷 | 42 | 13 |
| 第六十六至七十卷 | 46 | 14 |
| 第七十一至七十五卷 | 65 | 22 |
| 第七十六至八十卷 | 73 | 19 |
| 第八十一至八十五卷 | 52 | 11 |
| 第八十六至九十卷 | 54 | 17 |

〔註 9〕 本節所謂評論類御批，與考證類御批不同之處在於，評論類御批的主旨較偏重於指出清高宗個人的主觀看法，考證類御批則偏重於系統性的推理和論述。因此在分類上分作考證與評論兩個不同的類別。

| 第九十一至九十五卷 | 49 | 11 |
|---|---|---|
| 第九十六至一百卷 | 76 | 15 |
| 第一百零一至一百零五卷 | 67 | 20 |
| 第一百零六至一百一十卷 | 51 | 16 |
| 第一百一十一至一百一十六卷 | 58 | 17 |
| 總計 | 1162 | 394 |

資料來源：〔清〕傅恆奉敕撰，《御批歷代通鑑輯覽》一百二十卷（附明唐桂二王末四卷），台北市：新興書局影印出版，民國48年。

**圖 2-1-2：《御批通鑑輯覽》、《評鑑闡要》史事評論類御批收錄數量長條圖**

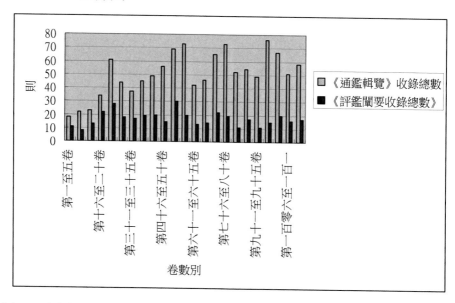

資料來源：〔清〕傅恆奉敕撰，《御批歷代通鑑輯覽》一百二十卷（附明唐桂二王末四卷），台北市：新興書局影印出版，民國48年。

# 第二節　考證類御批之析論

　　《通鑑輯覽》所收錄之史事考證類御批共有一百七十三則，其中經《評鑑闡要》重行收錄者共為九十一則（見表2-1-1）。進一步細考這一百七十餘則御批，又可將依其考證方式及對象，另行分作「歷史事實」、「歷史制度」，以及「歷史地理」三類。本節的論述重點將著重於高宗針對了哪些事項加以考訂，及其運用了哪些方式作為考證時的方法。並將試著檢討，這些受到高宗

所考定的事項是否具有一致性。

## 一、歷史事實方面的考證

在本節所運用的御批中，以事實考證爲主要對象者共有一百四十七則，約佔考證類御批的百分之八十五。關於此類御批在各卷中的分佈情形，請參見下表（表 2-2-1）。

### 表 2-2-1：《通鑑輯覽》事實考證類御批分卷一覽表

| 卷　　數　　別 | 《通鑑輯覽》收錄總數 | 《評鑑闡要收錄總數》 |
|---|---|---|
| 第一至五卷 | 16 | 5 |
| 第六至十卷 | 9 | 5 |
| 第十一至十五卷 | 5 | 4 |
| 第十六至二十卷 | 6 | 4 |
| 第二十一至二十五卷 | 11 | 6 |
| 第二十六至三十卷 | 8 | 4 |
| 第三十一至三十五卷 | 8 | 3 |
| 第三十六至四十卷 | 9 | 6 |
| 第四十一至四十五卷 | 6 | 5 |
| 第四十六至五十卷 | 7 | 4 |
| 第五十一至五十五卷 | 9 | 5 |
| 第五十六至六十卷 | 3 | 2 |
| 第六十一至六十五卷 | 4 | 2 |
| 第六十六至七十卷 | 3 | 1 |
| 第七十一至七十五卷 | 6 | 1 |
| 第七十六至八十卷 | 5 | 5 |
| 第八十一至八十五卷 | 6 | 2 |
| 第八十六至九十卷 | 5 | 2 |
| 第九十一至九十五卷 | 8 | 1 |
| 第九十六至一百卷 | 4 | 1 |
| 第一百零一至一百零五卷 | 5 | 3 |
| 第一百零六至一百一十卷 | 3 | 1 |
| 第一百一十一至一百一十六卷 | 1 | 0 |
| 總計 | 147 | 72 |

資料來源：〔清〕傅恆奉敕撰，《御批歷代通鑑輯覽》一百二十卷（附明唐桂二王末四卷），台北市：新興書局影印出版，民國 48 年。

在考證類御批中，針對「歷史事實」所爲之御批共有一百四十七則，以分佈趨勢來看，雖不明顯，但與圖 2-1-1 所呈現的整體趨勢仍有著部分類似的分佈曲線。也就是說，整體仍以第五十一卷至五十五卷爲一分界線，呈現前多後少的分配比例，與表 2-1-1 的御批分佈情形十分類似。

在這裡首先要澄清的是，本節所欲討論的「考證」，並非是指章句上的文字訂正，而是清高宗對於史事記載的正誤批駁。正如《輯覽》凡例所言，御批之效，在於達到「大義所昭」，「微言特揭」的理想層次。然而欲達此一目的，則必先經過高宗對於史事的「析疑考異」，方能成立。〔註10〕至於高宗認爲需要加以析疑考異的史事爲何，則必須進一步從御批中加以分析。

從細部內容上來看，較容易引起高宗質疑的史事記載，在記載文字上往往涉及「附會」、「豔稱」，或有「誇辭」之嫌，御批所質疑之處，亦往往對此而發。舉例言之，劉邦斬蛇夜哭事，〔註11〕以及東海孝婦屈死，隨後大旱三年二事，皆可作爲例證。〔註12〕具體言之，此二者之所以受到高宗的質疑，其根本原因便在於「附會」二字。

針對劉邦斬蛇夜哭之記載，高宗在御批中認定，此類記載不過是「附會興王」之詞；〔註13〕而在東海孝婦屈殺一事中，高宗指出一點：

> ……黎民飢餓死者不知其凡幾矣，山川有靈，必不爲此。是理本易知，而紀載者欲神其事，遂不覺其語之誣。耳食者方以爲美談，予故表而正之。〔註14〕

儘管在御批中的用語不一，但仍舊可以發現，高宗之所以對此二事提出質疑，其根本原由，皆是因爲高宗認爲此二則記載實有事後附會的情形存在。雖然一是史臣附會興亡，一是紀載之人欲神明其事，但其本質是類似的。關於此類記載，儘管高宗在《通鑑輯覽》中不是皆有批語。但凡有御批，則必定指出爲何此則記載需要加以檢討或加以修正。〔註15〕

〔註10〕 《御批通鑑輯覽‧凡例》
〔註11〕 《御批通鑑輯覽》，卷 11，頁 0287。
〔註12〕 《輯覽》載此事，曰：「……東海有孝婦，少寡，養姑甚謹。姑欲嫁之，終不肯。姑……遂自經死。姑女告婦殺母，婦……死，東海旱三年。」，見《御批通鑑輯覽》，卷 17，頁 0441。
〔註13〕 《御批歷代通鑑輯覽》，卷 11，頁 0287，「御批」。
〔註14〕 《御批歷代通鑑輯覽》，卷 17，頁 0441，「御批」。
〔註15〕 如《通鑑輯覽》卷 17，頁 0446，龔遂令民賣刀換犢之事；卷 23，頁 0629，太后親錄囚徒事，及卷 74，頁 2366，狄青敗西夏入寇事等皆可爲證。

　　例如，《輯覽》於周顯王十四年齊魏之會事，記載魏君以徑寸之珠誇耀於齊侯之事，高宗除了批評魏君的見識外，亦指出以「千里之國」而有徑寸照乘之珠十枚，實亦「必無之事」。〔註16〕

　　除此之外，所述事跡與常情不合，或事蹟記載前後矛盾者，高宗亦多有評論，如《通鑑輯覽》所載鄧太后臨朝諸事，便是一例。〔註17〕高宗在御批中表示：

> 無毀無譽，婦人之道。躬自減撤，以救災危，豈女后之事耶。且前稱太后以鄧康數諫宗門滿盛，大怒免官。此又稱太后詔康等以貴戚食祿，面牆弗學為戒。記載家自相矛盾至此，何以傳信。〔註18〕

此事之所以遭到高宗質疑，理由在於此處所記錄的太后態度，前後有著明顯的差異性。清高宗在御批中明確指出，既然鄧太后先前曾有對從兄等屢戒居滿易盈之理的事蹟，實無對諫言者大怒免官的道理存在。無論這兩則紀錄何者為非，皆顯示了記載難以傳信的事實。

　　同樣的情形亦見於高宗評論北魏遣李順出使北涼之事上。〔註19〕高宗在御批中表示：

> 李順向有蒙遜不敬之對，茲又稱受其賄為之隱，史家前後矛盾若是，奚足憑哉？〔註20〕

從評論模式上觀之，此則御批所運用的評判方式，與前引評論鄧太后臨朝諸事之御批可說是如出一轍。而除上引二則御批外，在其餘御批中亦可見到此類論述邏輯。〔註21〕

　　除此之外，高宗亦時以常情作為批判依據，於御批中時有「必不如此」

---

〔註16〕《御批歷代通鑑輯覽》，卷9，頁0236，「御批」。此則御批個人以為或有筆誤。《輯覽》正文中，乃是寫作「尚有徑寸之珠，照車前後各十二乘者十枚」。然高宗御批，卻寫作「以千里之國。而有徑寸照乘之珠十二。」正文與御批顯有衝突，經查《資治通鑑》與《御批資治通鑑綱目》，後二者皆書為「國雖小，尚有徑寸之珠照車前後各十二乘者十枚。」故正文茲從十枚之說，並於註腳指出乾隆御批之誤，以為說明。

〔註17〕《御批歷代通鑑輯覽》，卷13，頁0639。

〔註18〕《御批歷代通鑑輯覽》，卷13，頁0639。「御批」。

〔註19〕《御批歷代通鑑輯覽》，卷37，頁1075。《資治通鑑》卷112，載此事，曰：「……順曰：『……蒙遜無禮不敬……。』」。

〔註20〕《御批歷代通鑑輯覽》，卷37，頁1075。「御批」。

〔註21〕如《通鑑輯覽》，卷26，頁728所載之劉虞討公孫瓚事，又或如卷40，頁1156所載北齊豫章王遺產事等，皆為例證。

〔註22〕、「情理必無」〔註23〕、「不問可知」〔註24〕等語。凡與常理不合者，亦往往以「不經好奇」〔註25〕、「荒唐可笑」〔註26〕等語為判。

　　整體上來說，高宗對於歷史事實的判斷和評判，在邏輯概念上並無太大的瑕疵。每論一事，皆能提出有效的論述依據。然而，高宗在評論成湯祈雨事上，高宗所運用的邏輯論證，卻不是那麼完美無瑕。他在御批中指出：

　　……致雨不致雨，非湯所敢逆料。舊說身為犧牲，剪髮斷爪，非聖人所為，殊不足據。〔註27〕

就邏輯推演過程來說，高宗的推論乍看之下並無瑕疵。若將其一步步拆解來看，則可發現高宗先假定了哪些行為是聖人所不可或不應為，進而指出成湯的聖人地位，最後再加以結論—聖人不會作出「剪髮斷爪」、「身為犧牲」的行為，而成湯是個聖人，所以舊說不足為信。以三段論法來看，並不能算是謬誤的論證。〔註28〕但若進一步深究，則可發現此一論述的前提並不十分穩固。

　　就其論述結構來看，此則御批的大前提乃是「聖人不為非禮（剪髮斷爪）之事」，小前提則為「成湯為聖人」，方能得出「舊說殊不為據」的結論。然而，作為大前提的「聖人不剪髮斷爪」本質上不必然是一個確切無誤的「事實」，而是基於一特定禮教理論下所產生的一個概念而已。換言之，此推論的大前提是不能成立的。大前提既不能成立，則據以推論出之結論便是謬誤的了。

　　之所以會有此一情形產生，乃是因為高宗不願否定儒學體系中的禮法概念，但又必須為這些傳統聖君的行為做出解釋，故不得不在一既定的框架下進行進行歷史評論所致。類似此類為過往君主辯護的御批，亦散見於《輯覽》他處。〔註29〕不能不說是高宗在史事考證上的先天侷限。

---

〔註22〕《御批歷代通鑑輯覽》，卷28，頁784，「御批」。

〔註23〕《御批歷代通鑑輯覽》，卷30，頁851，「御批」。

〔註24〕《御批歷代通鑑輯覽》，卷39，頁1127，「御批」。

〔註25〕《御批歷代通鑑輯覽》，卷32，頁0911，「御批」。

〔註26〕《御批歷代通鑑輯覽》，卷81，頁2606，「御批」。

〔註27〕《御批歷代通鑑輯覽》，卷2，頁0072，「御批」。關於成湯剪髮斷爪之舊說，在范曄《後漢書》、孔穎達《春秋左氏傳注述》、杜佑《通典》、馬端臨《文獻通考》，以及司馬光《資治通鑑》中皆錄有此一說法。

〔註28〕三段論是傳統邏輯概念中常見的論述方式。由大前提、小前提、結論三個部分所組成。其結論必然從兩項前提中推論而得出。

〔註29〕關於高宗為過往君主辯護之御批，可參見《通鑑輯覽》卷2，頁0077，高宗評商高宗得傳說為相事、頁0081，文王獻地事，卷21，頁0547，高宗評論光武信圖讖事，及卷68，頁2127，高宗評後唐以焚香夾籤任相事等條。

## 二、歷史地理方面的考證

考證類御批中，與地理考證相關者共十四則，其討論議題包含了歷史記載中的疆界地域、地理位置，及地理環境考察等項。關於地理考證部分御批的分佈情形及分佈卷數，請參見下表（表：2-2-2）。

表 2-2-2：《通鑑輯覽》地理考證類御批分卷簡表

| 卷　別 | 論述議題 | 《通鑑輯覽》頁　碼 | 備　註 |
|---|---|---|---|
| 第一卷 | 黃帝畫野分州，得百里之國萬區 | 45 | 《評鑑闡要》亦有收錄 |
| 第二卷 | 夏朝遷都商丘事 | 63 | 《評鑑闡要》亦有收錄 |
| 第十五卷 | 張騫通西域事 | 389 | 《評鑑闡要》亦有收錄 |
| 第十五卷 | 張騫通西域事 | 393 | 《評鑑闡要》未收 |
| 第三十五卷 | 北魏燕王遊白鹿山事 | 1020 | 《評鑑闡要》亦有收錄 |
| 第四十三卷 | 金山名稱考察 | 1263 | 《評鑑闡要》亦有收錄 |
| 第四十六卷 | 吐谷渾可汗在位年 | 1359 | 《評鑑闡要》未收 |
| 第四十八卷 | 隋書地理志 | 1395 | 《評鑑闡要》未收 |
| 第五十一卷 | 高昌地理環境 | 1492 | 《評鑑闡要》亦有收錄 |
| 第五十一卷 | 西域晝夜長短 | 1507 | 《評鑑闡要》亦有收錄 |
| 第七十八卷 | 宋代幅員 | 2497 | 《評鑑闡要》未收 |
| 第八十四卷 | 戰場地形考察 | 2701 | 《評鑑闡要》亦有收錄 |
| 第九十五卷 | 考定河源 | 3076 | 《評鑑闡要》亦有收錄 |
| 第一百十一卷 | 明代塞外地理 | 3289 | 《評鑑闡要》亦有收錄 |

資料來源：〔清〕傅恆奉敕撰，《御批歷代通鑑輯覽》一百二十卷（附明唐桂二王末四卷），台北市：新興書局影印出版，民國 48 年。

高宗之所以花費如許心力於史地考證之上，個人認為，或可於其所御製之〈大清一統志序〉中略窺一二。

高宗於該文中提及：

> ……聖祖仁皇帝，特命纂輯全書（大清一統志），以昭大一統之盛。……世宗憲皇帝……重加編纂……表皇威之有截；明王道之無外，匪徒備掌故，徵博洽已也。撫疆宇則念肇造之艱；稽制置則念經畫之要；采謠俗則念化導之方。考循良人物而知治理之效，念所以振興而長育

　　之：核戶口田賦而察登耗之故，念所以懷保而蕃殖之。〔註30〕

由上引文可見，之所以有編輯《大清一統志》之舉，除為使其所預設的讀者群，於閱讀《一統志》時，能明白創業之艱、規劃之要，並從其中念及治國之法外，其主要目的，仍是在於為昭大清大一統之盛之故。

　　而在〈西域地名考證敘概〉中，高宗進一步表示：

　　《禹貢》……，周書……，自是而外，西域之誌，經書莫詳。詳西域實權與司馬氏，然司馬氏實未身涉其地而詢諸其人也。……遷之所記，出於傳聞。夫魯魚亥豕，以華言傳華言，尚不能無訛，而況語音殊、衣服異，嗜好不同之絕域哉。……今我師平西域伊犁之地，屯牧者我人；回部之城，蕃宣者我臣，且國語切音實能盡各部轉韻曲折之妙，是則傳萬里幅員之悉，正千古紀載之舛，實惟此時。……然彼地自隆古以來，其名其義未之或易，徒以阻隔幅員，不通音問，遂致屢易文而始得其正。夫以國語近各部之轉韻，而一譯漢音必待再三詳考，始能無訛。……茲為方略之書，恐分纂之人無所取材，濫觴者豪釐之差，承流者且致千里之謬。因取各部山川、疆域、部落、姓氏，命軍機諸臣詳考確證，歸於一是。如提要凡例之作而敘其概如右。自是之後，以新正之名為指南云爾。〔註31〕

從引文可知，由於過往史籍之西域記載，往往「出於傳聞」而為之，以同文傳同文尚難免於「魯魚亥豕」之情，何況是語言風俗皆不同與己身之地區。即便是歷代所盛讚之良史如司馬遷，亦未「身涉其地而詢諸其人」，〔註32〕如此一來，其中錯謬自不待言。

　　而西域伊犁之地已平，清朝已能對過往漢族政權統治所不及之區域施以直接或是間接控制，在「屯牧者我人」、「蕃宣者我臣」的情況下，高宗方能針對過往史籍所記載的各部山川、疆域、部落、姓氏等等加以考定詳查。

---

〔註30〕〔清〕清高宗御製，《御製文初集》，卷十，〈大清一統志序〉。《大清一統志》，乾隆九年告成校刊。

〔註31〕〔清〕清高宗御製，《御製文初集》，卷十四，〈西域地名考證敘概〉。引文中豪釐二字，或為毫釐之誤，茲註明於此。

〔註32〕關於高宗對司馬遷的看法，可參見《御批通鑑輯覽》，卷4，頁0132，及卷13，頁0331兩則御批，以及《御製文初集‧讀荀彧傳》。雖然高宗並不否認司馬遷卓識別具，但在其餘層面上卻多有批評。

在此前提下，過往記載中，關於西域部分的紀錄實有加以更正的必要。舉例言之，高宗針對張騫通西域之相關記載，於御批中指出：

> 張騫……所至之地，多中閉不通，譯語未必盡曉，傳聞更多譌舛。且以于闐鹽澤為河源所出，不知鹽澤乃今塔里母河，與河源無涉。他可知矣。〔註33〕

在否定了過往記載的可信度後，高宗又進一步表示：

> 今厄魯特回部並隸版圖，凡山川道里，實按其地，詳詢其人。然音義參差，猶必幾經審訂，始令成書。考証之難，豈可以耳食為據哉。〔註34〕

除考定西域傳聞外，對於歷來「眾喙紛如」的河源問題，高宗先是重行肯定了清聖祖所進行之實地考察的成果，又進一步以新近的考察結果加以補充：

> ……近日準夷底定，回部歸誠，所謂于闐、蔥嶺之河，蒲昌之海，按圖而考，犁然具在。而就其山川計其道里，然後知張騫鹽澤之語，不為無據。而河有重源之説，亦確有明証矣。……當時……所尋，止及于中國之河源，潘昂肖不識蒙古語，而譯以漢文又從而傅會支離，其説益多岐舛。因就現在地理，證合史漢諸書，詳加考訂，而著其大凡如此。〔註35〕

就御批內容來看，高宗不僅僅只是考定了河源之所，更進一步地修正了先前對于闐鹽澤的看法。以其考證過程及方法言之，可說高宗並未辜負其「考經稽古」，「益必求其至當」的自我期許。〔註36〕

除以實地考察及徵詢當地住民等方法進行考證外，高宗本人在滿語和滿語繙譯上的能力，亦是其於史地考證方面，之所以能有所成就的原因之一。〔註37〕

例如，高宗於考定馬端臨《文獻通考》，有關突厥國號由來時，便運了其在蒙語上的知識，指出《文獻通考》之誤：

> 《通考》以金山狀如兜鍪，北俗呼為突厥，因以為號云云。今按兜鍪蒙古呼為度古勒噶，則馬端臨所稱，初未會對音之義，如《漢書·

---

〔註33〕 《御批歷代通鑑輯覽》，卷15，頁0393，「御批」。

〔註34〕 《御批歷代通鑑輯覽》，卷15，頁0393，「御批」。

〔註35〕 《御批歷代通鑑輯覽》，卷95，頁3076，「御批」。

〔註36〕 〔清〕清高宗御製，《御製文三集》，卷十四，〈涇清渭濁紀實〉。

〔註37〕 〔清〕昭槤，《嘯亭雜錄》（北京：新華書局，1997年12月2刷），卷一，〈繙譯〉，頁19。「上凡習國語，於繙譯深所講習。」

西域傳》之剽竊失眞者多矣。〔註38〕

如高宗對蒙語無甚認識，亦無法運用蒙語做出此等考證。

　　除因實地考察而知記載不實外，〔註39〕高宗亦擅於根據事物之常理進行評斷。如考定黃帝畫野分州事，高宗明確指出，如有「百里之國萬區」，則其地應有一萬萬里。然以今輿地考之，顯然並無如許之多的領地存在。記載「恢張失實」，不問可知。〔註40〕

　　此外，在北魏燕王遊白鹿山、〔註41〕宋代戶部獻今歲民數，〔註42〕以及考訂宋金交戰戰場等事中，〔註43〕亦不難發現高宗是如何將常情與實地考察兩項工具進行交互運用，進而得到上述之考證成果。就整體來看，其在輿地方面的考證，確有其不可抹滅之成就存在。

## 三、歷史制度方面的考證

　　考證類御批中，以歷史制度考證爲主者共有十則，分見於第一卷、第三卷、第六卷、第七卷、第八卷、第三十六卷、第八十六卷、第九十二卷、以及第一百一十卷等九卷（見表：2-2-3）。討論內容包括諸侯國的分封、職官名稱和制度之由來、以及應用於戰事中之兵器、兵法等項。

### 表2-2-3：《通鑑輯覽》制度考證類御批分卷簡表

| 卷　　　別 | 論述議題 | 《通鑑輯覽》頁　　碼 | 備　　　註 |
|---|---|---|---|
| 第一卷 | 孔安國《書序》以三皇五帝之書爲三墳五典之說 | 39 | 《評鑑闡要》未收 |
| 第三卷 | 削土分封之說 | 92 | 《評鑑闡要》亦有收錄 |
| 第六卷 | 侯國軍制 | 169 | 《評鑑闡要》未收 |
| 第七卷 | 官名紀瑞之說 | 191 | 《評鑑闡要》亦有收錄 |
| 第八卷 | 諸侯封域 | 209 | 《評鑑闡要》未收 |
| 第三十六卷 | 兵器 | 1033 | 《評鑑闡要》亦有收錄 |

〔註38〕《御批歷代通鑑輯覽》，卷43，頁1263，「御批」。
〔註39〕除上引各御批外，亦可參看《通鑑輯覽》，卷51，頁1492及頁1507之御批。
〔註40〕《御批歷代通鑑輯覽》，卷1，頁0045，「御批」。
〔註41〕《御批歷代通鑑輯覽》，卷35，頁1020，「御批」。
〔註42〕《御批歷代通鑑輯覽》，卷78，頁2497，「御批」。
〔註43〕《御批歷代通鑑輯覽》，卷84，頁2701，「御批」。

| 第八十六卷 | 兵法 | 2762 | 《評鑑闡要》亦有收錄 |
|---|---|---|---|
| 第九十二卷 | 蒙語稱號頭銜 | 2974 | 《評鑑闡要》亦有收錄 |
| 第一百一十卷 | 兵器 | 3594 | 《評鑑闡要》亦有收錄 |

資料來源：〔清〕傅恆奉敕撰，《御批歷代通鑑輯覽》一百二十卷（附明唐桂二王末四
卷），台北市：新興書局影印出版，民國48年。

　　就整體上言之，制度類御批的評論基礎，有很大部分是以常情作爲評論
依據。例如周景王二十年六月，郯子拜會魯侯事，《通鑑輯覽》記載如下：

　　……郯子曰：「……昔者黃帝氏以雲紀；炎帝氏以火紀；……我高祖
　　少暐摯之立也，鳳鳥適至，故紀於鳥，爲鳥師而鳥名。自顓頊以來，
　　不能紀遠，乃紀於近，爲民師而命以民事。」〔註44〕

郯子所陳，乃是早期職官命名的法則。依據郯子的解釋，職官命名乃以符應
祥瑞作爲原則，就如「黃帝受命有雲瑞，故以雲紀事」一般。而近世所以爲
民師而命以民事，乃是因爲「德不能致遠瑞」之故也。〔註45〕

　　但是，高宗並不認同此一說法。他在御批中指出，因爲〈尚書・周官〉
所載唐虞建官之事，並未載有紀瑞之舉，〔註46〕且〈周官〉所載之事乃屬
於「近而可徵」之物。既然近而可徵的記載未能在書面上支持《左傳》的說
法，則就常理言之，《左傳》之載，自然是屬於「浮誇」之屬，無庸置疑。

---

〔註44〕《御批歷代通鑑輯覽》，卷7，頁0191。《左傳》對此事之記載如右：「秋。
　　　　郯子來朝，公與之宴。昭子問焉，曰：『少暐氏鳥名官，何故也？』。郯子
　　　　曰：「……昔者黃帝氏以雲紀，故爲雲師而雲名；炎帝氏以火紀，故爲火
　　　　師而火名；共工氏以水紀，故爲水師而水名；大暐氏以龍紀，故爲龍師而
　　　　龍名。我高祖少暐，摯之立也，鳳鳥適至，故紀於鳥。爲鳥師而鳥名。……
　　　　自顓頊以來，不能紀遠，乃紀於近，爲民師而命以民事，則不能故也。」
〔註45〕王文錦等校，〔唐〕杜佑，《通典・卷十九・職官典一》（北京：中華書局，1992），
　　　　頁463。
〔註46〕《尚書・周官第二十二》記載如右：「唐虞稽古，建官惟百。內有百揆四岳，
　　　　外有州、牧、侯伯。庶政惟和，萬國咸寧。……立太師、太傅、太保，茲惟
　　　　三公。論道經邦，燮理陰陽。……少師、少傅、少保，曰三孤。貳公弘化，
　　　　寅亮天地，弼予一人。塚宰掌邦治，統百官，均四海。司徒掌邦教，敷五典，
　　　　擾兆民。宗伯掌邦禮，治神人，和上下。司馬掌邦政，統六師，平邦國。司
　　　　冠掌邦禁，詰奸慝，刑暴亂。司空掌邦土，居四民，時地利。六卿分職，各
　　　　率其屬，以倡九牧，阜成兆民。六年，五服一朝。又六年，王乃時巡，考制
　　　　度於四岳。諸侯各朝於方岳，大明黜陟。」（《十三經注疏》本，台北：藝文
　　　　印書館，1989年），頁269～271。

〔註47〕

　　此類論斷邏輯亦見於《輯覽》記載岳飛破金兵於郾城事。《輯覽》對此事記載如下：

> ……烏珠……逼郾城，……以拐子馬萬五千來。飛…以麻扎刀入陣，……斫馬足，拐子馬相連，一馬仆，二馬不能行。飛軍奮擊，遂大破之。烏珠大慟曰：「自海上起兵，皆以此勝，今已矣。」……。

〔註48〕

針對此段記載，高宗通過御批的形式予以嚴格的駁斥：

> 北人使馬，惟以控縱便捷爲主。若三馬聯絡，馬力既有參差，勢必此前彼卻。而三人相連，或勇怯不齊，勇者且爲怯者所累，此理之易明者。拐子馬之說，《金史》本紀、兵志、及烏珠等傳皆不載，惟見於《宋史》〈岳飛（傳）〉、〈劉錡傳〉，〔註49〕本不足爲確據。況烏珠戰陣素嫻，……豈肯羈絆己馬以受制於人。此或彼時列隊齊進，所向披靡，……宋人……妄加之名目耳。……馬披重鎧，亦徒束縛而不能騁其驍驤之力，尤理所必無。紀事家或狃於兵車駉介之說，……千載傳訛，耳食之徒無能究其眞僞，皆爲史冊無稽之說所誤，不得不明辨之。〔註50〕

作爲一名滿族君主，除了嚴詞切責滿洲臣僕荒廢舊業的惡習外，〔註51〕高宗自身對騎射亦頗有表現。〔註52〕職是之故，清高宗方能基於自己在騎射技術

〔註47〕《御批通鑑輯覽》，卷7，頁0191，「御批」。
〔註48〕《御批通鑑輯覽》，卷86，頁2762。
〔註49〕《宋史・劉錡傳》曰：「……兀术被白袍，乘甲馬，以牙兵三千督戰。兵皆重鎧甲，號鐵浮圖。戴鐵兜牟，周匝綴長簷，三人爲伍，貫以韋索，每進一步，即用拒馬擁之，人進一步，拒馬亦進，退不可卻。官軍以槍標去其兜牟，大斧斷其臂，碎其首。敵又以鐵騎分左右翼，號『拐子馬』，皆女眞爲之，號『長勝軍』，專以攻堅，戰酣然後用之。」《輯覽》所錄之拐子馬，顯有受到鐵浮圖制度影響之處。參見《宋史・劉錡傳》，收於《文淵閣四庫全書》。此處資料承蒙口試委員戴晉新教授提示，特此致謝。
〔註50〕《御批歷代通鑑輯覽》，卷86，頁2762，「御批」。
〔註51〕《清實錄・高宗純皇帝實錄》，乾隆三十年九月癸酉條。清高宗上諭：「馬步箭乃滿洲舊業，向以此爲要務，無不留心學習。今國家昇平日久，率多求安，將緊要技藝全行廢棄不習，因循懦弱，竟與漢人無異，朕痛恨之。滿洲臣僕，俱世受國家豢養之恩，理宜自勵成材，期與國家效力。乃不知自愛，竟成廢物，甚屬不堪。」
〔註52〕〔清〕昭槤，《嘯亭雜錄》，卷一，〈西苑門習射〉，頁13～14。「己巳秋，天氣

上的認識，對於「拐子馬」的可行與否，提出深入的質疑。

　　其於御批中指出，戰馬運用，主旨在於「控縱便捷」，將三馬相連，無疑是自棄優勢的無理之事。此外，若拐子馬如同史載，乃是烏珠（兀朮）「自海上起兵」，「皆以此勝」的作戰利器，何以除《宋史》二傳外，別無記載。並且，兀朮久經戰陣，怎肯「羈絆己馬以受制於人」。

　　基於上述三大理由，高宗否定了「拐子馬」一事的眞確性，並進而提出屬於自己的解釋。他認爲，之所以會有拐子馬一說，或爲紀事家受到金軍騎兵「列隊齊進」，「所向披靡」的印象影響，然後又被古代「兵車駟介」之說影響，故「強爲傅會」而成拐子馬之說。其進一步指出，此說雖「不足當有識者一哂」，然耳食之徒皆爲此無稽之說之誤，故「不得不明辨之」。

　　透過對上引御批的分析，我們可以發現高宗建立了一個簡潔易懂，且難以提出反論的思考邏輯。藉由運用此一邏輯論證，高宗得以毫不費力的推翻前說，並進而建立自身的論述成果。而之所以需要建立此一論述成果，其最終目的便在於明辨史冊之誤，使讀史之人不受史冊無稽之說所誤。

　　然而，並不是每一則運用常理所進行的評論，都可以如同評論拐子馬一般的難以推翻。例如高宗評論明代戚繼光出鎮薊州事，主要提出兩點以爲記載不確的證據。其御批如下：

> 筤筅……一人持之，不久且疲，二人持之，旋轉扦格，必不適用。……
> 且北方之強勝南方之強，人所易知者。浙兵……安能遽勝北軍。……
> 奏請募調，不過廉頗思用趙人之意耳。而記載家左袒南人，遂若南
> 人之果勝北人者。以是類言兵，有不取敗之理乎。〔註53〕

從上引文中可知，清高宗主要是以筤筅的尺寸，以及北人南人間的強弱做爲評論時的佐證。但與評論拐子馬之御批相較之下，此則御批的推論過程顯然是較爲粗疏的。首先，高宗在評論拐子馬一事時，主要是運用自身經驗與推論來建構其論述基礎。由於其個人對騎射和軍事戰陣的熟悉，方能建立起此一推論基礎。然而，在筆者目前見到的資料中，並未有高宗曾經使人演練過運用筤筅作戰之戰術的相關紀錄，而南北之人孰強孰弱，亦不能算是一個牢不可破的論述前提，事實上，這似乎更接近於高宗的個人偏見。

　　就總體上言之，高宗對於史事之評斷，有其一定的論述基礎存在。或依

　　　蕭爽，上乃習射門側，發二十矢，中者十九，侍從諸臣無不悅服。」
〔註53〕《御批通鑑輯覽》，卷110，頁3594。「御批」。

常情、或就記事本身之矛盾而爲之。每論一事，多能建立明確的理論基礎，運用完善的邏輯進行推論，確可以愼思善疑而做出適當之評價。

　　然而，受限於其本身倫理綱常的思想，在部分評論上亦有曲爲之說的現象存在。但就整體來看，此類御批的存在正好凸顯了其本人的核心價值觀念，對於進一步研究及討論清高宗之思想體系，實有其重要性在。

## 第三節　評論類御批之析論

　　在上節中，筆者曾就歷史事實、歷史地理，以及歷史制度等三個面向，對於《通鑑輯覽》中的考證類御批進行分析與討論。而在本節中，筆者擬就歷史論述、歷史制度、歷史形勢，以及歷史事件等四個面向對考證類御批加以分析與討論。

　　本節所運用之御批共有一千一百六十四則，其中爲《評鑑闡要》所轉錄者共爲三百九十六則。關於評論類御批於《通鑑輯覽》中的分佈狀況，請參見本章第一節之《通鑑輯覽》史事評論類御批分卷一覽表（表2-1-2）。

### 一、歷史事件

　　在評論類御批中，以歷史事件爲主要評論對象之御批共爲七百三十二則，其分佈情形可參見史評類御批分卷一覽表（表2-3-1）。從分佈比例觀之，可以發現御批數量會隨著時局的情勢波動而有所增減，大體言之，時局狀況越不安定，御批評論的數量亦隨之增加。

　　從整體面向來看，雖說史評類御批爲數繁多，且其關注面向亦包羅萬象，舉凡政治時勢、君臣紀綱、經濟軍事、門戶朋黨，及讖諱符應等項皆有論及，內中亦不乏藉由事局之演變，對人物用心進行批評之批語。

　　但就御批主旨論之，其主要目的仍不脫於資治之用。藉由御批的形式，高宗一一指出歷朝史事謬誤之處，使讀《輯覽》者能從中體悟高宗對於國事之用心，進而應用於治國之上。與形勢類御批交相參照，亦可看出此一傾向。
〔註54〕

---

〔註54〕歷史事件與歷史形勢，實際上乃是一體兩面。在本文中乃是以其論述之主旨作爲分類依據，其主要結論爲形勢者，歸於形勢類，較不明顯者則歸於史事評論類。

表 2-3-1：《通鑑輯覽》史評類御批分卷一覽表

| 卷　　數　　別 | 《通鑑輯覽》收錄總數 | 《評鑑闡要》收錄總數 |
|---|---|---|
| 第一至五卷 | 3 | 0 |
| 第六至十卷 | 5 | 4 |
| 第十一至十五卷 | 14 | 8 |
| 第十六至二十卷 | 27 | 18 |
| 第二十一至二十五卷 | 46 | 21 |
| 第二十六至三十卷 | 31 | 14 |
| 第三十一至三十五卷 | 18 | 10 |
| 第三十六至四十卷 | 30 | 11 |
| 第四十一至四十五卷 | 32 | 14 |
| 第四十六至五十卷 | 35 | 9 |
| 第五十一至五十五卷 | 47 | 23 |
| 第五十六至六十卷 | 43 | 10 |
| 第六十一至六十五卷 | 22 | 5 |
| 第六十六至七十卷 | 30 | 10 |
| 第七十一至七十五卷 | 40 | 12 |
| 第七十六至八十卷 | 49 | 12 |
| 第八十一至八十五卷 | 35 | 5 |
| 第八十六至九十卷 | 37 | 13 |
| 第九十一至九十五卷 | 33 | 6 |
| 第九十六至一百卷 | 45 | 8 |
| 第一百零一至一百零五卷 | 42 | 9 |
| 第一百零六至一百一十卷 | 38 | 11 |
| 第一百一十一至一百一十六卷 | 29 | 8 |
| 總計 | 732 | 242 |

資料來源：〔清〕傅恆奉敕撰，《御批歷代通鑑輯覽》一百二十卷（附明唐桂二王末四卷），台北市：新興書局影印出版，民國 48 年。

　　例如，高宗在《輯覽》中，便曾多次以君主之權柄為旨，做出評論。舉例言之，其於東漢馬太后不使外戚封爵事中，雖然讚許馬太后之舉為佳，但亦指出，以其母后身份而有此詔，乃所謂「好事不如無也」。〔註55〕

---

〔註55〕《御批通鑑輯覽》，卷 22，頁 0603，「御批」。

在高宗的觀感中，「母后臨朝」，不僅「無益於君德」，且「有損於國是」。〔註56〕因此，雖然他對馬太后勸阻封賞外戚之事頗有好感，但站在維繫國家紀綱的立場上，仍不得不加以摒棄。而在武后事上，亦對唐高宗、唐中宗二人責以「庸懦不夫」、「受制房帷」等評語，認爲二人實爲「失德」「昏闇」之君。與評論馬后事相較，可知二者背後之思考邏輯，可說如出一轍。〔註57〕

除針對母后臨朝一類有損紀綱之事外，史評類御批中亦包含了眾多針對軍事行動而發之御批。〔註58〕在此類御批中，高宗或從用人層面著手，指出敗軍之責有時應歸責於用人之人，而非敗軍之將。如趙國受上黨之降，爲史記所譏。但高宗指出：

> ……然使受降而不用趙括，不易廉頗，秦雖見伐，勝負猶未可知也。
> 〔註59〕

站在中立的立場上，高宗重新省視了此一史事，並提出了另外一種的可能性。對於其所設定的讀史者來說，此一可能性或有其重大意義存在。

除指出用人的重要性外，御批中亦曾就用兵之法做出評論。如評論鄧禹、馮異敗於赤眉一事，便以御批的形式指出：

> ……禹、異之敗，其必有致敗之由，謬以飢卒徼戰爲禹罪，則是不
> 知兵機，而貽畏難選懦者爲口實矣。〔註60〕

不單以敗將之言作爲可信之證，而是憑藉自身用兵之經驗，要求讀史者不可純然地以史書爲信史，而是應當要深入探討其背後所可能隱藏的眞實。

除此之外，諸如評論侯淵討韓樓事，〔註61〕或是評論唐太宗爲秦王時之用兵法，〔註62〕皆可看出高宗對於軍事行動的認識程度。

簡單來說，從大範圍對史評類御批進行精細分析，或有助於研究者進一步釐清高宗對於各種歷史狀況的反應無誤。但欲理解這些反應背後之意義，仍須藉助於其他類型之御批。

---

〔註56〕《御批通鑑輯覽》，卷74，頁2341，「御批」。
〔註57〕《御批通鑑輯覽》，卷52，頁1526、頁1528、頁1542，「御批」。
〔註58〕如《通鑑輯覽》卷55，頁1633、卷61，頁1866、卷108，頁3538，及卷115，頁3751等卷評論宦官爲禍之御批。又如卷16，頁0423、卷17，頁0443、卷19，頁0502、卷72，頁2301等論及圖讖、災異或命相等事之御批。
〔註59〕《御批歷代通鑑輯覽》，卷10，頁0261，「御批」。
〔註60〕《御批歷代通鑑輯覽》，卷21，頁0555，「御批」
〔註61〕《御批通鑑輯覽》，卷42，頁1233，「御批」。
〔註62〕《御批通鑑輯覽》，卷49，頁1431，「御批」。

## 二、歷史形勢論述

　　論述歷史形勢之御批，在評論類御批中共有二百零三則，爲《通鑑輯覽》所轉錄者約佔三分之一強。形勢論述類御批於《通鑑輯覽》中之分佈情形，詳見下表（表 2-3-2）。

表 2-3-2：《通鑑輯覽》形勢論述類御批分卷一覽表

| 卷　　數　　別 | 《通鑑輯覽》收錄總數 | 《評鑑闡要》收錄總數 |
|---|---|---|
| 第一至五卷 | 5 | 3 |
| 第六至十卷 | 7 | 2 |
| 第十一至十五卷 | 4 | 3 |
| 第十六至二十卷 | 5 | 3 |
| 第二十一至二十五卷 | 5 | 1 |
| 第二十六至三十卷 | 7 | 2 |
| 第三十一至三十五卷 | 11 | 4 |
| 第三十六至四十卷 | 6 | 4 |
| 第四十一至四十五卷 | 8 | 5 |
| 第四十六至五十卷 | 5 | 3 |
| 第五十一至五十五卷 | 5 | 1 |
| 第五十六至六十卷 | 12 | 4 |
| 第六十一至六十五卷 | 12 | 3 |
| 第六十六至七十卷 | 4 | 1 |
| 第七十一至七十五卷 | 9 | 4 |
| 第七十六至八十卷 | 14 | 2 |
| 第八十一至八十五卷 | 10 | 4 |
| 第八十六至九十卷 | 11 | 2 |
| 第九十一至九十五卷 | 10 | 4 |
| 第九十六至一百卷 | 11 | 3 |
| 第一百零一至一百零五卷 | 10 | 3 |
| 第一百零六至一百一十卷 | 8 | 2 |
| 第一百一十一至一百一十六卷 | 24 | 7 |
| 總　　　計 | 203 | 70 |

資料來源：〔清〕傅恆奉敕撰，《御批歷代通鑑輯覽》一百二十卷（附明唐桂二王末四卷），台北市：新興書局影印出版，民國 48 年。

　　與史評類御批相較，可以發現形勢評論類御批之數量，在第三十一至三十五卷（晉惠帝永興二年至安帝義熙六年）、第五十六至六十五卷（唐肅宗至德二載至後梁太祖乾化二年），以及第七十六至八十卷（宋仁宗嘉祐二年至徽宗重和元年）等區段中較其他時段爲多。從時代背景來看，正是玄學發展，以及門戶黨爭盛行之時。這類情形也構成了形勢評論類御批與他類御批不同的特色。

　　形勢類御批之特色在於，高宗往往喜以單一事件、人物做爲評論的依據，並在評論中，將一時一地之事或一人之行，放大爲時局全體之狀況。評論秦穆公聽公子縶建言之批語，便是一例。高宗針對此事的批語：

> ……秦穆……先置不仁以滑其中，辛之河外之城未獲，韓原之師已興。詭詐相傾，無非爲利。春秋無義戰，彼時之民奚以爲生哉。〔註63〕

便是以秦穆公此舉，作爲確認春秋無義戰之語的例證。又如劉備託孤事，高宗亦有所微詞，認爲：

> 昭烈於平日以魚水自喻，亮之忠貞豈尚不深知，受遺時何至做此猜疑語。三國人情以譎詐相尚，鄙哉。〔註64〕

此則御批亦是以單一事件推演至整體時代風氣之例證。

　　除就時代風氣發表論述外，高宗亦對朝代之盛衰興亡有諸多看法。所謂「物先腐而蟲生」，〔註65〕高宗秉持此一概念，對於歷朝致敗之因，多有批語。如東漢之亡，高宗先是於御批中指出東漢諸帝習於倚賴宦者誅除外戚，故終成「太阿倒持」之勢，難以挽回。〔註66〕又進一步提出：

> 張角左道惑眾，積十餘年未聞有捕治之者。辛致養癰滋蔓，八州牧庸懦乃爾，時事可知矣。〔註67〕

此一御批不僅反映了高宗對於世俗左道的看法，亦反映了他對此類民間教派所能造成之政治影響，有著深刻的體悟。

　　除此之外，高宗對於兩晉南北朝時期的清談文化亦有嚴厲的批判，認爲當時「風俗敗壞」之因，一是在於「袗豪侈」之風，一則是在於「尚虛無」

---

〔註63〕《御批歷代通鑑輯覽》，卷4，頁0129，「御批」。
〔註64〕《御批歷代通鑑輯覽》，卷28，頁0782，「御批」。
〔註65〕《御批歷代通鑑輯覽》，卷16，頁0421，「御批」。
〔註66〕《御批歷代通鑑輯覽》，卷24，頁0673，「御批」。
〔註67〕《御批歷代通鑑輯覽》，卷25，頁0703，「御批」。

之空談。〔註68〕對於徒以「清談」之法「濟世救弊」之人，高宗認為，這不過是「抱薪救火」之舉，並無實效。〔註69〕

　　除對清談之風加以貶抑外，高宗於門戶朋黨之事，亦多有批判。如對牛李黨爭事，便曾批曰：

> 德裕在蜀……實出杜黃裳、韋皋之上，獨以門戶恩怨之見牢不可破，
> 是以擘畫雖中機宜，而舉措動多隔閡，況宗閔僧儒輩乎？于此見黨
> 人之禍人家國，可為深嘆。〔註70〕

對於黨爭致使人才無法用得其所之情，高宗深有體悟。此外，亦曾於御批中指出黨爭對於朝廷紀律綱常的破壞性。其以宋代進士科考，竟以黨爭內容作為取士標準之事為例，批曰：

> 鄧潤甫首倡紹述之說，……甚至發策以此相詆諆，試士以此衡甲乙，
> 左袒右袒，門戶判然。欲望綱紀肅清，何可得哉。〔註71〕

至於日後「疆場已壞」，金兵幾乎已經兵臨城下。然而，朝中猶「斷斷於士論異同」。高宗明白的指出，此種「口舌紛爭」又「何救於敗亡」。〔註72〕雖不像其父一般撰有專文抨擊朋黨之習，然高宗對朋黨之不滿，亦顯而易見。

　　除指出朋黨對朝政之害外，高宗對於人主權柄之重視，亦可於御批中窺見端倪。其曾在上諭中指出：

> ……官名雖異，職守無殊，惟在人主太阿不移。……蓋有是君方有
> 是臣，……昔人言天下之安危係乎宰相，其言實似是而非也。〔註73〕

也就是說，高宗認為，用人的職責在於君上，在君主能確切掌握自身權柄的前提下，臣僚自然沒有為非作歹的空間。因此天下之安危實繫於君，而非臣僚。

　　基於此一觀點，高宗不厭其煩地於御批中多次指出人主權柄擅授的危險性。如宋代白帖之行，高宗稱之為「壞法實甚」；〔註74〕明代封駁之例，尤使「主威日替」，國事遂「漸以淪胥」。〔註75〕而歷代宦官把持朝政的局面，更

---

〔註68〕《御批歷代通鑑輯覽》，卷30，頁0861，「御批」。
〔註69〕《御批歷代通鑑輯覽》，卷33，頁0945，「御批」。
〔註70〕《御批歷代通鑑輯覽》，卷61，頁1869，「御批」。
〔註71〕《御批歷代通鑑輯覽》，卷79，頁2524，「御批」。
〔註72〕《御批歷代通鑑輯覽》，卷82，頁2637，「御批」。
〔註73〕〔清〕永瑢，紀昀等奉敕撰，《欽定歷代職官表‧上諭》，收入《景印文淵閣四庫全書》，第601冊。
〔註74〕《御批歷代通鑑輯覽》，卷79，頁2529，「御批」。
〔註75〕《御批歷代通鑑輯覽》，卷111，頁3634，「御批」。

是高宗一再提出御批的重點。〔註76〕

　　大體而言，形勢類御批論述之內容及其形式，皆不脫上述所引各則御批之類型。其主要目的一如本節第一點所言，在於使讀者從史事中記取教訓，理解何時何地的何事會造成何等後果，進而避免重蹈覆轍之舉。可說是相當具有實用性的論述方式。

## 三、對於歷史制度的評論

　　針對制度層面而發之御批共有一百零四則，其中《評鑑闡要》共轉錄有三十三則（見表 2-3-3）。

表 2-3-3：《通鑑輯覽》制度論述類御批卷一覽表

| 卷　數　別 | 《通鑑輯覽》收錄總數 | 《評鑑闡要收錄總數》 |
|---|---|---|
| 第一至五卷 | 0 | 0 |
| 第六至十卷 | 1 | 0 |
| 第十一至十五卷 | 1 | 0 |
| 第十六至二十卷 | 1 | 0 |
| 第二十一至二十五卷 | 4 | 3 |
| 第二十六至三十卷 | 3 | 1 |
| 第三十一至三十五卷 | 1 | 0 |
| 第三十六至四十卷 | 7 | 3 |
| 第四十一至四十五卷 | 5 | 1 |
| 第四十六至五十卷 | 9 | 2 |
| 第五十一至五十五卷 | 5 | 2 |
| 第五十六至六十卷 | 5 | 1 |
| 第六十一至六十五卷 | 2 | 2 |
| 第六十六至七十卷 | 4 | 1 |
| 第七十一至七十五卷 | 6 | 1 |
| 第七十六至八十卷 | 5 | 2 |
| 第八十一至八十五卷 | 2 | 0 |
| 第八十六至九十卷 | 3 | 1 |

〔註76〕參見《御批歷代通鑑輯覽》卷 62，頁 1906、卷 79，頁 2547、卷 103，頁 3372、卷 115，頁 3750 等各則御批。

| 第九十一至九十五卷 | 2 | 0 |
|---|---|---|
| 第九十六至一百卷 | 17 | 4 |
| 第一百零一至一百零五卷 | 12 | 5 |
| 第一百零六至一百一十卷 | 4 | 2 |
| 第一百一十一至一百一十六卷 | 5 | 2 |
| 總計 | 104 | 33 |

資料來源：〔清〕傅恆奉敕撰，《御批歷代通鑑輯覽》一百二十卷（附明唐桂二王末四卷），台北市：新興書局影印出版，民國48年。

　　就上表觀之，可知第九十六至一百卷，以及第一百零一至一百零五卷兩個分佈區間所佔有之御批數量，爲制度論述類御批中最高以及次高的兩個區間。反推至各卷所對應之歷史背景，則知元世祖至元二十五年，到明憲宗成化九年共一百八十六年的時間，受到了高宗及其儒臣的特意關注。就其內容言之，涉及地方行政及人事制度方面者所在多有。或可視爲是高宗對於元、明二代宦者、鄉紳等內、外勢力干擾朝政所起之反思。

　　如元史記載，仁宗遣宦者祭奠孔子而忽起大風，高宗針對此事便有批語：

　　釋奠……何致令宦官行事，此即無災異，亦足貽笑千古。元史以風災紀失，未免反覺失實。〔註77〕

除指責仁宗指派宦者祭奠孔子之事不當外，更進一步指出：

　　邦寧……固見大公，然以開府崇階，濫授刑餘，實爲蔑視名器，非特矯枉過正，亦失制御閹豎之道矣。〔註78〕

由上引御批可知，高宗對於閹豎之危害朝政，實是念茲在茲，以防微杜漸作爲第一要務。類此之言，亦可於他事見之。

　　例如，高宗指責洪武帝不知七國之兵「實由封建所致」，乃「務名而以致害實者」。〔註79〕又如給致仕官誥敕，並復其家之制度，高宗亦在御批中指出：

　　……明季紳士歸田，肆行鄉曲，百姓不敢與之相抗，貽患無窮，皆此舉有以釀成之也。〔註80〕

除上引二例之外，此十卷中亦有針對元代行政單位屢立屢廢，〔註81〕以及設置

---

〔註77〕　《御批歷代通鑑輯覽》，卷97，頁3144，「御批」。
〔註78〕　《御批歷代通鑑輯覽》，卷97，頁3144，「御批」。
〔註79〕　《御批歷代通鑑輯覽》，卷100，頁3252，「御批」。
〔註80〕　《御批歷代通鑑輯覽》，卷100，頁3277，「御批」。
〔註81〕　《御批歷代通鑑輯覽》，卷96，頁3129，「御批」。

糧長督輸稅糧等事所發之御批。〔註82〕大體言之，此類御批雖或有以偏蓋全之處，卻也呈現了高宗如何在歷史發展的過程中，抓出事件因果關係的能力。

此外，在御批中亦可以發現，對於一味主張古制者，高宗並不抱有好感。而對懂得因時制宜者，高宗亦不吝於給予讚美。舉例而言，春秋時，晉荀吳捨棄戰車，而以步卒取勝於北狄一事，便獲得高宗的讚賞，稱讚荀吳乃是懂得「審地利以致勝」之人。〔註83〕而對於不知審時度勢，惟以古制爲救國之方者，高宗或責以「迂拙」、「迂闊」，〔註84〕或諷爲「書生之見」，不一而足。如明世宗時，兵部侍郎劉天和倡以兵車守邊，高宗便言：

> 兵車雖古制，亦不過施於平原，彼此伎倆相等者耳。後世地利不同，用之即難取效。……況邊隅攻戰，全在精騎摧鋒，豈可轉以連車碍其馳騁，書生迂拙之見，眞不值一哂耳。〔註85〕

而在田法、錢法等攸關國計民生之事上，高宗亦不墨守成規，懂得順應時勢而爲。如隋文帝均田事，高宗便言：

> 古制不能復于後世，亦其勢使然。……隋季……地少人眾，思以均田裕衣食，貧者未贍，而富者先困，適足以病民耳。〔註86〕

不僅僅是因其反對均田制度，而是因爲就時勢而言，實不應實施均田制。

儘管在絕大多數的課題上，高宗皆不堅持非從古制不可。但與文化舊俗有關者，高宗則相當堅持其不可變異性。如北魏孝文帝改姓事，高宗便在御批中強烈指責孝文帝此舉：

> 魏孝文斷北語而改姓元，是亡其祖也。不惟失德，實非吉兆。其意必以爲法二帝三王之治也，夫二帝三王之治，豈在語言、姓氏、衣服乎。〔註87〕

孝文此舉，在高宗眼中可說與數典忘祖無異。

此外，高宗亦在遼主更換漢服事中再次重申上述論點。其在御批中表示：

> 遼……甫入大梁，即襲用通天絳紗……捐淳龐而狥浮譽，非開創所宜，抑且忘本不祥，天道厭之。……其後金、元皆惑迁生改正易服

〔註82〕《御批歷代通鑑輯覽》，卷100，頁3263，「御批」。
〔註83〕《御批歷代通鑑輯覽》，卷6，頁0182，「御批」。
〔註84〕《御批歷代通鑑輯覽》，卷101，頁3293，「御批」。
〔註85〕《御批歷代通鑑輯覽》，卷111，頁3554，「御批」。
〔註86〕《御批歷代通鑑輯覽》，卷47，頁1371，「御批」。
〔註87〕《御批歷代通鑑輯覽》，卷40，頁1167，「御批」。

之說，蔑棄舊章，亡不旋踵，讀史者不可不戒諸。〔註88〕

高宗在此則御批中，除了沿用了批判北魏孝文帝時所採用之基本論調外，更將「改正易服」一事，與道德批判和國家興亡作了相互連結。此一論點於高宗御製之〈皇朝禮器圖式序〉中亦可見之。〔註89〕

　　大體而言，制度類御批之內容，除反應了高宗在衣冠制度上的堅持之外，也包含了數則可供理解高宗在與外邦往來上，所抱持之中心思想為何。舉例而言，唐代於邊境地區設有馬市，每年與回紇市馬，然成效不彰。後改以金帛市馬，但「仍詔江淮馬價縑」。〔註90〕回紇食髓知味，每年所易之馬隨之增加，造成唐室的嚴重負擔。

　　針對此事，高宗以清廷、哈薩克間易馬事作為對照，批曰：

> ……今與哈薩克易馬，所司得差異良駑而均衡之，計市直不及內地
> 三之一，而絲織則令各織造平售官織，事不煩擾而公私利便。……
> 至此復為示其梗概，俾使讀史者知柔遠大經在挈其綱而善用之耳。
> 〔註91〕

由上引批文可知，對於此一修整過後之易馬制度，高宗可說不無自得。讀者亦可從中看出，對於外邦的控馭之道，高宗自有其心得存在。

## 四、對於歷史論述的評論

　　歷史論述一事，在《通鑑輯覽》是書之編纂過程中，佔有不可動搖的決定性地位。從該書凡例可知，舉凡正統偏安、進退褒貶等傳統史學核心價值之處，皆須經由清高宗之裁斷，方算告成。〔註92〕

　　而傳統史著之精神，正在所謂「一字褒貶，嚴於斧鉞」的著作宗旨之上。

---

〔註88〕《御批歷代通鑑輯覽》，卷69，頁2174，「御批」。

〔註89〕〈禮器圖示序〉：「……籩豆簠簋，所以事神明也。前代以盌盤充數，朕則依古改之。至于衣冠乃一代昭度，夏收殷冔，本不相襲。朕則依我朝之舊，而不敢改焉。恐後之人執朕此舉，而議及衣冠，則朕為得罪祖宗之人矣，此大不可。且北魏、遼、金以及有元，凡改漢衣冠者無不再世而亡。後之子孫，能以朕志為志者，必不惑於流言。于以綿國祚；承天祐，於萬斯年勿替，引之可不慎乎，可不戒乎。」清高宗，《御製文初集》，卷12，〈御製皇朝禮器圖式序〉。

〔註90〕〔唐〕白居易，〈陰山道〉，收錄於《全唐詩》第十三冊（北京市：中華書局，19996年），頁4705。

〔註91〕《御批歷代通鑑輯覽》，卷57，頁1717，「御批」。

〔註92〕《御批歷代通鑑輯覽‧凡例》

因此，歷史論述類之御批分析，對於研究清高宗的思想體系來說，實為不可或缺的一部份。

全書為筆者劃分於歷史論述類之御批共有一百二十五則，其中為《評鑑闡要》所轉錄其中者共有五十則。關於論述類御批於《輯覽》中的分佈情形，請參見下表（表2-3-4）。

表2-3-4：《通鑑輯覽》歷史論述類御批分卷一覽表

| 卷　數　別 | 《通鑑輯覽》收錄總數 | 《評鑑闡要收錄總數》 |
| --- | --- | --- |
| 第一至五卷 | 9 | 7 |
| 第六至十卷 | 9 | 2 |
| 第十一至十五卷 | 4 | 2 |
| 第十六至二十卷 | 1 | 1 |
| 第二十一至二十五卷 | 6 | 3 |
| 第二十六至三十卷 | 3 | 1 |
| 第三十一至三十五卷 | 7 | 3 |
| 第三十六至四十卷 | 2 | 1 |
| 第四十一至四十五卷 | 4 | 0 |
| 第四十六至五十卷 | 7 | 1 |
| 第五十一至五十五卷 | 12 | 4 |
| 第五十六至六十卷 | 13 | 5 |
| 第六十一至六十五卷 | 6 | 3 |
| 第六十六至七十卷 | 8 | 2 |
| 第七十一至七十五卷 | 10 | 5 |
| 第七十六至八十卷 | 5 | 3 |
| 第八十一至八十五卷 | 5 | 2 |
| 第八十六至九十卷 | 3 | 1 |
| 第九十一至九十五卷 | 4 | 1 |
| 第九十六至一百卷 | 3 | 0 |
| 第一百零一至一百零五卷 | 3 | 2 |
| 第一百零六至一百一十卷 | 1 | 1 |
| 第一百一十一至一百一十六卷 | 0 | 0 |
| 總計 | 125 | 50 |

資料來源：〔清〕傅恆奉敕撰，《御批歷代通鑑輯覽》一百二十卷（附明唐桂二王末四卷），台北市：新興書局影印出版，民國48年。

首先所必須加以澄清的是，分類於論述類之御批內容，並未包含討論編年統繫之正、進退褒貶是非、史料采取及人物入傳是否適當等相關御批。關於上開三項御批，將於第四章中另行討論，在此不另贅述。

從內容上來看，論述類御批的主要內容，在於高宗如何看待其他史家對史事及歷史人物所下的論斷，以及高宗如何評論可能符其意之歷史論斷。大體上來說，高宗對於自己在史學方面的學識具有高度的自信，〔註 93〕也因此並不在意對過往史家之史論加以批評。論述類御批於各分佈區間中之數量增減，或可視為高宗對史家對該段時間中所進行之史事論述的重視程度。

如蘇軾評論周平王若不東遷，仍可以形勢東臨諸侯，使其不敢貳心一語，便受到高宗的批駁。高宗在御批中指出：

> ……平王本非撥亂反正之才，并無奮發有為之志。縱使仍都豐鎬，亦惟苟安旦夕，終於不振而已。……且當時亦必有不得不遷之勢。〔註 94〕

在上引御批中，高宗從主觀和客觀的角度，分析了平王所面臨的局面。並依其所認識的平王個性，指出蘇軾論斷謬誤之處。類此依靠人心而進行的判斷，在《輯覽》中並不少見。

除就主、客觀層面進行評論外，如評論者所言與倫理綱常有所抵觸之處，也會受到清高宗的指正。如程子、方孝儒二人指責漢遼西太守趙苞舍母全城之事，高宗為趙苞進行辯護，批曰：

> 程子論趙苞而及徐庶，不知庶在當陽，與昭烈君臣之分未定，尚可言去。使庶處苞位，亦將捨郡全母乎？至方孝儒所云更非正論，彼既挾其母以要之，欲求兩全，勢必兩失。首鼠兩端者率用藉口。為苞計者，設計全城可也，進戰則太速矣。然終以死報母，則其節有可憐憫，而不可竟以不知義罪之矣。〔註 95〕

站在人臣與人子之間，高宗之所以願意肯定趙苞捨母而全城之舉，其主因在於趙苞後來以一死以報之故。在御批中可以發現，儘管高宗認為趙苞仍有「進戰太速」之瑕，然終以死報母，故認同其節仍屬可憫。

---

〔註93〕何冠彪，〈論清高宗自我吹噓的歷史判官形象〉，收錄於氏著《明清人物與著述》，頁 157。

〔註94〕《御批通鑑輯覽》，卷 4，頁 0105，「御批」。

〔註95〕《御批通鑑輯覽》，卷 25，頁 0698，「御批」。

而除蘇軾、程子、方孝儒等人外，胡寅、司馬光、尹起莘等人之論述亦多有遭到高宗批評修正之處存在。受責之由，或因評論失之寬厚、不明時勢，或是失卻立言大體所致。〔註96〕

大體而言，論述類御批之主要功能，僅在於反映高宗對於前人史論之看法，對於瞭解高宗之史學思想來說，僅輔助性質之用。

# 第四節　小　結

孟子曰：「盡信《書》，則不如無《書》。吾於〈武成〉，取二三策而已矣。」孟子之有此言，乃是基於一個簡單易懂的思考邏輯：「仁人無敵於天下，以至仁伐至不仁，而何其血之流杵也？」〔註97〕也就是說，孟子先行肯定了周武王身為至仁者的事實，接著再將商紂王安排在至為不仁之人的位置之上。既然「仁人無敵於天下」，那麼便不當有「血之流杵」的情形出現。因此，孟子對《尚書・武成》中的內容提出質疑，〔註98〕進而做出「盡信《書》，則不如無《書》」的評判。

從邏輯上來說，孟子的論述並不能算是錯誤，然而其實質上是屬於謬誤推論的一種，也就是所謂「自找前提的謬誤」。〔註99〕而在本章所討論之御批中，我們亦可以發現，清高宗的思緒與理路在部分情況下與上引《孟子》之言多有類似。

儘管如此，這並不妨礙考證類御批的存在價值。正如本章第二節所言，此類採用謬誤推論而建立之御批，反而反映了高宗在思想上的侷限性。高宗曾謂：「記載異辭」則「考史不若証傳」，「証傳又不若徵經」。〔註100〕高宗此

---

〔註96〕關於高宗評論三人史論之御批，請參見卷25，頁707、卷35，頁1029，以及卷60，頁1859等處之御批。

〔註97〕〔東漢〕趙岐等注，《孟子・盡心下》，收於《四部要籍注疏叢刊》（北京：中華書局，1998年）頁115。

〔註98〕《尚書・武成》云：「……罔有敵于我師，前徒倒戈，攻于後以北，血流漂杵。」孟子的看法是，既然周商此戰為一場一面倒的戰爭，那麼便不應出現血流漂杵一類的惡戰情形。因此《尚書》中的記載內容顯然與事實不符。

〔註99〕自找前提的謬誤（Petitio Principii），亦即所謂丐題（begging the question）。意指一個人僅以一原有的前提作為論據，以證明其說為正確。這種謬誤也就是先作結論，後找前提。參見柯比（Copi, Irving M.）著，張身華譯，《邏輯概論（Introduction to Logic）》（台北：幼獅出版，1972年），頁51。

〔註100〕《御批歷代通鑑輯覽》，卷6，頁161，「御批」。

語，正是一證。此外，這種根深蒂固的思考方式，並不能算是高宗的學識瑕疵。相反的，這反而有助於我們深入體會高宗的思想體系，並從而理解高宗的評論究竟所為何來。

而評論類御批之作用，正如同本章開頭所引用之〈御製重刻二十一史序〉文中所強調的，清高宗所希冀的是藉由廣刊傳布這些在官方指導下進行校讎的重刻版二十一史，以期達到「示勸懲」、「昭法戒」於讀者的目的。同樣的道理，透過編輯及彙纂《御批歷代通鑑輯覽》的過程，高宗得以重新詮釋過往的歷史事實，並進而建構一套屬於清廷官方，也就是清高宗自身的歷史解釋。

此一現象正好驗證了凱斯‧詹京斯所指出的重點。也就是說，所謂的歷史事實本身並不真是爭論的重點。有爭論的是在建構解釋時，伴隨事實而來的分量、地位、結合和重要性相互之間的作用力。〔註101〕

而在第三章及第四章中，透過對人物的評論，以及對高宗史學意識的探討，將可進一步說明其如何建立起一套專屬於清王朝的思考論述體系。

〔註101〕此段文字屬於個人對於詹京斯文字的認識，原文請參見凱斯‧詹京斯（Keith‧Jekins）著，賈士蘅譯，《歷史的再思考》（台北市：麥田，1996 年），頁 100。

# 第三章　君臣大節：御批中的道德論述

　　《荀子·君道篇》有言：「有亂君，無亂國；有治人，無治法。」[註1]
也就是說，荀子認為只有造成國家混亂的君主，並沒有會自行混亂的國家；
有能使國家安定的人才，但沒有一定能使國家長治久安的法治體系存在。進
一步釐清荀子之意可知，即便有再好的法治體系，在上位者用人不當的狀況
下，亦無從發揮作用。清高宗贊同荀子的看法，除在其即位前所撰寫之《御
製日知薈說》中表示：「人君之職，惟用人爲要，亦惟用人爲難。」外，[註2]
亦曾在同樣以收錄即位前文稿爲主的《樂善堂全集》中表示：

　　夫人君受天明命，……然一人之聰明有限……可不以用人爲急乎？
　　古之聖王，……惟其用得其人而已。……詩曰：「濟濟多士，文王以
　　寧」，書曰：「惟后非賢不乂」，苟人君知賢爲貴。……若曰用賢非難，
　　而得賢爲難，則是自畫矣。[註3]

在此論中，高宗再次強調「用人」一事在人君治理國家之中，乃是不可或缺
的一環，在上位者亦不能以無法得賢作爲自解。而在即位之後，清高宗於乾

〔註1〕　荀況，《荀子》，收於《景印文淵閣四庫全書》，第695冊。
〔註2〕　〔清〕清高宗御撰，《御製日知薈說》（原書名：《乾隆皇帝評點古今》）（長沙
　　　　市：湖南人民出版社標點本，1999年9月）頁7。
〔註3〕　《樂善堂全集定本·治天下在得人論》，卷三，收入清高宗御製詩文全集（一）
　　　　（臺北市：國立故宮博物院，民國64年）據武英殿刊本影印。英殿刊本《樂
　　　　善堂全集定本》係依乾隆二十三年上諭，由協辦大學士戶部尚書蔣溥等重加
　　　　校閱分擬所成。見同書卷首，〈上諭·乾隆二十三年〉及〈奏議·協辦大學士
　　　　戶部尚書蔣溥等謹奏〉。

隆元年（1736）年五月，再次於上諭重申此論：

> 自古有治人，無治法，而治人概不多得。譬如知縣賢，則一縣受
> 其福；知府賢，則一府受其福；督撫賢，則一省受其福。然而十
> 三省之督撫，已不能盡得賢能而任之，況府縣哉！惟在督撫時刻
> 以吏治民生爲念，不存爲己觀望之心，則朕之百姓庶乎稍有禆益
> 耳。〔註4〕

從此上諭中得知，高宗所欲求取的，足以協助治理天下者的標準，大致可以
「賢能」二字做一概括。就字面意義言之，「賢能」可以解釋成有德行，有才
能之意。如人君能任用德行、才能兼備之人，則能使吏治得到澄清，使百姓
生活有所改善。

　　如任用不得其人，無論政令再怎樣立意良善，亦無法保證在運作中不會
出現「胥吏侵漁」，或是「鄉保耗蠹」之情。〔註5〕所謂「弊由法生」，事務運
作之良善與否，惟在「經理之善與不善」之間而已。故謂：「有治人，無治法」。
〔註6〕但如必求「德才全備」之人而用之，則會陷入「人才告乏」而「職有所
曠」的窘境。因此，清高宗主張用人之法在於「量才以授職」，亦即根據人的
才能來授與官職，同時也要預先儲備適當的人才。如此一來才能使得朝廷所
能使用的人才不致出現匱乏，而國家事務亦無所荒廢。〔註7〕

　　而爲達此一目的，人君亦當「朝乾夕惕」、並時刻不忘「敬天勤民」，〔註8〕
方能達到「公以居心」、「虛以接物」、「寬以宥過」、「酌輕劑重」、「捨短取長」
的境界。〔註9〕

　　然而，清高宗在眾多御批之中，卻極少明確指出哪些君王或是人臣符合
其本身自訂的評判標準。相反的，高宗在絕大多數的御批中，皆是針對個人
的品德及行爲進行評論，並以負面表列的方式，指出歷史人物在歷史情境下
的行爲爲何不符合其判斷標準，而較少明確指出在何種情況下的何種行爲是
符合其評判標準的。

　　儘管如此，吾人仍可藉由排除高宗在御批中否定的相關事宜，進而反推

---

〔註4〕　《清實錄·高宗純皇帝實錄》，乾隆元年五月癸亥條，頁505。
〔註5〕　《御批通鑑輯覽》，頁1583，「御批」。
〔註6〕　《御批通鑑輯覽》，頁2645，「御批」。
〔註7〕　《御製日知薈說》，頁7。
〔註8〕　《御製日知薈說》，頁7。
〔註9〕　《御製日知薈說》，頁9。

得知，高宗理想中的君臣關係至少不應存在有哪些行徑，從而得知究竟哪些行徑符合高宗之認知標準，以及此類行為在哪方面上得到了高宗的認可。

在下文中，筆者將此類御批分做四節討論。在第一節中，將先說明本章所使用御批之分類標準，並在後文中進一步針對本章所使用之御批進行內容解釋與分析討論。

## 第一節　御批分類定義與說明

在總數一百一十六卷的《御批歷代通鑑輯覽》中，為筆者分類於人物評論類之御批共有五百九十四則，約佔全書所收御批總數的百分之三十。其中收錄數量超過三十五則之區間，分別落於第二十六卷至三十卷、第三十一卷至三十五卷，以及第一百零一至一百零五卷中。亦即東漢靈帝中平五年至獻帝建安四年、獻帝建安五年至東晉安帝義熙六年，以及明太祖洪武二十年至憲宗成化九年等三個區間。〔註10〕而在此五百九十四則御批中，為《評鑑闡要》所轉錄者共有兩百零一則，約佔《評鑑闡要》全書總收錄數的百分之二十六（見表 3-1-1 及圖 3-1-1）。

從資料內容來看，從東漢靈帝中平五年至晉安帝義熙六年是人物評論類御批第一個高峰期，正如同第二章第一節所言，當時局動盪不安時，評論的數量亦會隨之增加。此十卷中的歷史背景正是漢代消亡，傳統認定中的中原地區正準備進入與非漢民族長期混居的時期。在此種朝代快速興替，時勢渾沌不明的時刻，高宗在《通鑑輯覽》中對於東漢末年和三國時期的君王和臣子做出了深刻的批判。

而評論類御批的下一個高峰期則是第五十一卷至第六十五卷，也就是起於唐太宗貞觀十一年，至後梁太祖乾化二年止。此十五卷的內容，記載了唐代的兩大盛世和兩大亂事，對於盛世名相和紊亂朝綱之輩皆有明確的批判。最後一個明顯的高峰則是第一百零一卷至一百一十卷，也就是明太祖洪武元年至世宗嘉靖三十九年。在此十卷中，可以看見高宗對於針對明代的開國君主、將相、靖難前後諸人，以及張居正主政時期朋黨爭議的觀感。

〔註10〕《御批歷代通鑑輯覽・目錄》

表 3-1-1：《御批通鑑輯覽》人物評論類御批分卷一覽表

| 卷　　數　　別 | 《通鑑輯覽》收錄總數 | 《評鑑闡要》收錄總數 |
|---|---|---|
| 第一至五卷 | 9 | 7 |
| 第六至十卷 | 20 | 6 |
| 第十一至十五卷 | 26 | 7 |
| 第十六至二十卷 | 31 | 13 |
| 第二十一至二十五卷 | 20 | 13 |
| 第二十六至三十卷 | 36 | 20 |
| 第三十一至三十五卷 | 37 | 15 |
| 第三十六至四十卷 | 32 | 15 |
| 第四十一至四十五卷 | 27 | 8 |
| 第四十六至五十卷 | 21 | 6 |
| 第五十一至五十五卷 | 26 | 14 |
| 第五十六至六十卷 | 28 | 14 |
| 第六十一至六十五卷 | 28 | 13 |
| 第六十六至七十卷 | 20 | 7 |
| 第七十一至七十五卷 | 21 | 9 |
| 第七十六至八十卷 | 22 | 4 |
| 第八十一至八十五卷 | 29 | 7 |
| 第八十六至九十卷 | 25 | 5 |
| 第九十一至九十五卷 | 28 | 5 |
| 第九十六至一百卷 | 24 | 4 |
| 第一百零一至一百零五卷 | 37 | 9 |
| 第一百零六至一百一十卷 | 30 | 6 |
| 第一百一十一至一百一十六卷 | 17 | 3 |
| 總計 | 594 | 210 |

資料來源：〔清〕傅恆奉敕撰，《御批歷代通鑑輯覽》一百二十卷（附明唐桂二王末四卷），台北市：新興書局影印出版，民國 48 年。

　　就分類標準言之，人物評論類之御批，主要包含兩個不同的面向。一是針對較為抽象性質之道德層面所進行之論述，一是針對朝臣才幹及能力進行論述。

　　與道德層面相關之御批，其主要評論重點並不在於行為本身，而在於促成該項行為發生之思想意識之上。也就是說，此類御批所討論的是人物基於何種考量而做下決定，並針對該等考量進行論述，事件本身並不是其主要關心對象。

　　而在論述才能上，與道德層面之論述正好相反，高宗多舉實例為證，輔以自身論斷，將歷史人物的才能加以分類，並說明其認定標準。例如管仲何以僅為「霸佐之才」，〔註11〕謝安、王猛兩人，何者方是真正有能為國者等等。

　　在下文中，筆者擬分就人物評論類中的道德批判層面，以及才能論斷層面進行討論，並試著藉由綜合歸納的方法，探討清高宗對於人物判斷的綜合標準為何。而在第四節中，則將分就御批中言及君臣間上下往來，應對進退之御批加以討論及釐清，同樣藉由綜合歸納的方式，探討高宗心目中的理想君臣模式應為何種狀態。

**圖 3-1-1：《御批通鑑輯覽》、《評鑑闡要》人物評論類御批收錄數量長條圖**

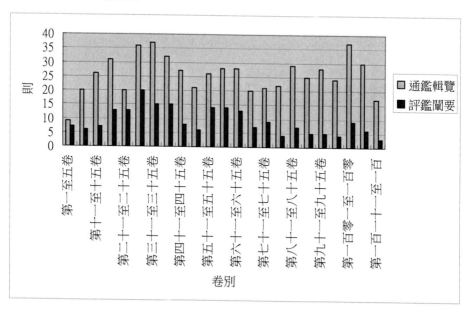

資料來源：〔清〕傅恆奉敕撰，《御批歷代通鑑輯覽》一百二十卷（附明唐桂二王末四卷），台北市：新興書局影印出版，民國48年。

---

〔註11〕《御批歷代通鑑輯覽》，卷4，頁0115，「御批」。

# 第二節　歷史人物之道德論述

在《通鑑輯覽》所收錄之人物評論類御批中，以道德層面作為評判主體的御批共有四百零二則，其中為《評鑑闡要》所轉錄者共有一百五十一則。（見表 3-2-1）

在本節中，筆者擬就此四百餘則御批進行分析與討論，論述重點將著重於討論高宗應用了哪些標準來分辨歷史人物的的歷史評價。而關於高宗如何重新進行對歷史人物評價的褒貶進退，在第四章另有專節論述，在此不擬詳述。

表 3-2-1：《御批通鑑輯覽》人物評論類道德層面御批分卷一覽表

| 卷　數　別 | 《通鑑輯覽》收錄總數 | 《評鑑闡要》收錄總數 |
| --- | --- | --- |
| 第一至五卷 | 3 | 1 |
| 第六至十卷 | 11 | 4 |
| 第十一至十五卷 | 7 | 2 |
| 第十六至二十卷 | 21 | 7 |
| 第二十一至二十五卷 | 14 | 10 |
| 第二十六至三十卷 | 20 | 11 |
| 第三十一至三十五卷 | 21 | 12 |
| 第三十六至四十卷 | 26 | 12 |
| 第四十一至四十五卷 | 19 | 7 |
| 第四十六至五十卷 | 14 | 5 |
| 第五十一至五十五卷 | 20 | 14 |
| 第五十六至六十卷 | 17 | 7 |
| 第六十一至六十五卷 | 17 | 9 |
| 第六十六至七十卷 | 16 | 6 |
| 第七十一至七十五卷 | 17 | 9 |
| 第七十六至八十卷 | 14 | 3 |
| 第八十一至八十五卷 | 24 | 5 |
| 第八十六至九十卷 | 20 | 4 |
| 第九十一至九十五卷 | 22 | 5 |
| 第九十六至一百卷 | 14 | 3 |
| 第一百零一至一百零五卷 | 25 | 7 |
| 第一百零六至一百一十卷 | 26 | 5 |
| 第一百一十一至一百一十六卷 | 14 | 3 |
| 總計 | 402 | 151 |

資料來源：〔清〕傅恆奉敕撰，《御批歷代通鑑輯覽》一百二十卷（附明唐桂二王末四卷），台北市：新興書局影印出版，民國 48 年。

　　藉由表 3-2-1 和圖 3-2-1，我們不難看出道德層面的御批，在數量的高峰期上與人物評論類御批的整體分佈趨向確有其相似性，不同的是，在整體分佈中較不明顯的第八十一卷至八十五卷，以及第九十一至九十五卷兩個區間，在單獨抽出道德層面的御批後，於圖表中顯得較爲突出。

　　就其時間背景觀之，此二區間分別是北宋末年的靖康時期，以及南宋最後的五十餘年。從御批內容觀之，高宗在此二時期針對宋金、宋元交替間的諸臣事蹟有著基於道德立場而爲之的諸多批語。除對未能盡節者做出批評外，奮勇殉身者亦多有好評。而就整體分配來看，涉及朝代易朔或戰亂之時，道德評論類的御批數量會有顯著的增加，此點與第二章所發現的情形並無二致。

**圖 3-2-1：人物評論類道德層面御批收錄數量長條圖**

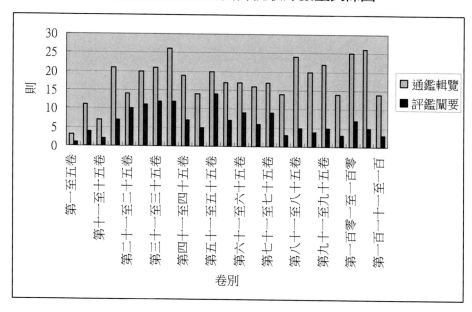

資料來源：〔清〕傅恆奉敕撰，《御批歷代通鑑輯覽》一百二十卷（附明唐桂二王末四
　　　　　卷），台北市：新興書局影印出版，民國 48 年。

　　清高宗曾於御批中表示，評論一人之行爲，當「必觀前後以誅其心，始無所遁詞。」，〔註12〕在此前提下，其對歷史人物之評價，並非皆是因其行爲正當與否而下判斷，而是依照其行爲背後的意識型態而進行的。不管行爲

───────────────

〔註12〕《御批歷代通鑑輯覽》，卷 104，頁 3420，「御批」。

屬於不正當，或是正當，皆可能受到清高宗的批判。以不正當的行為來說，《通鑑輯覽》對於周桓王十三年所發生的周、鄭繻葛之戰的相關記載即為一例。

　　眾所皆知，周室與鄭國關係本來極為親密，但自周鄭交質事件後，周室與鄭國間的關係便陷入緊張。《通鑑輯覽》於這場因鄭國擅割王畿之麥而起的繻葛之戰，記載如右：「十有三年，蔡人、衛人、陳人，從王伐鄭。」〔註13〕而依朱熹《通鑑綱目·凡例》之例觀之，可知《通鑑輯覽》在此事上是將鄭國視為叛亂份子對待。〔註14〕針對繻葛之戰，高宗御批批示如下：

　　繻葛之戰，春秋大變也。鄭於周室最親密迺，旬當率先諸侯，以奉
　　王命。乃因王昇政虢公，輒興師入寇，又拒王逆戰，無君之罪若矣。
　　故謂鄭莊為春秋之首惡也可。〔註15〕

從御批中可知，高宗之所以否定鄭國引發繻葛之戰的正當性，其主因在於鄭國「興師入寇」，且「拒王逆戰」。所謂「天下有道，則禮樂征伐自天子出；天下無道，則禮樂征伐自諸侯出。」〔註16〕鄭國作為周天子所分封的諸侯國，理應尊奉王室之命，方為正道。然鄭莊公無視天子權威，與王室交質已是大為非禮，且又進而興兵入寇王畿，並擅割王畿之麥，之後又於戰役中陳兵相抗，射傷天子，悖禮孰甚。因鄭莊公心中無君，故清高宗於御批中指莊公乃「春秋之首惡」。由此可知，高宗之所以認定鄭莊公為春秋首惡，其評判的標準乃是以君臣倫理為據。

　　而就正當行為而言，相類似的評判標準亦於《通鑑輯覽》於周靈王二十四年所記載之齊國政變相關記錄中見之。周靈王二十四年，齊國政變。大臣崔杼因齊侯私通其妻，憤而設計殺害齊侯光。崔杼在弒君之後，推戴靈公之子接掌齊國，並自立為齊相。而為有效掌控此時的政局，崔杼又在大宮（太公廟）會盟，先前枕齊侯屍而哭的晏嬰，此時一反先前的哀悼態度，仰天嘆曰：「嬰所不惟忠于君，利社稷者是與，有如上帝。」，〔註17〕而與盟之。

　　在此事上，晏嬰為自己辯護如下：

　　君死安歸？君民者，豈以陵民，社稷是主，臣君者，豈為其口實，

---

〔註13〕　《御批歷代通鑑輯覽》，卷4，頁111。
〔註14〕　《御批資治通鑑綱目·凡例》
〔註15〕　《御批歷代通鑑綱目》，卷4，頁111，「御批」。
〔註16〕　〔魏〕何晏等注，《論語·季氏第十六》，收於《四部要籍注疏叢刊》，頁181。
〔註17〕　《御批歷代通鑑輯覽》，卷6，頁0177。

> 社稷是養。故君爲社稷死，則死之；爲社稷亡，則亡之。若爲己死
> 而爲己亡，非其私暱，誰敢任之？〔註18〕

儘管晏嬰表示自己之所以不死君難，乃是因爲齊侯並非爲社稷死，亦非爲社
稷亡。故晏嬰爲社稷著想，不與其難。儘管其所言不爲無據；所行也難言不
當，但高宗仍對晏嬰此一行爲表達了高度不認同的看法。清高宗在御批中明
白表示：

> 晏嬰固有可取者，然既與盟又游其詞。光雖失德，獨非其君哉？如
> 云不與其禍爲是，則太史氏之書爲非歟？〔註19〕

從御批中可以看出，儘管高宗並不否定晏嬰此人尚有其他可取之處，但卻認
爲人臣殉死人主之難，在君臣義理上是一項無法逃避的責任。故曰：「光雖
失德，獨非其君哉？」在此一事情上，高宗同樣以絕對的君臣倫理作爲判斷
依據，否定了晏嬰爲自己辯護之言。是以晏嬰雖不無可取之處，仍爲失德。

　　從大體上來說，上引兩則史事之所以受到高宗的嚴厲指責，其主因仍在於
鄭莊公和晏嬰二人皆未能符合高宗對於君臣紀綱的要求。莊公以諸侯凌逼天
子，其被咎並不令人感到意外。然而晏嬰之舉亦爲高宗所咎，則不免涉有誅心
之嫌。

　　就個性上來說，高宗其人生性甚易激動，在好惡評斷之間往往會有抑揚
過甚的情形存在。〔註20〕反應在其歷史人物評論上，儘管高宗自有一套標準
存在，然或抑或揚，有時只是其本人一念間之事，進而形成專以一己私意揣
摩作爲主要論述依據的情形。此一情形便是誅心之論之所以在《通鑑輯覽》
中無處不見的主因。

　　在第七卷中，高宗對周敬王二十七年，衛侯夫人欲立公子郢，而公子郢

---

〔註18〕 《左傳》襄公二十五年（《十三經注疏》本），頁619。
〔註19〕 《御批歷代通鑑輯覽》，卷6，頁0177，「御批」。
〔註20〕 馬起華在研究清高宗朝之彈劾案中指出，高宗對於受彈劾者的處分程度往
　　　　往會依其個人情緒狀態而有所不同，抑揚過甚的情形時有所見。詳見馬起
　　　　華，《清高宗朝之彈劾案》（台北市：華岡出版部，民國63年4月），頁21
　　　　～22。又如成湯祈雨，高宗否定成湯犧牲一己之說。其剪髮斷爪之舊說，
　　　　高宗認爲皆不可信。蓋成湯乃聖人也。此一論述乍看之下合理，但細究則
　　　　可看出，高宗並未提出成湯爲何是個聖人的相關論證。類似情形亦於光武
　　　　因識讖而即位改元事中見之。清高宗對於天象異變及祥瑞紀事皆無好評，
　　　　對於篤信天象、識讖之帝王亦無好評。然於光武之事則替光武設言解脫。
　　　　高宗評論人物之出于一心，由是可知。關於成湯祈雨事詳見第二章史事考
　　　　證部分。光武信識讖則請參見《御批通鑑輯覽》，頁0547及該頁御批部分。

辭讓事做出以下評論：

> 郢之辭蓋明知外削內轍，勢不能安。若復立于夫人之手，亦必見制
> 於彼，非欲明退讓之節，如吳季札比也。〔註21〕

同樣是辭讓不願受立，季札讓國被清高宗許爲「超然遠引」，〔註22〕公子郢卻
被指爲明知「勢不能安」而被迫讓國。一進一退，差之何止千里？

類似的論述邏輯亦可見於第十六卷，壺關的鄉三老〔註23〕令狐茂上書分
辯太子劉據殺江充事。令狐茂書曰：

> 臣聞，父者猶天、母者猶地、子猶萬物也。故天地平地安，物乃茂
> 成；父慈母愛，子乃孝順。……江充……銜至尊之命以迫蹙皇太
> 子。……太子……冤結而無告……子盜父兵，以救難自免耳。臣竊
> 以爲無邪心……竊痛之書奏。〔註24〕

對於令狐茂爲太子請命之言，高宗在御批中進行了嚴厲的駁斥：

> 太子而反，天下大變也。子盜父兵，殺讒者尚可。合戰五日何爲者？
> 而壺關三老上書辨其冤，所謂亂民之尤。彼必陰有以窺武帝畧悔之
> 意，覬太子之復位居首功耳。人情險巇。吁可畏哉。〔註25〕

令狐茂認爲，太子借父兵之舉，主要目的只在於維護自身安全而已，並無其
他不良意圖存在。但是高宗反對此一觀點，指出太子借兵殺讒者（江充）尚
在情理之內，但之後又與武帝合戰五日是爲何而來？基於此一疑點，高宗無
法認同令狐茂爲太子劉據辯護的理由。至此爲止，御批論述都尚有理有據，
不見私意。但高宗後續之言，並未提出其他的佐證，便直言令狐茂爲太子辯
護的行徑，有陰觀武帝畧悔之意的嫌疑，其目的則是在謀求太子復位後能被
視爲擁戴首功。並以此作爲「人情險巇」的證明。然觀其前後記載，並無實
據足以推知令狐茂有覬太子復位之首功的企圖存在，且鄉三老一職，亦不屬
於中央權力核心的一員。高宗此言，實爲誅心之論。

　　類此直指人心私隱層面之御批，亦見於春秋時魯相公儀休拔葵去織之

---

〔註21〕《御批歷代通鑑輯覽》，卷7，頁0207，「御批」。
〔註22〕《御批歷代通鑑輯覽》，卷6，頁0170，「御批」。
〔註23〕鄉（縣）三老，名稱是吏，又不純屬於吏，實際上是漢代朝廷控制鄉村勢力
　　　　之基層管理系統的職位之一，任職者通常皆爲地方上有一定代表能力之人。
　　　　參見陳明光，〈漢代「鄉三老」與鄉族勢力蠡測〉，《中國社會經濟史研究》，4
　　　　（廈門大學，2006），頁9～13。
〔註24〕《御批歷代通鑑輯覽》，卷16，頁0422。
〔註25〕《御批歷代通鑑輯覽》，卷16，頁0422，「御批」。

舉。公儀休此舉向來為人所稱道，然高宗對此不表贊同。高宗表示，公儀休「吾已食祿，又奪園夫紅女利乎」〔註26〕之言固為得體，然「拔葵猶可」，因家有織帛即「怒而出妻」，實為矯情之舉。〔註27〕既為矯情而非實心之舉，自然不能得到高宗的讚許。

　　除此之外，在評論鄧隲辭列候不受事時，高宗亦採用了同樣的評斷標準。他在御批中表示：

> 鄧隲於后族中尚稱賢者。然，後為大將軍，本無大功，王主以下，候望於道，光震都鄙，又何為者。則此辭讓亦不過矯情好名之譽耳。不可謂真賢也。〔註28〕

上引御批與評論公儀休之御批，其不同之處在於公儀休是因為行為不合常情而遭到高宗認定為「矯情之舉」。而鄧隲之事則是因為其前後行為不一，因而遭致批評。以高宗的看法來說，既然鄧隲已有辭謝封侯用以表現自身謙讓之舉，日後便不當有接受諸王以下候望於道的誇耀行徑出現。既有此一誇耀行徑，則可見先前辭讓列侯封賞的行徑並不完全符合鄧隲的本性。因此，鄧隲此舉遂被高宗指責是「矯情好名」，而不被視為是真正的賢能者。

　　從上引御批中可以發現，清高宗在人物品行評斷上，亦將人物作為是否前後一致，視為是評斷人物上的重要評斷標準之一。此類御批在《輯覽》中所在多有。如東漢靈帝建寧二年，黨錮之禍大起，張儉等人四散逃刑事，高宗對張儉等人行徑亦不表贊同。其於御批中表示：

> 張儉亡命，跡類岑晊，〔註29〕故馥之責儉與賈彪之拒晊所見頗正。夫平時既以名士自處，罪不逃刑之義尚不能守，其名又何足稱。卒致望門投止，連染無辜，不亦鄙哉。〔註30〕

高宗認為，張儉亡命天涯，諸人競相收容之情事與岑晊逃亡為眾人收容事是相一致的。職是之故，賈彪閉門不納岑晊，並斥責其「要君致釁，自遺其咎」的論點，亦可一體適用於張儉之事。此外，「事不辭難、罪不逃刑」乃為臣

---

〔註26〕《御批歷代通鑑輯覽》，卷8，頁0227。
〔註27〕《御批歷代通鑑輯覽》，卷8，頁0227，「御批」。
〔註28〕《御批歷代通鑑輯覽》，卷23，頁0627，「御批」。
〔註29〕岑晊，字公孝，棘陽人。曾受弘農太守成瑨徵辟為功曹，生卒年不詳。因黨錮之禍而有逃竄之行。賈彪責其以要君致釁，自貽其咎。見《後漢書‧黨錮傳》及《御批資治通鑑綱目》卷11。
〔註30〕《御批歷代通鑑輯覽》，卷25，頁0693，「御批」。

之節。張儉平日與眾人聲相標榜，事到臨頭時卻不能守此大節，四出投奔，故爲高宗所鄙視。由此可見，名實是否相符，實爲高宗在評斷人物時的一大指標。

與張儉等人所受評價正好相反，東漢獻帝興平二年，東郡太守臧洪爲袁紹所執，不受招降而爲袁紹所殺。高宗對臧洪所爲大爲讚賞，認爲：

> 洪守東郡，事跡頗類唐張巡，其答陳琳云云，義正而詞嚴，慷慨有烈士風，終能死不失節，可謂言行相顧之士。〔註31〕

與張儉等人相較之下，高宗認爲臧洪力求袁紹發兵以救雍丘之圍，求救不成便與袁紹斷絕交通，並且與袁紹死戰不降的行爲，可說是言行相顧之舉。臧洪因此而得到了清高宗的認可。

## 第三節　歷史人物之能力論述

除了表 3-1-2 所介紹的，以人物行爲背後之行爲意識作爲評論主旨之御批外，人物評論類御批中，亦有以人物的「才能」作爲評價主旨之御批存在。此類御批共爲一百九十一則，爲《評鑑闡要》所轉錄之御批則爲五十五則。（見表 3-2-2）。

在上節中所論之御批皆爲抽象層面上的道德論述，其中心主旨並不在於分析或是論述受評論之歷史人物作了些什麼，而是著重於這些行爲是否符合清高宗心目中的倫理綱常。符合者則予以嘉勉，不符合者者則加以駁斥。

關於本節論述御批之分佈情形，詳見下表。

表 3-2-2：《御批通鑑輯覽》人物評論類才能層面御批分卷數量一覽表

| 卷　數　別 | 《通鑑輯覽》收錄總數 | 《評鑑闡要》收錄總數 |
|---|---|---|
| 第一至五卷 | 6 | 6 |
| 第六至十卷 | 8 | 1 |
| 第十一至十五卷 | 19 | 5 |
| 第十六至二十卷 | 11 | 6 |
| 第二十一至二十五卷 | 6 | 3 |

〔註31〕《御批歷代通鑑輯覽》，卷 26，頁 0733，「御批」。

| | | |
|---|---|---|
| 第二十六至三十卷 | 16 | 9 |
| 第三十一至三十五卷 | 16 | 3 |
| 第三十六至四十卷 | 6 | 3 |
| 第四十一至四十五卷 | 8 | 1 |
| 第四十六至五十卷 | 7 | 1 |
| 第五十一至五十五卷 | 6 | 0 |
| 第五十六至六十卷 | 11 | 7 |
| 第六十一至六十五卷 | 10 | 4 |
| 第六十六至七十卷 | 4 | 1 |
| 第七十一至七十五卷 | 5 | 0 |
| 第七十六至八十卷 | 8 | 1 |
| 第八十一至八十五卷 | 5 | 2 |
| 第八十六至九十卷 | 5 | 1 |
| 第九十一至九十五卷 | 6 | 0 |
| 第九十六至一百卷 | 9 | 1 |
| 第一百零一至一百零五卷 | 11 | 2 |
| 第一百零六至一百一十卷 | 5 | 1 |
| 第一百一十一至一百一十六卷 | 3 | 0 |
| 總計 | 191 | 55 |

資料來源：〔清〕傅恆奉敕撰，《御批歷代通鑑輯覽》一百二十卷（附明唐桂二王末四卷），台北市：新興書局影印出版，民國48年。

透過表 3-2-2 和圖 3-2-2，可以發現能力層面之御批主要集中在第十一卷至第十五卷，以及第二十六卷至三十五卷此二部分。亦即秦始皇二十六年至漢武帝元狩六年，以及東漢靈帝中平五年至晉安帝義熙六年兩大部分。此一特色與第二章各表，以及本章前列各表均存有類似特色。也就是說，時勢局面變動較為劇烈時，人物的舉止便容易受到著史者的較大關注。對於清高宗來說，歷史人物的能力高下，會對當下的歷史情境有所反映或是影響。職是之故，在此種情形出現時，御批的數量亦會隨之增加。

### 圖 3-2-2：人物評論類能力層面御批收錄數量長條圖

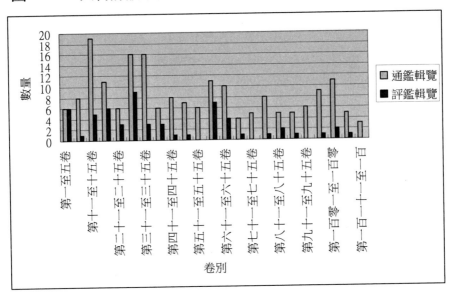

資料來源：〔清〕傅恆奉敕撰，《御批歷代通鑑輯覽》一百二十卷（附明唐桂二王末四
卷），台北市：新興書局影印出版，民國 48 年。

　　上表中之御批，其內容主要在於檢討過往對於歷史人物的才能評價。在
此一百九十一則御批之中，受到高宗重行加以評價之對象，包含了春秋戰國
以降的諸多君王將相，內中亦不乏赫赫有名如管仲、諸葛亮、謝安之流者。
通過御批的褒貶，高宗對於過往史論對此類人物在才能上的評價有了新的見
解。反映在評論內容上，則包括了器量、用人、識人……等諸多雖然難以量
化，但仍舊可舉實例加以說明的項目。事實上，才能二字包含了相當廣泛的
實質性內容，故也只能通過如上所述之實質性內容，方能指陳一二。

　　所謂器量，一指容量，一指一個人的才識、度量。用在本文之中，則是
引用後者之義。清高宗對歷史人物的器量評斷，並不一定採用與前人一致的
觀點加以論斷。舉例來說，蘇洵曾為文斥責管仲在死前未曾薦賢自代，以致
豎刁等人得以主政。高宗反對此一看法，並在御批中表示：

　　蘇洵以管仲不能舉賢自代責其，不知似矣。然仲之疾未嘗不薦隰朋，

　　而朋之才又不及仲，縱不死亦不能去豎刁、易牙、開方，況其死耶。

　　《左傳》記寺人貂漏師于多魚，何不即于此時誅貂，貂誅則易牙不

　　能進，而開方去矣，仲豈見不及此？毋亦慮桓公之不己聽，而反聽

貂以斥己耶。所以爲器小，所以爲霸臣。〔註32〕

在上引御批中，高宗並未否定管仲自身之才能。事實上，高宗亦曾在他則御批中認同管仲的諸多變法措施，肯定管仲的作爲乃是具「強兵霸佐之才」者所應當爲。〔註33〕但也正因管仲之才僅爲「強兵霸佐」之才，故於進言時優先考量的不是「國家利益」，而是自身之言是否見用。此種以確保自身退路爲優先考量的行徑，自然只能得到高宗的負評。

同樣因此原因而遭受負評者，並不僅侷限於管仲一人，類此之例亦於南宋見之。南宋高宗建炎三年六月，因陰雨不斷，故詔郎官以上言闕政。時爲司勳員外郎的趙鼎，上疏陳言，認爲時政之闕，莫大於未撤王安石之配享，以及蔡京之黨未除。趙鼎力持此議，表示今日之患，皆始於王、蔡二人，故莫有比除去二人影響更爲要緊之務。

清高宗對於趙鼎此疏不表贊同，其於御批中表示：

> 王安石、蔡京，變法流毒，固宋室致病之由。但至高宗南渡……，朝不保暮，……趙鼎……實迂緩而不切於事。即如其言，……又豈遽能靖外患而維國本乎？鼎固南宋明臣，此疏實不免書生膚末之見。抑仍門戶排斥之私耶。〔註34〕

就御批內容言之，可知高宗並未否認後人給予趙鼎的評價，也沒有否定趙鼎批評王安石、蔡京二人之言。但是高宗認爲當時乃是一「朝不保夕」之局，趙鼎此言實未切實際。故責鼎言爲「書生膚末之見」。

而與上引之例正好相反，楚漢相爭時，劉邦欲以項羽背約爲攻擊之由，卻因蕭何勸諫而止。蕭何表示，此時的當務之急在於養漢中之民，收其賢人以爲己用。平定巴蜀，還定三秦，則天下可圖也。清高宗對蕭何此諫大爲讚賞，認爲：

> ……蕭何於漢王失職憤怒時，首言養民致賢，其識有大過人者，烏可以刀筆吏少之。〔註35〕

將高宗對蕭何的讚賞，與高宗對管仲、趙鼎兩人的批評放在一起比較，則可輕易看到，究竟是何因素決定了兩者間的差異。在評價管仲之時，清高宗明

---

〔註32〕《御批歷代通鑑輯覽》，卷4，頁0131，「御批」。
〔註33〕《御批歷代通鑑輯覽》，卷4，頁0115，「御批」。
〔註34〕《御批歷代通鑑輯覽》，卷84，頁2691，「御批」。
〔註35〕《御批歷代通鑑輯覽》，卷12，頁0300，「御批」。

白指出管仲身爲大臣，卻未站在大局思考，因此給予管仲器量狹小的評語。而在對蕭何的評價上，由於蕭何展現了寬闊的思考模式，懂得站在大局著想，因此而獲得高宗的大加讚賞，認爲不可因爲蕭何的出身而加以輕視。

由上文可知，高宗人物才識器量之評論，喜由大處著手。歷史人物對於某事的判斷越能由大處著眼，越能獲得清高宗的青睞。而能否從大局思考之能力，或可姑且視之爲人物所具有的規劃能力。在此能力上表現越好者，越容易得到高宗的讚賞，反之亦然。〔註36〕

除規劃能力外，高宗也相當重視歷史人物在知人與用人上的能力表現。除在《日知薈說》中強調「人君之職，惟用人爲要，亦惟用人爲難。」〔註37〕外，亦在《通鑑輯覽》中對歷代君王將相的用人和知人能力多有以批文指正之處。如爲君者識人不清，或有用人處置不當等情事，高宗大都毫不留情的加以指責。不是直指該人無能昏瞶，就是稱其愚甚。〔註38〕

如明代燕王靖難之事，惠帝命李景隆領兵與燕王戰於白溝河，李景隆先勝後敗，奔返德州。然惠帝僅召其還朝，對喪師之過置之不問。高宗認爲：

> 李景隆……庸怯無能，又復心存娟嫉。……核其縱敵負國之罪，實當亟正刑章。乃惠帝僅召還朝，而練子寧等連疏糾彈，竟爾置之不問。殆金川失守，景隆遂首出迎降。惠帝之庸，於此益見矣。〔註39〕

此則御批便是以君主用人得當與否來評價君主才能的例證之一。

類似的批語亦見於漢景帝下周亞夫獄事，高宗評論景帝此舉，認爲周亞夫正是賈誼所謂，「可以託不御之權」者，景帝下周亞夫獄，而取除醇謹以外別無其他長處之衛綰，實在難以認爲景帝具有「知人之明」。〔註40〕同樣的，高宗對於可於漢武帝遺命霍光等人輔政一事上，亦對武帝的看人眼光有所質疑。

武帝後元二年二月，漢武帝於五祚宮遺命弗陵爲皇太子，霍光等人輔政，後崩。《通鑑輯覽》於此事下，注有上官桀何以見寵於武帝之故。高宗針對該小注批曰：

〔註36〕 如張柬之等即因未能妥善處置誅除誅武事，因而爲高宗下了一個實爲無定識定力者的考語。參見《御批歷代通鑑輯覽》，卷53，頁1576，「御批」。

〔註37〕 《御製日知薈說》，頁7

〔註38〕 如曹叡屢試而後疏劉曄事、唐代宗激成僕固懷恩之反事等皆爲例證。此二事可分參《御批歷代通鑑輯覽》，卷28，頁793，「御批」。以及卷56，頁1702，「御批」。

〔註39〕 《御批歷代通鑑輯覽》，卷101，頁3312，「御批」。

〔註40〕 《御批歷代通鑑輯覽》，卷14，頁0373，「御批」。

上官桀以辯給免過耳，武帝遂信之至於託孤，宜其後日不終所事也。

然霍光、金日磾非武帝特識之人乎？故武帝所為，有大過人者，亦有大不可解者。〔註41〕

儘管高宗在上文所引用的兩則御批中，並未如同評論明惠帝一般地直接以「無能」或是「庸懦」等詞加以描繪，但仍可看出高宗對於宣帝和武帝在識人能力上的質疑。

除高度要求為君者必須要有識人之明外，高宗對於懂得推薦賢才的朝臣亦不吝惜給予讚賞。如其在評論河南守吳公推薦賈誼事上，便直接稱讚吳公為「不蔽賢者」，認為吳公此為實不愧為漢代循吏之始，可謂「上德不德」者也。〔註42〕

除去規劃能力及用人、識人兩大方面外，高宗亦常以其他事務上之成就來評斷一個人的才能。如光武燒謗書，高宗許其出於機先，認為此舉「以視高祖雖大小不倫，然精麤有間。」〔註43〕又如評價唐太宗之軍事才能，稱其為「天授」而非「人力」〔註44〕亦是一例。

綜合來看，作為一名評論者，高宗在評價人物的態度上和用人的標準可說是公允且持平的。然而，此一公允和持平有其最高的指導原則在，如果歷史人物之作為抵觸此一原則，必然會受到高宗的譴責和批評。此一原則亦可於御批中窺知端倪。

## 第四節　君臣規範要求

作為一部在傳統政治體系中的最高指導者親自批閱下而完成的綱目體史書，《通鑑輯覽》之主要編輯目的，在於使此書之預設讀者於觀書後能「凜天命之無常」，知「統系之應守」。〔註45〕故，該書的評論標準多以倫理綱常為據。針對人物評論而言，此一情形尤其明顯。

在第二節及第三節中所論之御批，討論層面主要集中於人物的道德層面及行為層面。而在分析清高宗對於人物道德層面論述時，筆者亦曾述及高宗

〔註41〕《御批歷代通鑑輯覽》，卷16，頁0425，「御批」。

〔註42〕《御批歷代通鑑輯覽》，卷14，頁0347，「御批」。

〔註43〕《御批歷代通鑑輯覽》，卷20，頁0542，「御批」。

〔註44〕《御批歷代通鑑輯覽》，卷48，頁1418，「御批」。

〔註45〕《御批歷代通鑑輯覽・御製序》

評論人物之行爲，並不論其正確與否，而是以其行爲背後之意識型態是否正確而爲之。凡行爲與倫理綱常抵觸者，雖其人確有功業足稱之處，亦難逃貶責。管仲、諸葛亮、趙鼎等可爲例證。

具體言之，高宗所抱持之倫理綱常標準約可簡化爲三點，筆者將在下文中一一分而述之。

## 一、御下失度與國之紀綱

孔子曰：「君君、臣臣、父父、子子」，是爲傳統三綱五常思想之始。〔註46〕韓非子進一步發展此一思想體系，認爲「天下皆以孝悌忠順之道爲是也，而莫知察孝悌忠順之道而審行之，是以天下亂。」又言：「臣聞，『臣事君，子事父，妻事夫，三者順則天下治，三者逆則天下亂。』此天下之常道也。」〔註47〕依《韓非子》所言，君臣間若能建立符合綱常的良善互動關係，則天下方得以大治。依此類推，若君臣之間無法建立起此種良善關係，則天下必爲不治。因此，高宗對於史事中之君臣關係極爲重視，並於御批中多次針對君臣上下綱紀發表看法。

如唐肅宗朝，李輔國矯詔逼遷上皇（玄宗）於西內（太極宮）事即爲一例。在此事中，李輔國矯詔於先，然肅宗事後卻對輔國置而不問，清高宗針對肅宗此舉批曰：

> 輔國請遷上皇，肅宗初未之許，輒矯上語行之，此豈素服請罪所可了事。肅宗乃不責以大義，治以國法，……是不但無以爲子，亦不成其爲君。尹起莘所謂寄生，非苛論也。〔註48〕

從御批中可知，高宗對此事之著眼點有二，一是爲臣子者以勢凌逼君父、二是肅宗對此事置而不問。以臣子凌逼君父，有違「臣事君」之義。肅宗不問，顯於孝道有失，於「子事父」上亦難言圓滿。且肅宗身爲天子，明知臣子無君父之行卻無意加以整治，反以甘語對之，更是對君臣紀綱的嚴重傷害。因此，高宗在御批中同意尹起莘的評論，對肅宗的作法提出批評。

基於此理，清高宗也反對儒臣在起草詔旨時，暗合自身意志於內之舉。其於御批中表示：

---

〔註46〕〔魏〕何晏等注，《論語・顏淵第十二》，收於《四部要籍注疏叢刊》，頁53。
〔註47〕《韓非子・忠孝第51》，收於《景印文淵閣四庫全書》，第729冊。
〔註48〕《御批歷代通鑑輯覽》，卷56，頁1690，「御批」。

> 黜陟褒貶，權出自上。宣達意旨，本不煩緣飾多詞。唐宋儒臣草制，
> 或溢美以市諛；或醜詆以洩忿，或且公受饋遺，謂之潤筆。褻王言
> 而辱國體，莫此爲甚。相習成風，恬不爲怪。如林希……敢於陰斥
> 宣仁，……所以致此，則當時爲人君者豈能辭其責哉。〔註49〕

此則御批包含了兩個層面。首先，高宗在此再度重申，天子之事不容臣下置
喙。矯詔自是不可，但於草詔時溢美或是醜詆亦是不可。天子之權，只能由
天子行之。李輔國、林希等所以受責，原因在此。

　　而在另一個層面上，天子未能捍衛自身權限，任由爲人臣者恣意侵奪，
亦是不可。是以，肅宗置輔國矯詔不問，高宗責之；哲宗未能控制當時草詔
濫習，高宗亦責之。事或有二，其情其理同一也。由是可知，高宗並不認爲
只有爲臣者有維持上下綱紀的必要性存在，爲君者更有積極維護的必要性
在。就明建文帝裁抑諸藩事觀之，更可進一步得知高宗的想法。

　　高宗對建文裁抑諸藩事，御批如下：

> 《傳》稱寬則得眾，《書》云寬而有制，二者不可偏廢。必有制，然
> 後可行其寬。建文寬則寬矣，安能有制哉？及至削諸藩似乎有制矣，
> 而以冒昧行之，仍屬無制。則知其寬不過柔懦無能之寬，而非有制
> 之寬也。〔註50〕

將上引御批與高宗評論肅宗置李輔國不問事，以及評論儒臣草詔與上意不合
之御批加以比較，可以發現前者所關注的焦點在於上下關係的破壞，以及天
子是否有盡到維護綱紀之責。而後者之焦點則在於建文帝本身才能的缺乏上。

　　高宗曾言：「治天下之道，貴在得中。故寬則揪之以猛，猛則濟之以寬。」
〔註51〕此判語放在君臣關係上進行解釋，則知爲上者不可一味從寬而失之制
衡。上引御批除指出建文帝缺乏制御之才能外，亦反映高宗對於君主應如何
有效地進行統御的一個看法。

## 二、立言之體與進退風範

　　大體言之，高宗在綱紀問題上偏重於爲君者的層面，略微重於爲臣者的層
面。但並不表示高宗忽視，或是較不在意爲臣者對於倫理綱常維護的必要性。

---

〔註49〕《御批歷代通鑑輯覽》，卷79，頁2526，「御批」。
〔註50〕《御批歷代通鑑輯覽》，卷101，頁3299，「御批」。
〔註51〕《清實錄・高宗純皇帝實錄》，雍正十三年十月壬申條，頁227。

事實上，高宗的論述標準主要是以國家利益作為最優先的論述前提。因此，除了在御批中多次指出哪些情形屬於為君者有失統御之道，高宗亦不吝其煩的將為臣者行為舉止與臣道不合處加以指摘，以正觀者視聽。在御批東晉簡文帝遺詔桓溫居攝監國一事，可為例證。

在此事上，簡文帝先是遺詔桓溫，命其依周公居攝事行之，又以「少子可輔者，輔之。如不可，君自取之」之言許之，此言立刻引起朝臣王坦之的反對。王坦之持詔入殿，於帝前毀詔諫曰：「天下者，宣元之天下，陛下何得專之。」簡文帝遂命王坦之改詔，詔曰：「家國事一秉大司馬，如諸葛武侯、王丞相故事。」而在簡文帝駕崩後，群臣仍欲依前詔，諸事皆奉大司馬處分之，然王彪之力阻此議，遂不得行。〔註52〕

高宗認為謝安在此事上的立場曖昧不明，與其聞望並不匹配，故在御批中表示：

> 簡文居攝之詔，……當時謝安竟未有所匡正，想亦在請須大司馬處
> 分之列耳。……聞望之不足憑如此。〔註53〕

從御批中可知，高宗認為在上位者之命不合情理之狀況下，為臣者理應站在為君為國之立場，出言反對方為正理。而謝安乃一時眾望所歸，於此事上具有出言匡正之責，然其竟未依正理而行，遂被高宗評為「聞望不足為憑」。

同樣的評斷亦可於高宗評論東漢司空周章自殺事中見之，高宗對此事的御批如下：

> 清河之立雖太后之私，然章為大臣，爭之可也。爭之不從，合外廷
> 共立平原王可也，無密謀誅人及廢后之理。其心雖近忠，其蹟實為
> 亂，非人臣正道。劉友益謂其死自取，當矣。〔註54〕

在御批中，高宗明確指出了周章此舉之所以不當，乃是因為周章身為大臣，理當力爭。力爭不可，合外廷之力另立他人亦可，但密謀廢立是絕對不被允許的。道理相當明顯，廢立之舉，有違臣道。

上引御批所評論之重點，簡而言之，只在於進言二字。清高宗曾於《日知薈說》中言及：

> 君子信而後諫，可謂知進言之道矣。蓋君臣一德，上下志通，然後

---

〔註52〕《御批歷代通鑑輯覽》，卷33，頁0968。
〔註53〕《御批歷代通鑑輯覽》，卷33，頁0968，「御批」。
〔註54〕《御批歷代通鑑輯覽》卷23，頁0629，「御批」。

可繼都俞吁咈之盛而致治於熙皞。故人君聽言之道固不可懈，而為

臣者亦當思所以善進其言之道焉。〔註55〕

對於高宗來說，為人君者當善聽進言，而為人臣者為回應君主之善聽，則應
亟思其進言之道，以期達到上下志通的境界。而在《通鑑輯覽》中，涉及進
言之御批多為負面評價，少有加以稱許者。即有稱許，也少有不帶批評者。

　　舉例言之，南北朝時期，宋將軍謝述上表乞貸張劭之死，於宋主首肯後，
告訴自己的小孩：「若此跡宣布，則為侵奪主恩」，遂於其子面前焚燬該表之
稿。高宗對謝述此舉給予肯定，但仍認為此舉不無惋惜之處。其於御批中表
示：

亟焚其表，可謂得人臣事君之義。所惜猶告其子耳。然較之明

季……，惟恐世人不知事由己出者，奚啻霄壤。〔註56〕

由此可知，高宗對於為人臣者的進言標準有著相當嚴苛的標準，任何一絲私
心都是不被允許的。而在進言方面的高標準要求外，對於大臣的進退風範，
高宗亦多有所見。

　　大體言之，對於言行相符者，高宗並不吝於給於褒美。然如种放之「恃
恩縱恣」者，〔註57〕又或如何尚之「既居山矣，旋復視事」之行，〔註58〕皆
在高宗鄙視之列。除此之外，獨善其身，只求一身令名之人，亦是高宗的批
評對象。如宋光宗朝大臣留正，因請立太子不成而引疾稱退，高宗對此行為
並不抱有好感，他在御批中表示：「大臣進退之節若此，亦奚足稱？」不僅批
判了留正獨善其身的行動，也對史冊的讚揚提出質疑。

## 三、純臣與死節

　　除去進言、進退之外，高宗對臣子的最大要求便在於「忠」之一字。凡
不能死節者，高宗皆無好評，可謂求全責備之極矣。如蘇武使匈奴事，高宗
便於御批責其：

蘇武奉使北庭，……歷十九年凜然不少挫，故足以風世勵俗。然史

家謬以齧雪餐旃，詫為異事。……是說殊失於誣，即野鼠草實，亦

---

〔註55〕　《樂善堂全集定本・卷一》，〈信而後諫論〉。

〔註56〕　《御批通鑑輯覽》，卷37，頁1069，「御批」。

〔註57〕　《御批通鑑輯覽》，卷73，頁2314，「御批」。

〔註58〕　《御批通鑑輯覽》，卷38，頁1096，「御批」。

只可苟延旦夕，十九年之久，何以當之。則所稱義不食匈奴之粟，
亦飾辭耳。且武既娶婦生子，豈得謂非大節之玷。蓋武不過不降，
不若李陵、衛律之背君。以曰奇節，吾未之信。〔註59〕

反之，死節者皆獲高宗之褒。如宋元嘉三十年，袁淑不從弒君之舉，故遭太
子所殺。高宗對袁淑此舉頗有美言，認爲袁淑「可謂凜然大義，不愧純臣。」
〔註60〕而同曾與袁淑等同謀廢立太子事之王僧綽，則因其於太子弒君時，非
但未死，反而「隱忍受官」，故被高宗評爲「有愧袁淑諸人多矣」。〔註61〕對
於清高宗來說，此一標準實無任何更動空間存在。

宋寧宗開禧十一年，金將張柔與蒙古戰，戰敗被執，後蒙將以柔兩親爲
質，張柔遂降。柔自辯曰：「顧忠孝不兩立，姑爲二親屈。」〔註62〕高宗對張
柔此言不表贊同，茲引述高宗駁斥之語如下：

忠孝不兩並，張柔之言謬甚。王陵歸漢，薛包破賊，前事昭昭。苟
能自盡其忠，實亦無愧於孝。柔既爲金臣，則當爲金盡節，何得因
一時持劫而藉口苟免乎。厥後領兵內向，爲敵前驅，可知其就降不
過偷生，而全孝益爲文過耳。史稱柔爲當日名臣，顧大節已隳，他
復何論。〔註63〕

除上引諸御批外，凡涉及改朝換代事，御批必引「大節」、「大義」、「全節」
等道德標準責之歷代諸臣。此中褒貶進退之義，全憑「春秋大義」而行之。
關於此點，在第四章另有專文敘之。


# 第五節　小　結

從上文引述的各則御批中，我們不難看出，儘管高宗批判歷史人物德行
之理由多有變化，但歸根究柢來說，仍不脫綱常禮教之屬。由於高宗極度重
視君臣間的上下紀綱，且認定紀綱之維持與否，與國運大有關係。因此在御
批中多次指出紀綱之重要。唐昭宗時，李谿與崔昭緯兩黨在朝堂上「狺狺交
鬨，擾紊朝常」，然昭宗卻無能制之，高宗批曰：「唐室紀綱掃地矣，其欲不

〔註59〕《御批通鑑輯覽》，卷16，頁0417，「御批」。
〔註60〕《御批通鑑輯覽》，卷38，頁1098，「御批」。
〔註61〕《御批通鑑輯覽》，卷38，頁1099，「御批」。
〔註62〕《御批通鑑輯覽》，卷90，頁2911。
〔註63〕《御批通鑑輯覽》，卷90，頁2911，「御批」。

亡得乎」，此則御批足為例證。〔註64〕

　　清高宗除在御批中強調上位者有義務要主動維持君臣紀綱外，亦相當重視臣子的言行舉行。如謂君主之固有弊病在於失察，從《通鑑輯覽》之中的各則御批可知，編纂此書時的高宗絕無此病。事實上，高宗論人，往往好發誅心之論，求全責備之語亦無處不見，其對於人物之評論實有明察太過，師心自用的狀況存在。

　　儘管如此，仍然不能否定清高宗在各則評論中的標準仍有其一致性存在。具體來說，此一致性可以綱常倫理四字作為總結。對於身為傳統政治體制下的最高統治者，高宗在評論人物的品行、能力，或是審核歷代的帝王君臣時，其最終的審核標準皆非實質可見的功業成就，而是視其是否維護了傳統政治的核心思想—「忠孝節義」而定。鄭莊所以獲罪由此，蘇武、狄仁傑等所以獲罪亦由此。因此臣子進言有失臣子大節者責之、帝王御下不成體統者，亦責之。

　　進一步言之，整部《御批通鑑輯覽》的編纂目的便在於對過往史事進行「剖析是非」，「以昭定論」。〔註65〕故非不得已才用上倫理綱常作為論述主軸，而是從編纂伊始便已決定以此為主。

　　由本文討論可以得知，「倫理綱常」實為貫串全書論述之主旨，而高宗如何應用此一標準對過往的書法義例進行修正、改定？又過往人物的評價在高宗的評判標準下會有何種改變，則是下一章所關注的課題。

---

〔註64〕《御批通鑑輯覽》，卷64，頁1985，「御批」。
〔註65〕《御批通鑑輯覽・凡例》，頁10。

# 第四章　天子史觀：御批中的史學見解

　　「史」字解釋，眾說紛紜。《說文解字注》云：「史，記事者也，從又持中。中，正也，凡史之屬皆從史。」〔註1〕王國維在〈釋史〉中認為：「中正，無形之物，非可手持。」〔註2〕原始字形內的「中」當以江永（1861～1762）《周禮疑義舉要》中所言之簿書較為適當。〔註3〕《玉篇》釋義，將「史」解釋為掌書之官，〔註4〕王國維認同此一釋義，廣徵古文，表示「其官尊卑雖不可知，然大小官名及職事之名多由史出，則史之尊地要可知矣」。〔註5〕

　　然而在時間的演變下，「史官」的職務範圍逐漸與其他職官有了明顯區分。從過去介於卜祝，掌理天人間各項事務的傳統形象，逐漸轉型為專以記錄君王言行舉止為主。〔註6〕而史官筆下所「記載」之言行舉止，進而成為用以「慎言行；昭舉止」，〔註7〕亦即用以戒止君王之非禮言行之物。唐太宗曾謂近侍：「以銅為鏡，可以正衣冠；以古為鏡，可以知興替；以人為鏡，可以明得失。朕常保此三鏡，以防己過。」〔註8〕此處之「古」，即為史官筆下所記載的歷史。〈貞觀政要〉中所言之「以古為鏡」，便是以過去的事實作為檢

〔註1〕　〔清〕段玉裁，《說文解字注》六書音均表附，經韻樓藏版（臺北市：藝文印書館影印，1994 年十二月初版八刷），三篇下，頁 117。
〔註2〕　〔清〕王國維，《觀堂集林》第一冊（北京市：中華書局，1991 年 12 月第 5 刷），頁 269。
〔註3〕　《觀堂集林》第一冊，頁 263～264。
〔註4〕　《康熙字典》，收入中華漢語工具書書庫（合肥市：安徽教育，2002），第 7 冊，182 頁。
〔註5〕　《觀堂集林》第一冊，頁 270。
〔註6〕　杜維運，《中國史學史》第一冊（台北：三民書局，1993 年），頁 42～43。
〔註7〕　〔漢〕班固，《漢書‧藝文志》，第六冊（中華書局影印本），頁.1715。
〔註8〕　〔唐〕吳兢，《貞觀政要》（臺北市：大行書局印行，民45），第二卷。

討、參考的範本，以為今日所用。

清高宗（1711～1799）於〈《貞觀政要》序〉中亦言：「人君當上法堯舜，遠接湯武。」〔註9〕可知清高宗本身對於「歷史」的觀感與唐太宗相去並不甚遠，皆是將歷史視做足以正己之誤的存在。但是，純粹的歷史事實其實並不帶有上述功能。真正被清高宗用以正誤的也不是單純的「歷史事實」，而是針對「歷史事實」所產生之「歷史解釋」。

高宗「少讀尚書」，後又「博涉諸史」，〔註10〕未及志學之年便已「精研《易》、《春秋》、《戴氏禮》、宋儒性理諸書」，並「旁及《通鑑綱目》，《史》《漢》八書之文莫不窮其旨趣，探其精蘊，由是發為文章……登作者之堂矣」。〔註11〕依現存《樂善堂全集定本》目錄觀之，其論文共分六卷七十二篇，對於立身、處世、歷史事件、歷史形勢、歷史人物等皆有其自成一家的判斷及論述標準。

在清高宗的認定中，歷史之用在於「輔經以垂訓」，可以「示勸懲、昭法戒」，亦可透過歷史考得「上下數千年治亂安危之故，忠賢奸佞之實」。〔註12〕但是唐、宋以來，民間「野史漸夥」，「增飾流傳，殊能依據」，故需「剖析是非，以昭定論」。〔註13〕而唯一有權力「剖析」者，自然非清高宗莫屬。此一剖析標準為何，則可從《輯覽》中涉及歷史書寫之諸多御批中一窺究竟。

下節擬先說明本文所使用之御批所包含的項目與內涵，並進一步針對此類御批進行內容解釋與分析討論。

# 第一節　御批分類與定義說明

在總數一百一十六卷的《御批歷代通鑑輯覽》中，被筆者分類為歷史書寫類之御批共有六十五則，約佔御批總數的百分之三，主要集中於第五十一至五十五卷、第六十六至七十卷，以及第九十六至一百卷中，亦即唐代太宗至肅宗即位、五代後梁朱瑱（友貞）至周世宗顯德五年，以及元世祖至元二十五年至明太祖洪武十九年此三個區段。〔註14〕其中為《評鑑闡要》〔註15〕

〔註9〕　〔清〕清高宗御製，《樂善堂全集定本》，卷七，〈貞觀政要序〉。武

〔註10〕　《樂善堂全集定本》，卷首，〈御製樂善堂全集序〉。

〔註11〕　《樂善堂全集定本》，卷首，〈序・朱軾序〉。

〔註12〕　《清實錄・高宗純皇帝實錄》，乾隆十二年三月丙申條，頁4146。

〔註13〕　《御批歷代通鑑輯覽・凡例》，頁10。

〔註14〕　《御批歷代通鑑輯覽・目錄》，頁28～34。

〔註15〕　《通鑑輯覽》是書，其主要目的在於將已完稿《通鑑輯覽》重新加以整併，「勒

所收錄者共有四十一則，約佔《評鑑闡要》總收錄數的百分之五（見表4-1-1）。

表4-1-1：《通鑑輯覽》歷史書寫類御批分卷一覽表

| 卷　數　別 | 《通鑑輯覽》收錄總數 | 《評鑑闡要》收錄總數 |
|---|---|---|
| 第一至五卷 | 1 | 1 |
| 第六至十卷 | 1 | 0 |
| 第十一至十五卷 | 1 | 1 |
| 第十六至二十卷 | 2 | 1 |
| 第二十一至二十五卷 | 1 | 0 |
| 第二十六至三十卷 | 4 | 3 |
| 第三十一至三十五卷 | 1 | 0 |
| 第三十六至四十卷 | 2 | 1 |
| 第四十一至四十五卷 | 2 | 0 |
| 第四十六至五十卷 | 3 | 3 |
| 第五十一至五十五卷 | 7 | 6 |
| 第五十六至六十卷 | 1 | 0 |
| 第六十一至六十五卷 | 3 | 0 |
| 第六十六至七十卷 | 8 | 5 |
| 第七十一至七十五卷 | 1 | 0 |
| 第七十六至八十卷 | 2 | 1 |
| 第八十一至八十五卷 | 4 | 3 |
| 第八十六至九十卷 | 3 | 3 |
| 第九十一至九十五卷 | 4 | 4 |
| 第九十六至一百卷 | 9 | 7 |
| 第一百零一至一百零五卷 | 2 | 0 |
| 第一百零六至一百一十卷 | 1 | 0 |
| 第一百一十一至一百一十六卷 | 2 | 2 |
| 總計 | 65 | 41 |

資料來源：〔清〕傅恆奉敕撰，《御批歷代通鑑輯覽》一百二十卷（附明唐桂二王末四卷），台北市：新興書局影印出版，民國48年。

為一書」，以為「傳後以法今」之書，「教萬世之君臣，永以為訓詁」。全書的編纂目的則是希望讓《評鑑闡要》成為「證證諸史之公是公非」，以及「賅百王之心法、治法」，進而達到「羣疑以之盡破，成案不可復翻」，「庶幾教萬世之君，永以為訓詁」的功能。纂修之議起於乾隆三十六年正月，由劉統勳等奏請。其主要收錄內容為《通鑑輯覽》中，「贏經御撰」，以及由儒臣所擬，並經過清高宗「改批籤者」之御批。

**圖 4-1-1：《通鑑輯覽》歷史書寫類御批收錄數量長條圖**

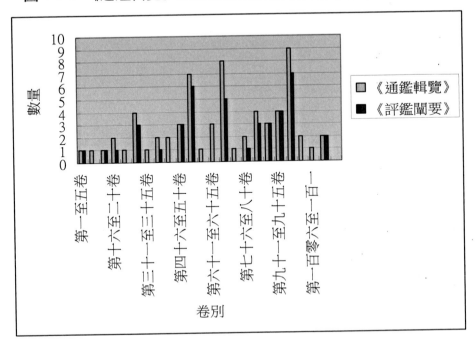

資料來源：〔清〕傅恆奉敕撰，《御批歷代通鑑輯覽》一百二十卷（附明唐桂二王末四卷），台北市：新興書局影印出版，民國 48 年。

　　就內容言之，此類御批主要包含下列兩部分，一是涉及書法義例之御批、一是針對史事評論所撰述之御批。與書法義例相關之御批，主要論述對象為朱熹《通鑑綱目》及《通鑑輯覽》所兼采之他書，針對各書在改朝易代、史事論斷及人物評論上所採用之書法義例進行評論，在御批中指出原書書法中被其認定為不當之處，並加以修訂。此外，對於往昔史書中以醜詆字眼或非雅馴字眼記載者亦一一改正，以「昭同文之勝」，並使「讀史者得免耳食沿譌」，〔註 16〕道聽途說，接收到錯誤訊息。此外，清高宗亦針對史著在史料取捨上的標準有所論斷，關於此類御批，在下文中另有討論。

　　而針對史事評論所撰述之御批，其主要關注重點在於評論者所抱持之評論標準是否符合清高宗個人的認定標準，如評論者的論述為清高宗認定不當，則會在御批中進行指正，並提出其何以為不當的論述過程。

　　在下文中，筆者將分做三節，分別就上述二類御批進行分析討論，以期

---

〔註 16〕《御批歷代通鑑輯覽》，卷 90，頁 2883，「御批」。

進一步探究清高宗在此兩類御批中所呈現出的史學思想模式。

## 第二節　書法與正統繫年

「書法」一詞，首見《左傳》，爲文學家言法之始。首稱「義法」，則見於《史記‧十二諸侯年表序》，又可泛稱爲「書例」、「史法」、「史筆」、「義例」等。〔註17〕《春秋》書法概括思想義理及形式技巧兩大層面，而司馬光撰《資治通鑑》，是書雖在在精神層面上受《春秋》書法之極大影響，然並未嚴格遵循其「一字褒貶」，「書爵正名」之修飾變例，〔註18〕雖以《春秋》精神爲圭臬，然其目的仍在達資治之用，以成一家之書。〔註19〕

而清高宗下令編纂之《通鑑輯覽》一書，則採「年經事緯」的編纂方式，並於「提綱分目」處「一依朱子綱目書法」爲之。〔註20〕由是可知，《通鑑輯覽》所講求的書法較接近傳統的「一字褒貶」，而與《資治通鑑》所講求的書法有所出入。

《通鑑輯覽》中言書法義例之御批共五十七則，論述內容包括編年統繫之正、進退褒貶是非、史料采取及人物入傳是否適當等。下文擬分做三點，一一列表析論之。

關於中國傳統史學中之正統論論爭，饒宗頤先生認爲起自宋代的說法似是而非，當以歐陽修所謂始於《春秋》之作的說法爲是矣。《春秋》以事繫年，主賓昈分，遂有正閏之分。而正統之定，爲編年之先務，故正統之義與編年之書，實息息相關。〔註21〕在《通鑑輯覽》一書中，言及正統書法之御批凡十四則，其中涉及編年統緒者共有九則，分見於第二卷、第四十九卷、九十

---

〔註17〕胡豔惠，〈《史記》之《春秋》書法研究〉，（國立成功大學中國文學研究所碩士論文，2005年8月），頁281。

〔註18〕皮錫瑞認爲，春秋三傳的差異在於「……《公羊》兼傳大義微言，《穀梁》不傳微言，但傳大義。《左氏》並不傳義，特以記事詳瞻，有可以證春秋之義者。」，然而唐君毅先生認爲，儘管《春秋》確實存有義理，但此種義理並不如《公》、《穀》之家所言，存於一二字之書法之中。關於皮錫瑞和唐君毅先生對於春秋經傳的看法，請參見黃兆強，〈唐君毅先生論春秋經傳〉，《興大歷史學報》，第十九期，頁155～176。

〔註19〕盧亦璿，〈司馬光《資治通鑑》之「春秋」書法研究——以中晚唐爲例〉，（國立成功大學中國文學研究所碩士論文，2009年5月），頁165～166。

〔註20〕《御批歷代通鑑輯覽‧凡例》，頁0007。

〔註21〕饒宗頤，《中國史學上之正統論》（上海：遠東出版社，1996年8月），頁1。

五卷、九十七卷、九十八卷、九十九卷、一百一十六卷等七卷之中，並全數為《評鑑闡要》收錄其中（見表 4-2-1）。從《評鑑闡要》凡例所言，可知此八則御批當全屬清高宗親筆手書，或親身改定之作無誤。

### 表 4-2-1：《通鑑輯覽》正統論述編年類御批分卷簡表

| 卷 數 別 | 論 述 議 題 | 備 註〔註22〕 |
|---|---|---|
| 第二卷 | 論胡氏大紀以少康所生爲元歲。 | 第二卷中與年號統繫相關之御批共有一則，《評鑑闡要》亦有收錄。 |
| 第四十九卷 | 論隋唐交替之際，隋煬帝及兩恭帝年號一歲兩係之例。 | 第四十九卷中與年號統繫相關之御批共有兩則，所論議題相同，《評鑑闡要》皆有收錄。 |
| 第九十五卷 | 論宋亡元興之際，年號一歲兩係之例。 | 第九十五卷中與年號統繫相關之御批共有一則，《評鑑闡要》亦有收錄。 |
| 第九十七卷 | 論續綱目元泰定子阿蘇奇布即位改元，與圖卜特穆爾僭號陷上都事。〔註23〕 | 第九十七卷中與年號統繫相關之御批共有一則，《評鑑闡要》亦有收錄。 |
| 第九十八卷 | 論續綱目於至元十一年依朱子書秦隋二代例附徐壽輝等人紀年事。 | 第九十八卷中與年號統緒相關之御批共有一條，《評鑑闡要》亦有收錄。 |
| 第九十九卷 | 論《通鑑輯覽》與《御撰資治通鑑綱目三編》於此處之書法歧異。 | 第九十九卷中與年號統繫相關之御批共有兩則，《評鑑闡要》亦有收錄。 |
| 第一百一十六卷 | 論明清易代之際大書順治元年並分注崇禎年號於下爲非之理。 | 第一百一十六卷中與年號統繫相關之御批共有兩則，《評鑑闡要》皆有收錄。 |
| 第一百一十六卷 | 論用元順帝十五年之例書明以別之之理。 | |

資料來源：〔清〕傅恆奉敕撰，《御批歷代通鑑輯覽》一百二十卷（附明唐桂二王末四卷），台北市：新興書局影印出版，民國 48 年。

---

〔註22〕 同下文各表參照比觀的話，可以看出即便同樣是劃分於歷史書寫類的御批，也不一定都會得到《評鑑闡要》的收錄。御批的收錄與否，大體反應了高宗對於批文所指涉之史事的重視程度。換句話說，高宗越是重視該項史事，則越有可能收入《評鑑闡要》。所以觀察收錄與否的狀況，亦有助於理解和還原高宗的思考模式。

〔註23〕 阿蘇奇布，《闡要》作阿肅進拔；圖卜特穆爾，《闡要》作圖克特穆爾。以下凡《御批歷代通鑑輯覽》與《評鑑闡要》之人名互異處，正文中皆從《通鑑輯覽》，茲註明於此。

在年號統繫上，清高宗秉持春秋之義，認為「國之統，繫于君」，「君在，即大統歸之」。〔註24〕並於第四十九卷中，針對司馬光《資治通鑑》和朱熹《通鑑綱目》於隋煬帝及隋恭帝處應繫何人年號之爭，做出以下表示：

> 《綱目》泥《隋書》、《北史》舊文……故用義寧繼大業年號耳。若綱目於義寧之立既斥於不成君之例，於煬帝之弒又并不加以太上皇之稱，則安得從繼述之例乎？至《通鑑》於大業十三年正月竟書義寧元年，雖疾惡之義，究乖統繫肇例。今折衷書法，於是年用一歲兩係之例，三月以前大書大業十四年，……四月以後分注義寧二年，而以恭帝侗及唐高祖附後，義例庶無矛盾。〔註25〕

從上引御批可知，清高宗認為《通鑑》與《綱目》二書在此處之書法義例皆有瑕疵。司馬光《通鑑》於大業十三年正月即改書義寧元年，是時隋煬帝尚未失位，直書年號為義寧元年，乃是無視尚在其位之正統君主，自然不可。然朱熹《綱目》書法，既以不成君例斥責為李淵所立之恭帝侑，又於煬帝遭弒殺事直書其名而不書為太上皇，則正統之君何在？

為釐清此處爭議，清高宗於御批中指出，《輯覽》紀述當維持隋煬帝大業十三年與大業十四年之年號，並於大業十四年三月之前，於大書紀年下小字分注恭帝侑義寧年號於下，以存當時二帝並存之實。然而此一方法只顧及到隋煬帝與恭帝侑並存的事實，並未解決煬帝遭到刺殺後兩恭帝並列的歷史事實，因是之故，復又有言：

> 是年三月，隋亡矣。兩恭帝……準以不成君之例……至唐高祖於五月受禪，然其得統終不可同之漢高。……恭帝侗立於東都，不可謂非正。故別起義例，於是年三月前仍大書紀年作隋，於夏四月但分注紀年，自己卯至癸未始作隋唐。……復揭義於此。〔註26〕

為解決此一統緒上之爭議，高宗在御批中表示，由於恭帝侑和恭帝侗皆為他人所擁立，故在義例上皆不能視之為君。然而煬帝遭弒，恭帝侗立於東都，不能認定恭帝侗沒有承緒隋之正統，故於大業十四年夏四月下先是分行小注恭帝侑義寧二年，及恭帝侗和諸人年號，復於己卯至癸未間始稱隋唐。凡此種種文字差異，皆是為了凸顯統緒傳承上的微言大義所致，而相同的論斷標

---

〔註24〕《御批歷代通鑑輯覽》，卷2，頁0064，「御批」。
〔註25〕《御批歷代通鑑輯覽》，卷49，頁1425，「御批」。
〔註26〕《御批歷代通鑑輯覽》，卷49，頁1426，「御批」。

準亦於他則御批中見之。

舉例言之，清高宗在第九十五卷中論及宋亡元興之際時，御批如下：

……自丙子三月以後，正統即當歸之於元。……昰、昺二王…流離
失據，不復成其爲君。……與明唐桂二王之竄跡滇緬者無異。……
今《續綱目》于景炎祥興仍用大書紀年……元順帝……未嘗不子孫
繼立……然既委棄中原，編年者即不復大書故號，此正也。則知…
失中原而仍大書故號之非正矣。夫廢興代嬗，其書法自有一定，不
可稍存偏袒之私。……亦使爲君者知統緒存亡…因爲改正書法，而
闡其大旨如此。〔註27〕

與前段所引御批相較，恭帝�雖仍保有其正統性，但因兩恭帝皆爲他人所擁
立，故仍例以「不成君」之例，並以分注紀年之例行之。

而宋帝昰和宋帝昺之所以失其正統，主因在於二王「流離失據」，故「不
復成其爲君」。清高宗以元明嬗代之際，元順帝北去即不復大書年號爲例證，
表示「委棄中原」者即不應復有正統。亦即就空間意義言之，凡不能維持疆
域之大一統者，則應視爲失統。

類似論點，亦見於清高宗於卷九十九評論明太祖稱帝定國號事之御批：

是年正月，……雖稱帝而大都尚未失守，正統猶在元也。……今作
《通鑑輯覽》，……當以歷代正統所繫爲準。故於順帝在位之時，猶
以元爲統，而於明事則書明以別於元。……從歷朝嬗代，一歲兩繫
之例……書法雖有異同，總期合乎大公之道而已。〔註28〕

在此則御批中，清高宗再次重申，只要空間意義上的一統尚未瓦解，則正統所
繫便不可擅自轉移至後起朝代。在此狀況下，當從歷朝嬗代，一歲兩繫之例，
於前朝失統之前，於其紀年下小字分注後朝紀年，並別書後朝國號以別之。而
當前朝失統之後，則大書後朝紀年以明統繫改屬，並別書前朝年號以別之。

而在第九十八卷中，清高宗對徐壽輝等蜂起僭號之論述，再次陳述了類
似意涵：

……徐壽輝、韓林兒……僭竊位號……不久敗亡……正如勝、廣揭
竿之徒耳。《續綱目》……皆書其國號紀年，殊未平允。……今惟明
祖……仍依朱子書漢高之例，……其徐壽輝等年號，槩從削刪。並

〔註27〕 《御批歷代通鑑輯覽》，卷95，頁3059，「御批」。
〔註28〕 《御批歷代通鑑輯覽》，卷99，頁3247，「御批」。

依《元史·順帝本紀》例，……以嚴盜魁之誅。〔註29〕

高宗在上引御批中明確表示，由於徐壽輝等未成為國，元順帝亦未至嬴政、楊廣之為神人所共憤。統緒之正，仍屬於元，故不得比照朱子書秦、隋二代皆書國號之例，而需依《元史·順帝本紀》之例為之。

清高宗對於空間上之一統意涵探討亦可參見《輯覽》第六十九卷，高宗評論遼軍與後唐戰事之御批，以及《輯覽》第八十一卷評論《通鑑綱目續編》於金使來聘事之書法義例的御批。在此二則御批中，清高宗反覆聲明，如失大一統之實，則不得復用「入寇」之類書法，否則，乃不經甚矣。〔註30〕

表4-2-2：正統論述非編年類御批分卷簡表

| 卷　數　別 | 論述議題 | 頁碼 | 備　　註 |
|---|---|---|---|
| 第六十八卷 | 論當書遼以敵宋 | 2140 | 《評鑑闡要》亦有收錄。 |
| 第六十九卷 | 論當以兩國互伐之文 | 2153 | 《評鑑闡要》亦有收錄。 |
| 第八十一卷 | 論續綱目於金使來聘事義例 | 2593 | 《評鑑闡要》亦有收錄。 |
| 第一百卷 | 論北元當從宋金、宋元敵國之例 | 3265 | 《評鑑闡要》亦有收錄。 |

資料來源：〔清〕傅恆奉敕撰，《御批歷代通鑑輯覽》一百二十卷（附明唐桂二王末四卷），台北市：新興書局影印出版，民國48年。

然而，依照空間意義上之一統是否喪失來作為分別統緒之例，亦非牢不可破。高宗本人在第一百一十六卷之御批中便修正了此一論點：

《通鑑輯覽》將成，司事者舉《通鑑綱目三編》之例，……夫《三編》之例，非述《續編》之例乎？《續編》……朕實鄙之。……《通鑑輯覽》之書，非一時之書，……於正統偏安之繫，必公必平；天命人心之嚮，必嚴必謹。……茲於甲申歲仍命大書崇禎十七年，分書順治元年以別之。即李自成陷京師，亦不遽書明亡，而福王弘光元年亦令分注於下。……夫福王設於江南能自立，未嘗不可為南北朝，如宋高宗之例也。……實守成者自失神器也。夫唐王、桂王……正與宋之帝昰、帝昺同例，不可仍以正統屬之。……用以示萬世守成之主，……庶幾朕纂《通鑑輯覽》之本意，或不失《春秋》大一

---

〔註29〕《御批歷代通鑑輯覽》，卷98，頁3202，「御批」。
〔註30〕關於《御批歷代通鑑輯覽》中涉及空間意義上大一統之御批一覽，請參照表4-2-2：正統論述非編年類御批分卷簡介表。

統之義乎。〔註31〕

在此則御批中，清高宗先是否定《輯覽》館臣欲以《通鑑綱目三編》為例，於甲申歲大書順治元年，分書崇禎十七年，並以李自成陷京師即繫以明亡之議。高宗認為，《續編》義例實為撰者「各私其君之義」，「朕實鄙之」。雖「貶亡明而尊本朝」實無不可，但既已於《通鑑輯覽》中正其「自視尊大之陋習」，自無反采此一陋習之理存在。因此，高宗於此處略變歷朝嬗代，一歲兩繫之例，於甲申歲大書崇禎十七年，並分書順治元年於其下，而非待李自成攻陷京師後方大書順治年號。

此外，清高宗亦在御批中進一步延伸其正統論述，說明之所以不於崇禎十七年三月遽書明亡，是因福王如能自立，未嘗不可援引宋高宗之例，以南北分利之例為之。然福王「自失神器」，故招其敗。而後唐、桂二王之境已同南宋末年之帝昰、帝昺，故不可仍以正統屬之。

大體言之，透過對御批的分析，高宗對於正統及繫年所抱持之標準，可大致歸納如下：

一、如正統統緒仍有承繼之人，如煬帝、恭帝侑、恭帝侗之例，則應優先繫於其上。即便是同元泰定帝之子阿蘇奇布即位不滿兩月，未能循踰年之例而改元者，亦不可削其年號不載。〔註32〕

二、如正統之君失去空間意義上之一統，則立失其正統。如元順帝北遷沙漠、宋帝昰、宋帝昺之崎嶇海島，流離失據，或明末唐、桂二王窮竄邊隅之情是謂也。

三、如若正統政權能夠偏安一隅，則可承認其統緒不失。如北宋、南宋之例。

## 第三節　書法與褒貶進退

所謂一字褒貶，嚴於斧鉞。《通鑑輯覽》一書中，與褒貶進退相關者共二十八則，針對人物論述者有二十六條（詳見表4-2-3），包含了針對對特定人士、事件及記載方式而生之論述。

---

〔註31〕《御批歷代通鑑輯覽》，卷116，頁3777，「御批」。
〔註32〕元天順帝阿蘇奇布事，詳見《御批歷代通鑑輯覽》，卷97，頁3167～3171。
　　　　清高宗御批，詳見《御批歷代通鑑輯覽》，卷97，頁3167，「御批」。

表 4-3-1：進退褒貶類御批分卷一覽表

| 卷　　數　　別 | 《通鑑輯覽》收錄總數 | 《評鑑闡要收錄總數》 |
|---|---|---|
| 第一至五卷 | 0 | 0 |
| 第六至十卷 | 1 | 0 |
| 第十一至十五卷 | 0 | 0 |
| 第十六至二十卷 | 2 | 1 |
| 第二十一至二十五卷 | 0 | 0 |
| 第二十六至三十卷 | 2 | 2 |
| 第三十一至三十五卷 | 1 | 0 |
| 第三十六至四十卷 | 1 | 0 |
| 第四十一至四十五卷 | 1 | 0 |
| 第四十六至五十卷 | 1 | 1 |
| 第五十一至五十五卷 | 6 | 6 |
| 第五十六至六十卷 | 0 | 0 |
| 第六十一至六十五卷 | 2 | 0 |
| 第六十六至七十卷 | 3 | 2 |
| 第七十一至七十五卷 | 0 | 0 |
| 第七十六至八十卷 | 0 | 0 |
| 第八十一至八十五卷 | 1 | 1 |
| 第八十六至九十卷 | 1 | 1 |
| 第九十一至九十五卷 | 3 | 3 |
| 第九十六至一百卷 | 1 | 1 |
| 第一百零一至一百零五卷 | 2 | 0 |
| 第一百零六至一百一十卷 | 0 | 0 |
| 第一百一十一至一百一十六卷 | 0 | 0 |
| 總計 | 28 | 18 |

資料來源：〔清〕傅恆奉敕撰，《御批歷代通鑑輯覽》一百二十卷（附明唐桂二王末四卷），台北市：新興書局影印出版，民國 48 年。

　　就人物褒貶觀之，清高宗於此類御批中的主要關注焦點如前所述，在於評論前人對於人物、事件之論述是否合於義法。如有不合，則以御批加以改定。如對前人論點有所質疑，亦以御批加以駁斥。

　　舉例言之，新莽五年，漢元帝后王氏（時為太皇太后）去世，如依書法，

當書「漢太皇太后王氏崩」，以示王莽之篡。〔註33〕然《綱目》於此處去漢字，僅書太皇太后王氏崩，高宗認爲，這是因爲「莽之篡漢，皆元后有以成之」，所以「元后實乃漢之罪人」也。故《綱目》於此去漢字，實有深義。〔註34〕

又，《通鑑綱目》於記載曹操之死時，記爲「丞相冀州牧魏王曹操」，依《綱目》凡例觀之，似有予之之意。〔註35〕劉友益〔註36〕針對此點，引賀善之詞，認爲俱書曹操官爵，「非予之也」，而是「幸之也」。〔註37〕然而清高宗對此種論點嚴厲駁斥，認爲之所以俱書曹操官爵，正是爲了突顯曹操乃爲「漢賊」，劉友益的看法實爲迂甚。〔註38〕

又以《輯覽》第五十三卷，論狄仁傑之六則御批爲例，更可大致看出高宗的論述標準。在《御製日知薈說》中，清高宗在其少年就學於書房之時，認爲「姚元之、張柬之更迭進用，皆因仁傑之舉，卒以滅周興唐」，〔註39〕對於狄仁傑恢復唐室有功之說，抱持認同的態度。但到了中年編撰《通鑑輯覽》時，經過前後二三十餘年的時間，高宗對狄仁傑的看法已有大幅轉變。其於御批中表示：

> ……後世讀書無識者，孰不以仁傑爲賢乎？余少時……乃服其韜晦，且以復唐自任之論。今以武氏始終奪唐祚，及仁傑不能匡復，……爲學之道，當日知其所不足，亦猶《薈說》之意。〔註40〕

由上引御批可知，此時的清高宗已經否定了過去曾經肯定過的狄仁傑復唐之說，轉而指責狄仁傑終究還是讓武后成功篡唐，故不能認同其以復唐之任的

---

〔註33〕《通鑑綱目》書法，凡國亡身廢，守節不移而國統尋復者，則有其故號而書崩。〔清〕清聖祖《御批資治通鑑綱目》，收入文淵閣《四庫全書》，卷首，「凡例・崩葬」。

〔註34〕《御批歷代通鑑輯覽》，卷20，頁0526，「御批」。

〔註35〕《通鑑綱目》書法，凡賢臣特書依賢相例官爵。〔清〕清聖祖《御批資治通鑑綱目》，收入文淵閣《四庫全書》，卷首，「凡例・人事」。

〔註36〕劉友益，宋永新縣人，生卒年不詳。據《四庫全書・江西通志》載，劉友益因居縣西名爲水窗之地，故又稱水窗先生，年八十五而卒，著有《通鑑綱目書法》五十九卷。是書學《公羊》、《穀梁》書法，然有因文本之誤而強爲之說處。見〔明〕鄭瑗《井觀瑣言》，收於《四庫全書・子部・雜說類》。

〔註37〕〔清〕清聖祖《御批資治通鑑綱目・卷十四》，收入《景印文淵閣四庫全書》，第689～691冊。

〔註38〕《御批歷代通鑑輯覽》，卷27，頁773。「御批」。

〔註39〕〔清〕清高宗御撰，《御製日知薈說》，頁199。

〔註40〕《御批歷代通鑑輯覽》，卷53，頁1567，「御批」。

說法。

在立論基礎徹底改變的狀況下，高宗開始修正過去評論者對狄仁傑的友善論點，而代之以譴責性論點。高宗認爲，狄仁傑的作爲純爲「明哲保身」而已。如不能效徐敬業討賊之舉，則應棄冠服而逃。然狄仁傑並未如此，後世反以復唐功之，顛倒甚矣。〔註41〕

據上所述，高宗修正了劉友益的看法。劉友益認爲，《綱目》及《纂要》於辛卯年書「周以武攸寧爲納言、狄仁傑爲同平章事」，而又於丁酉冬時書爲「以狄仁傑爲同平章事。」〔註42〕是爲突顯狄仁傑爲唐之功。然而清高宗嚴厲駁斥此一論點，認爲此處應是「承上行文」，故無周字。劉友益於此「尚不知」，「可與言書法乎？」〔註43〕並改《綱目》書法，將「司空梁文惠公」狄仁傑卒，改爲「周同平章事」狄仁傑，以爲「爲人臣而事二姓者戒」。〔註44〕類此一字褒貶之處，在《輯覽》正文中所在多有。

大體而言，高宗論斷人物應褒應貶之標準，在於其人是否有盡到應爲之職守爲主要標準。如太皇太后王氏崩，而不書漢字，即是因爲王太皇太后在維持漢統上並未盡到身爲太皇太后的責任。高宗認爲，王太皇太后「受新室文母之號」而「恬不爲怪」，已可概見「莽之篡弒實元后所釀成之」。故去漢字，於書法上貶低王太皇太后。

而在論斷狄仁傑事上亦持同一標準。狄仁傑身爲唐臣，卻於武氏當朝時「一再相彼，盡心乃事」，〔註45〕且「終仁傑之世，唐祚何嘗復哉」。〔註46〕是以高宗命館臣改《綱目》書法，將狄仁傑視爲周臣，從未盡臣節的角度上進行貶抑，「以爲人臣而事二姓者戒」，是相當具有「示勸懲、昭法戒」〔註47〕特色的評論。

秉持著同一特色，清高宗亦在御批中嚴斥賈充等人，認爲《綱目》既以揚雄仕莽而「書死以斥之」，奈何於賈充、褚淵、沈約處俱予書卒。如此一來，「南董書法何在」。故高宗「茲特申明義例」，「悉以書死，正書卒之誤」。並期待此舉能帶來「大防不致陵夷澌滅」的作用。〔註48〕

〔註41〕《御批歷代通鑑輯覽》，卷53，頁1554，「御批」。
〔註42〕《御批歷代通鑑輯覽》，卷53，頁1564。
〔註43〕《御批歷代通鑑輯覽》，卷53，頁1555，「御批」。
〔註44〕《御批歷代通鑑輯覽》，卷53，頁1569，「御批」。
〔註45〕《御批歷代通鑑輯覽》，卷53，頁1554，「御批」。
〔註46〕《御批歷代通鑑輯覽》，卷53，頁1556，「御批」。
〔註47〕《清實錄‧高宗純皇帝實錄》，乾隆十二年三月丙申條，頁4146。
〔註48〕《御批歷代通鑑輯覽》，卷30，頁0852，「御批」。

除此之外，類似之例亦散見於其餘同類御批之中，如譴責蕭構「曾不思爲輔臣」，竟乃「覥顏甘受僞命」，故「律以春秋之義，書誅復何辭哉」。〔註49〕以及在評論金軍遷宋徽、欽二帝及其宗族如金事時，認爲《續綱目》於此條目中強調貶金之義不當，並同時指出「范瓊身爲宋臣，不能捍衛捐軀」，反而「仰承金將意旨，凌逼其帝后」，實爲「春秋所必誅」。〔註50〕故將《續綱目》原文改作「京城巡檢范瓊逼上皇及后妃太子宗戚如金軍，吏部侍郎李如水死之。」，〔註51〕用意在於「正續綱目之失」，並「爲萬世昭公道」。〔註52〕

綜合觀之，清高宗在評論《綱目》等書書法上，並無前人在解釋或引用《綱目》時必須迴避修正朱子義例的困境存在。作爲傳統王朝中唯一有權「一秉睿裁」〔註53〕者，高宗的評斷必然如其所稱一般地「予奪進退，悉準至公」，且有「定百家作史之模」〔註54〕的權威性存在，因此其雖是依循朱子《綱目》之例著作，卻無須拘泥於朱子書法，強求解釋，而能自由主張其對史事之解釋。因是之故，高宗方能一改前人論述，而不受自身「出於一己之私見，而不合乎天理人情之公」〔註55〕的指責。

就御批內容來看，清高宗在進退褒貶上之論述標準可稱一致。具體言之，高宗御批於君臣大節有虧者必不容之。反之，即便功績無成，亦可於書法上獲得一席之地。劉崇、翟義起兵討莽事即爲一例。〔註56〕

## 第四節　史料採摘及人物入傳

此類御批共十一則，分見第十五卷、第二十四卷、第三十卷、第五十六卷、第七十一卷、第七十七卷、第七十九卷、第八十五卷，以及第九十卷。其論述內容涉及三個面向：正史的收錄標準、人物的立傳標準，以及舊有記

---

〔註49〕《御批歷代通鑑輯覽》，卷63，頁1962，「御批」。

〔註50〕《御批歷代通鑑輯覽》，卷82，頁2652，「御批」。

〔註51〕《御批歷代通鑑輯覽》，卷82，頁2652。

〔註52〕《御批歷代通鑑輯覽》，卷82，頁2652，「御批」。

〔註53〕《清實錄・高宗純皇帝實錄》，嘉慶四年巳未條，頁22256。

〔註54〕傅恆等，〈《御批歷代通鑑輯覽》告成進呈表〉，《御批歷代通鑑輯覽・表》，葉1下～7上（冊335，頁9～12）。

〔註55〕清高宗，〈閱《通鑑輯覽》作〉詩詩注，收於清高宗《御製詩五集・清高宗御製詩文全集》。

〔註56〕《御批歷代通鑑輯覽》，卷20，頁0519，「御批」。

載上的音義正誤。（參見表 4-4-1）

表 4-4-1：《通鑑輯覽》史料採摘及人物入傳類御批分卷簡表

| 卷　數　別 | 論　述　議　題 | 頁碼 | 備　　註 |
|---|---|---|---|
| 第十五卷 | 李廣射石事不宜入正史。 | 387 | 《評鑑闡要》亦有收錄 |
| 第二十四卷 | 樊英入方技不入隱逸，殊為有見。 | 650 | 《評鑑闡要》並無收錄 |
| 第二十八卷 | 記載有疑，陳壽所以不入正史。 | 796 | 《評鑑闡要》並無收錄 |
| 第三十卷 | 以子問父，風化攸關，正史不宜入此。 | 849 | 《評鑑闡要》亦有收錄 |
| 第五十六卷 | 唐書列崔器入酷吏傳不當。 | 1680 | 《評鑑闡要》並無收錄 |
| 第七十一卷 | 宋史做周三臣傳表之，不當。 | 2233 | 《評鑑闡要》並無收錄 |
| 第七十七卷 | 考定金史音韻轉譯，以昭同文。 | 2474 | 《評鑑闡要》亦有收錄 |
| 第七十九卷 | 宋重修神宗實錄事 | 2528 | 《評鑑闡要》並無收錄 |
| 第八十五卷 | 以今之典屬考定歷來漢譯蒙古猥雜之名以正譌之。 | 2726 | 《評鑑闡要》亦有收錄 |
| 第九十卷 | 依蒙古源流考定明修元史姓氏之誤。 | 2883 | 《評鑑闡要》亦有收錄 |
| 第九十卷 | 考定回紇源流及正定字音。 | 2888 | 《評鑑闡要》亦有收錄 |

資料來源：〔清〕傅恆奉敕撰，《御批歷代通鑑輯覽》一百二十卷（附明唐桂二王末四
　　　　　卷），台北市：新興書局影印出版，民國 48 年。

## （一）收錄標準論述

　　《通鑑輯覽》論及收錄標準之御批共有三則，分別是李廣射石、諸葛亮病篤薦人，以及胡威以子質父清廉事，此三事皆被高宗認定不宜收入正史。正史不收之因，則是因為此三事皆有啟人疑竇之處存在。

　　以李廣射石事為例，高宗認為實屬「子虛」之事，或可「以資名談」，但「不宜入正史」。〔註57〕而在諸葛病篤薦人事上，高宗認為所謂「大計」無有重於繼任人選之事，帝（劉禪）既遣人詢問，豈有遺忘之理。且，即便李福遺忘此事，諸葛亮亦無不主動提及之理方是，為何非要等到李福回轉詢問後方願告知？因此，高宗認同陳壽在《三國志》中僅將此事附見於楊戲讚中，而不收於正史之史識。〔註58〕而以子質父事，高宗主要質疑重點在於，以子質父，是破壞倫理綱常之行，正史之功能在於「輔經以垂訓」，可以「示勸懲、昭法戒」。〔註59〕

---

〔註57〕《御批歷代通鑑輯覽》，卷 15，頁 0387，「御批」。
〔註58〕《御批歷代通鑑輯覽》，卷 28，頁 0796，「御批」。
〔註59〕《御批歷代通鑑輯覽・凡例》，頁 10。

如此一來，收錄以子質父事顯爲不當，道理顯而易見。

## （二）人物立傳標準論述

本處論及人物立傳標準之御批共有三則，除肯定范曄將樊英收入方技而非隱逸外，餘皆持反對立場。在評論樊英入方技的御批中，高宗認爲樊英應詔而無奇謀深策，實爲以「隱逸爲高」，「釣名倖進」者。故盛讚范曄入樊英於方技而非隱逸，主因便在於樊英其行實不符隱逸傳之要求。〔註60〕

高宗之所以盛讚樊英入方技之由，亦正是其所以批駁崔器入酷吏之由。考崔器之入酷吏，實因其於審查受安祿山父子官職者時，無求平恕之故。對於嚴格講究上下綱常及君臣大節的清高宗而言，受安祿山父子官職者無異二臣，嚴審二臣不僅無過，反而有功。故於御批中指出，崔器實因「執法致怨」，與「曲恕寬恩」者相較，其「是非爲有目者共覩」。唐史轉列崔器於酷吏傳，實乃「無識甚矣」。〔註61〕

此一態度亦見於其評論宋史做周韓通、李筠、李重進等三臣傳以表其忠之事。高宗於御批中明白表示，韓通、李筠二人之行誠無忝于忠義，然李重進身爲懿親，「靦顏受命」，而又於受命後「遲疑不決」，復舉兵與宋相抗，實爲宋之叛臣，而非周之忠臣，不可與韓通、李筠二人同列。〔註62〕

## （三）音義正誤

《通鑑輯覽》中專言音義正誤之御批共有四則，並全數爲《評鑑闡要》所轉錄其中，由是可見高宗在此一事項上的關心程度。〔註63〕從整體上觀之，因其論述重點極爲一致，故此四則御批並無一一分述的必要性。依高宗御批之意，考定金、蒙、回紇等國之音韻、姓氏、源流的主要考量在於，過往漢

〔註60〕《御批歷代通鑑輯覽》，卷24，頁0650。及同卷同頁，「御批」。

〔註61〕《御批歷代通鑑輯覽》，卷56，頁1680，「御批」。

〔註62〕《御批歷代通鑑輯覽》，卷71，頁2233，「御批」。

〔註63〕關於高宗對於訂正音韻一事之態度，亦可參見乾隆四十七年十一月初七日之上諭，茲引述如右：「……朕批閱《御批通鑑綱目》編內……于遼、金、元事多有議論偏謬其肆行詆毀者。……向命儒臣編纂《通鑑》，輯其中書法體例，有關大一統之義者，均經朕親加訂正，頒示天下……。至史筆係千秋論定，豈可騁私臆而廢公道乎？……所有《通鑑綱目續編》一書，其遼、金、元三朝人名、地名本應按照新訂正史一體更正。至發明、廣義內三朝時事不可更易外，其議詆毀之處，著交諸皇子及軍機大臣量爲刪潤，以符孔子《春秋》體例。仍令黏簽進呈，候朕閱定後，將此諭冠之編首，交武英殿照改本更正，後發交直省督撫各一部，令各照本抽。將此通諭中外知之。

譯往往「以意爲愛憎」,「每取惡字以示見貶」,現今「我國家中外一統」,不忍人名、官族爲「庸陋者流傳所誤」,故「改正其舊名並分注其下」,使後來的讀史者不會受到「前人謬妄」的影響。〔註64〕

## 第五節　史事論贊

　　《通鑑輯覽》之中,清高宗對歷代史事多有評論,數量極爲可觀。然單純針對往昔史家論述進行評論之御批卻出乎預期的稀少。在總評論數兩千一百二十九的御批中,被筆者認定爲其目的在於評論過往史家評論之御批僅有十一則,佔御批總數約百分之零點五。(見表 4-5-1)

　　然而,儘管此類御批所佔份量極爲稀少,卻是反應高宗史學思想之重要元素。通過檢查高宗對史論的臧否,吾人可以與上兩節所論述之御批進行交互探討,以便檢視高宗評論標準是否一致,進而得知並確認高宗對史事之評判標準爲何。

表 4-5-1：《通鑑輯覽》史論臧否類御批分卷簡表

| 卷　數　別 | 論　述　議　題 | 頁碼 | 備　　　註 |
|---|---|---|---|
| 第三十七卷 | 評論謝靈運。 | 1070 | 《評鑑闡要》亦有收入。 |
| 第四十一卷 | 評論馬仙？、袁昂。 | 1185 | 《評鑑闡要》未收。 |
| 第五十三卷 | 論劉友益以書立韋后爲愼微之非。 | 1576 | 《評鑑闡要》未收。 |
| 第六十五卷 | 論尹起莘、劉友益評論朱全忠李茂貞事。 | 2010 | 《評鑑闡要》未收。 |
| 第六十七卷 | 論胡寅評論李嗣源誅郭從謙事。 | 2100 | 《評鑑闡要》亦有收入。 |
| 第六十八卷 | 論胡寅評論唐明宗。 | 2121 | 《評鑑闡要》未收。 |
| 第六十九卷 | 論吳巒死事 | 2157 | 《評鑑闡要》未收。 |
| 第八十四卷 | 論周禮評論張浚誅范瓊。 | 2692 | 《評鑑闡要》未收。 |
| 第九十七卷 | 論周禮論李邦寧之論謬。 | 3156 | 《評鑑闡要》未收。 |
| 第九十九卷 | 論《續綱目》盡以災異歸元 | 3213 | 《評鑑闡要》未收。 |
| 第一百零六卷 | 論史家不識履霜堅冰之義。 | 3463 | 《評鑑闡要》未收。 |

資料來源：〔清〕傅恆奉敕撰,《御批歷代通鑑輯覽》一百二十卷（附明唐桂二王末四卷）,台北市：新興書局影印出版,民國48年。

---

〔註64〕《御批歷代通鑑輯覽》,卷77,頁2476,「御批」。

以《通鑑輯覽》第三十七卷，高宗認爲《通鑑輯覽》於謝靈運遭南朝宋主執誅事所記不當爲例，可略知此類御批之特徵。《輯覽》於該則記事記載如右：

> 靈運恃才放逸，……多所陵忽，故及於禍。〔註65〕

但高宗認爲，謝靈運執使興兵，「直是作反」，以「恃才陵物」爲其「及禍之由」，乃是「曲爲遷就」，非「春秋正義」也。〔註66〕但高宗對此並未在御批中指出修改方針，亦未曾要求《輯覽》修訂此處記載，與其一貫作風不合，何以如此，待考。

而在第六十七卷中，高宗論及李嗣源誅郭從謙，則引春秋義例，並據以批駁胡寅論點。高宗認爲，《春秋》於「趙盾不討賊則直筆書之」，況李嗣源比於郭從謙又更甚矣。因是之故，高宗明白指出李嗣源乃是「初無固殺之之心」，後「知爲清議所不容」，故「藉此以塞謗」耳。胡寅「不識事機」，且亦「無當於南董之義」。〔註67〕

除上開二則御批外，高宗亦在其餘五則同質性相近的御批中，反覆指出史家往往忽視事實本質，因而做出錯誤評論。錯誤輕微者如《輯覽》第五十三卷，高宗御批便是針對劉友益評論《綱目》義例之言而發，而非是針對《綱目》義例而發。在該則御批中，劉友益認爲《綱目》以「復」字加於「立韋后」之前，乃是因爲朱熹認爲韋后不可復立，故書「復」以記禍始。然高宗指出，中宗此舉「於禮宜然」，故不得比諸《春秋》「愼微之例」。〔註68〕

而第六十五卷評論朱全忠、李茂貞車駕奉迎事，〔註69〕以及第八十四卷周禮評論張浚密謀誅范瓊事皆爲實例。〔註70〕高宗分別在御批中點出劉友益、尹起莘，及周禮等三人「泥于綱目書法」，以致評論大謬，並進而指稱三人評論爲「癡人說夢」、「是非顛倒」，直不足「與論史事」。

綜合來看，清高宗的批判標準十分一致，在評論上皆以《春秋》義法爲主要評判標準，雖說其評論難免過苛，亦有偏於誅心之嫌，但仍能提出足以說服觀者之邏輯論據，而不致流於強詞奪理之論。

---

〔註65〕《御批歷代通鑑輯覽》，卷37，頁1070，
〔註66〕《御批歷代通鑑輯覽》，卷37，頁1070，「御批」。
〔註67〕《御批歷代通鑑輯覽》，卷67，頁2100，「御批」。
〔註68〕《御批歷代通鑑輯覽》，卷53，頁1576，「御批」。
〔註69〕《御批歷代通鑑輯覽》，卷65，頁2010，「御批」。
〔註70〕《御批歷代通鑑輯覽》，卷84，頁2692，「御批」。

# 第六節 小 結

作爲傳統帝王政治下的最高統治者，清高宗繼承了自太宗以來積極干預修史的傳統特徵，〔註71〕並積極透過官方史籍之編纂，來達到「以史御下」的效果。〔註72〕在一切筆削權衡皆由其睿裁所定的的修史模式下，高宗朝的官方史學活動在記載內容和形式上皆達到了一種前代少見的鼎盛狀態。

在此時期所纂修之《御批歷代通鑑輯覽》，拜清高宗積極介入所賜，得以在清代官修史書中佔有極其重要的一席之地。與歷史論述相關之御批，大致可以看出：

一、清高宗在其正統論述中，大體承襲了秦代以降，反映於空間意義上的一統概念。在其論述體系中，一個朝代如能達成疆域性質上的統一，則爲正統。而當此一統一政權無法維持其一統性，進而出現分裂局面時，如該朝代能控制之疆域仍達一定程度，則可擬於南北朝之例，承認此類偏安政權之正統性。即便此一偏安政權到了最後仍舊失其疆域，不得不輾轉遷徙、「苟延一線」，仍不可斥之以「僞」字。基於此一標準，高宗除將《續綱目》在宋元和元明易代之際處的論述做出修正外，針對明清易代之際的統緒傳承問題，高宗亦秉持著同一標準，將明亡的時間點重新定位於福王政權覆滅之後。此類論述邏輯對於清廷可說影響頗大。〔註73〕

二、在一統性論述建立之後，清高宗得以憑藉此一論述基礎發揚其於書法褒貶、人物進退，以及史地音韻考證等問題的看法。大體而言，上揭論述之主體皆以大一統作爲討論前提。凡合於義例者，如劉崇、翟義等則予之，不合於義例如曹操、王太皇太后、狄仁傑等則一律貶之。其用意在於借用史評來建立臣子對於大一統政權之不可侵犯之認識。篡奪者、未維護一統政權之延續者，皆需貶抑。

三、而在此一目的下，史書的教化功能亦爲清高宗所重視。對於何者應入何傳，何事應入或不應入正史，皆有其一套評判標準存在。此一標準

〔註71〕喬治忠，《清朝官方史學研究》，頁140～141。
〔註72〕葉高樹，《清朝前期的文化政策》，頁175～177。
〔註73〕喬治忠在《清朝官方史學研究》一書中除論及高宗正統思想外，對於清高宗的正統論對清朝官方史學政策和相關著作的影響亦有所論述。爲避免贅述，關於喬治忠論及高宗正統論述，以及此一論述體系所造成的影響，詳參氏著《清朝官方史學研究》，頁273～277。

便是以是否能「輔經以垂訓」、並達成「示勸懲、昭法戒」〔註74〕之作用。

整體而言,清高宗的歷史觀念是基於實用觀點而來的。除此之外,高宗在授命儒臣編輯《輯覽》的過程中,雖不避諱改動《綱目》論斷,但亦未更動《通鑑綱目》之基本框架。與評論歷史制度之御批相較下,高宗在此處的評論除傾向保持原有的評論框架外,也同時帶有濃厚的儒家道德觀念。除此之外,在御批中也可看出,高宗熱衷於將綱常名教觀念貫徹在史書編纂之上。從此一角度來看,所謂的歷史著作,與其說是「傳信示公」的文字記錄,毋寧說是清高宗用來「千秋論定」的統治工具而已。

---

〔註74〕《御批歷代通鑑輯覽・凡例》,頁 10。

# 結論　御批中之政治思想及其他

## 第一節　再解釋與史事考證

　　在前三章中，筆者已分別針對清高宗在御批內容中有關歷史事件、歷史人物，以及歷史思想等三方面進行過討論。在第二章中，我們可以發現，高宗對於史籍所記載之內容可謂慎思善疑，並且在考察和論斷上皆能建立明確的理論基礎和邏輯推演過程。即使其用以建立理論基礎和邏輯推演的根本信念，乃是來自於自小學習的儒家倫理道德教訓，但亦不妨礙我們藉助批語以反推高宗思想體系之形成過程。

　　事實上，諸如此種發生「自找前提」類型謬誤的御批，反而有助於讀者進一步體認到，高宗的對於歷史事件、人物之評判，實在是基於一固定模式而產生的論述體系。所謂「考史不若証傳」、「証傳不若徵經」等語，正是此一思想體系下的具體表現。在史以輔經的大前提下，「示勸懲」、「昭法戒」兩項原則便成為清高宗在評點史事時的重要關鍵。高宗為使讀史者能明白史事「守舊可法」、「變更宜戒」之處，從諸多面向上對歷朝史事發表評論。除針對具體議題如朋黨、紀綱、軍事等層面外，亦包含了從整體政治局勢演變處著手評論之御批。

　　從整體上來看，以史事考察為主之御批，其主要目的在於澄清史籍中未可盡信以及顯有謬誤的記載，並代以經過高宗給予認可的官方解釋和考定資訊。在對史事進行再考察和再解釋的過程中，屬於清廷官方的「歷史事實」便如此滲入了舊有的記載之中，這也是史實考證與史事評論類御批的重要功能。

## 第二節　統治穩定與人物評論

　　第三章中，在檢討高宗就歷史人物之行爲，進而評判其道德和能力而產生之再評論時，我們可以發現，無論是品評道德，或是月旦能力，高宗的中心主旨皆不出於「倫理」二字。進一步言之，在高宗的評判標準中，受評論者之道德是否足稱良善，並非僅就人物的單一行爲，也不是單純針對該項行爲在當時的狀況下是否恰當而定之。事實上，高宗對於歷史人物的道德評價，相當強調需「觀前後以誅其心」，如此一來方能達到「無所遁詞」的程度。〔註75〕

　　在此一前提下，過往的君臣將相，無論賢愚高下，皆受到高宗的重行檢視，以審核其歷史評價是否符合高宗個人的審視標準，也就是說，是否能夠符合高宗思想概念中的儒家道德禮法規範。職是之故，行爲不符禮法、於國家紀綱有損，或遭認定其行止於大節有虧之人，皆受到了高宗的指責。

　　此外，在部分狀況中，歷史人物之言論行爲並無顯違紀綱、毀損大節之情，但卻同樣受到高宗的責備。之所以會有此類情形產生，可以分作兩種情形看待。其一，是因高宗從帝王立場著眼，對於隱藏在受到高宗責備之人的言行舉止背後的思緒理路，進行了其個人獨有的詮釋和評判。此一評判的基準和觀點，是他人所無法進行的，具有高宗獨特的個人思想特徵。其二，部分受責者自身言行不符，或是前後有所不一，此類情形亦是高宗所欲加以貶抑的對象之一。此類批語，於評論魏晉南北朝時期人物時尤多。

　　例如，高宗評論溫浩，對其覥顏受位事深爲不許，認爲：

> ……罷官失勢，竟覥顏受其位置，卒致空函取怒。由其平日外盜虛聲，內貪榮利，是以一經挫折，底裏畢露，可鄙可笑，足爲僞士之戒。〔註1〕

又如唐代李渤，朝廷徵之不至，卻又對於朝政得失，屢有陳論，高宗對於此舉亦不表贊同，並於御批中表示：

> 既不就徵又復附陳得失，韓愈詩：少室山人索價高，足爲好名出位之戒。〔註2〕

由此可知，此類名實不符之人在高宗的評判標準下，皆屬於負面的示範標準。而透過對於負面對象的討論，則可讓我們進一步瞭解何種形象才是高宗心目

---

〔註75〕　請參見前揭第三章第二節中有關人物道德論述之相關御批和論述。
〔註1〕　《御批歷代通鑑輯覽》，卷33，頁0953，「御批」。
〔註2〕　《御批歷代通鑑輯覽》，卷59，頁1807，「御批」。

中的正面示範。

　　人物評論類御批的主要功能，除了指出哪些行為模式和人格特質是高宗所不喜的，更進一步地說明了為何高宗對於那些行為和特質有所不滿。歸根究柢，其核心概念仍是以帝王政治體系的穩定作為前提，進而對於可能有損統治穩定性的諸般狀況加以譴責。

## 第三節　進退權衡與書法褒貶

　　於第四章中，透過正統繫年、書法褒貶、史料採摘和入傳，以及史事論贊等四方面，可以進一步看出高宗在為數一百一十六卷的《御批歷代通鑑輯覽》之中，其秉持的評論主旨，除「倫理」二字外，「春秋大義」亦是觀書者所不可忽視的一大要因。

　　在正統繫年類御批中，高宗強調國統與君統乃是一體兩面之事，不可輕易地將二者分開討論。清高宗在《通鑑輯覽》中，以隋代煬帝和兩恭帝並存之事為例，說明統緒傳承上的不可無視尚在其位的正統君主，且亦不可擅自貶抑接續大統的後起君主。為有效說明此中複雜的傳承關係，高宗在《通鑑輯覽》利用大書年號與分注紀年的方式，巧妙的強調了其所認定的傳承體系。

　　在宋元興替問題上，高宗除以同一觀點解釋宋元間之正統遞嬗問題外，並進一步擴展了其理論體系中關於有效控制疆域的範疇。高宗指出，只要前代君主尚未失去對其統治疆域的有效控制，即便後起朝代已出，正統所繫仍須繫於前朝，而不可擅自轉至後朝。

　　但是此一擴張解釋在高宗的理論體系中並不是絕對不可打破的原則，在評論南明問題上，高宗便打破了此一原則，認為明亡之時不能繫於李自成攻陷北京，而應繫於福王政權崩壞之時。

　　其評論要點在於，莊烈帝雖於煤山身殉，但福王仍於江南統有半壁江山。如能自立，「未嘗不可為南北朝，如宋高宗之例也。」然而「守成者自失神器」，故不能以南北朝之例評論福王政權。但是，在此情形下應繼承明代統緒的唐、桂二王，卻又未能握有足夠的疆域以遂行其統治能力，故亦得以「不成君」之例準之，不能將唐、桂二王視為明統的正當繼承者。職是之故，高宗遂將明代之亡繫於福王政權的覆滅，而非繫於唐、桂二王之覆滅，亦自有其一番道理在。

　　就整體觀之，高宗的正統編年觀念大致包含了三個層面。首先。只要正統統緒仍有合法的繼承人在，則不可削其年號而不刊。其次，所謂合法繼承的人，除宗族關係外，亦需視其能否對統治疆域施以有效的掌控，流離失所，窮竄邊隅者則不可視之為正統。最後，如果正統政權能在一定區域中有效實施統治權力的話，則可將該偏安政權視作是原正統政權的延續。

　　而在書法褒貶類御批中，高宗的評論重點在於「義法」二字，凡是對於人物、史事之論述有不合高宗看法之處，御批中多有批評。就內容言之，可以看出高宗評斷人物之標準，在於受評斷者是否盡到其身份所應當為之職守，而是否盡職的權衡準則，則以「君臣大義」為斷。

　　身為傳統政治體系中，唯一有權對於歷史裁斷進行最後定案之人，清高宗在評論《綱目》等書之書法義例時，並不存有必須要嚴格遵守朱子義例的義務，亦無須遷就朱子義例來進行史籍解釋。相反的，《綱目》、《續綱目》等書中義例不符高宗見解之處，在《通鑑輯覽》中多有變更。此類變更之目的，在於期許修改後之歷史人事論斷，能帶來「大防不致陵夷漸滅」的功用，並「為萬世昭公道」。此外，《通鑑輯覽》對過往記載的修改，也同時反映了高宗所謂「予奪進退，悉準至公」的歷史論斷，究竟是針對何處而發。

　　除對史書中運用的書法義例有所修正外，高宗對於史籍在編纂過程中，應如何進行史料採摘、選取，以及列傳體例上亦多有陳見。我們可以在御批中發現，高宗重視的是史籍傳達「真實」，以及「輔經垂訓」的教化功能。藉由御批的形式，高宗在《通鑑輯覽》中反覆強調此類功能的重要性，並以此作為批駁歷代史籍的理論依據。此外，雖然批語中未曾明言此一觀點，但仍可看出部分修改內容具有強烈的象徵意義，代表了清廷大一統以及中外一體的政治主張。舉凡考定、修正邊疆部族之音韻、姓氏以及族群源流之處，皆可看出此類痕跡的存在。

　　而在評論前人的歷史論述觀點上，高宗的批判標準大致可稱一致。雖說內中不無誅心之論，其標準亦略顯嚴苛，但仍有其自身之論述依據，而不是單純的信口雌黃，強詞奪理。

## 第四節　御批中的政治意涵及其影響

　　大體上來說，以上各章所討論的「御批」，具體而微的呈現了清王朝自太

宗以降，官方積極干預史館事業的傳統特徵。〔註3〕在《通鑑輯覽》一書編纂
的過程之中，清高宗藉由對歷史事件進行考證和改定，使過往讀史者藉由閱
讀史冊所認識的「歷史」，其內容或是受到《輯覽》所載，經過高宗認可的「歷
史事實」滲入，或是直接被新的「史實」取而代之。而在此一變動的過程中，
《輯覽》讀者群的歷史認知亦勢必隨之更動，官方認可的「史實」便如此成
爲了眾人不得不認同的事實。

　　除透過編纂官方史籍來強化官定史事的影響力外，清高宗亦藉由重新評
定歷史人物的優劣高低，重新對當朝臣民傳達了其所應遵守的本分。在御批
中，高宗反覆指出歷朝人物的不當言行，以爲訓誡後代子孫及列朝臣工之用。
如東漢兩晉時期的清談相尚之風，高宗便以統治者的立場指出，所謂名士，
不知「所處何時」，惟以「庭觀雅樂」爲事，此類人物可謂「禍人於斯而極矣」。
〔註4〕而在朋黨問題上，高宗指責兩漢三公徵聚門徒之舉，指出此舉「實啓黨
人清流惡習」。而此一惡習浸淫及於宋明二代，乃成洛蜀、東林黨爭。高宗認
爲，此眞所謂「蹈覆轍而不悔者」。〔註5〕又以呂惠卿請留王安石事爲例，對
於結黨營私之舉深加痛斥，指出：

　　……小人勢盡交踈，相傾相軋，情態實可憎鄙。不獨蠹國殃民，貽
　　千古唾罵巳也。〔註6〕

由於「用人爲致治大綱，豈宜稍參私意」，故高宗認爲此種「朝臣黨援之習，
爲上者方當力爲整飭。」且爲上者必須注意自己的立場，不能有「曲事調停」
之舉，以維護紀綱尊嚴。〔註7〕

　　除藉由批判歷代朋黨爭執以警戒後繼君主和諸臣外，君臣分際亦是高宗
所極度重視的一點。在《通鑑輯覽》之中，論及君臣之間上下分際之御批實
不勝枚舉，高宗在批語中多次強調「太阿倒持，勢難孤立」之理，〔註8〕並
以唐代河北藩鎮問題爲例，指出范祖禹歸咎僕固懷恩之論「盡是而未盡」。
高宗認爲：

---

〔註3〕 關於清太宗干預修史之記載，請參見上揭喬治忠，《清代官方史學研究》，頁
　　　　140～141。
〔註4〕 《御批歷代通鑑輯覽》，卷26，頁0737，「御批」。
〔註5〕 《御批歷代通鑑輯覽》，卷23，頁0630，「御批」。
〔註6〕 《御批歷代通鑑輯覽》，卷77，頁2472，「御批」。
〔註7〕 《御批歷代通鑑輯覽》，卷78，頁2515，「御批」。
〔註8〕 《御批歷代通鑑輯覽》，卷24，頁0673，「御批」。

　　蓋唐自元宗昏縱召亂于前，肅、代姑息養奸于後。內而宦官，外而
　　方鎮，已成太阿倒持之勢。向常論此，以爲未有失其本而能治其末
　　者。夫本存乎人君之一心，心不正則不明，何以官人，何以命將。
〔註9〕

在此則御批中，高宗明確指出，爲防權柄之外移，爲上者應守正其心，否則
不僅無從官人，亦無從命將。此外，對於「杖撞入床」一類有失君體之舉，
高宗也有所訓誡，〔註10〕其教育後繼君主應如何爲君之義，顯而易見。

　　除爲君之道外，高宗亦積極的以御批的形式，指出爲臣者應符合哪些要
件，方可許爲純臣。「置國事於膜外」者固不必言，〔註11〕舉凡「銜私激憤」、
〔註12〕當諫不諫，〔註13〕「矯情干譽」之舉，〔註14〕皆有失大臣之義，不得
視爲純臣。相對來說，爲高宗所稱許者，除行止「凜然大義」如袁淑、〔註15〕
宗澤輩外，〔註16〕密陳造膝，拳拳于父子骨肉之間，以啓沃格心爲己責」的
李泌、〔註17〕「守法持正」的宋璟，〔註18〕以及「忠誠自矢，歷久不渝」的
托克托，俱是高宗認爲具有大臣風範之人。

　　從上開諸臣言行可知，高宗期許臣子的標準，大致不出「無私心」、「公
忠體國」，凡事以國家爲先等要旨。換句話說，除了對國家盡忠外，能不念己
利，在朝政上凡事惟求公利，立身務求嚴正，方是高宗眼中的純臣。

　　上文諸例，正是《輯覽》所謂「則所以教萬世之爲君者，即所以教萬世
之爲臣者也」的最佳範例。〔註19〕然而，除上列諸項爲臣者應守之準則外，「臣
節」一事，亦是高宗評價人物的重要關鍵。

　　高宗認爲，「出處之際，大節攸關」，〔註20〕且「名分所昭，天澤有定。

〔註9〕　《御批歷代通鑑輯覽》，卷56，頁1698，「御批」。元宗當爲玄宗，因避諱故
　　　　改寫爲元。
〔註10〕　《御批歷代通鑑輯覽》，卷22，頁0592，「御批」。
〔註11〕　《御批歷代通鑑輯覽》，卷40，頁1161，「御批」。
〔註12〕　《御批歷代通鑑輯覽》，卷99，頁3234，「御批」。
〔註13〕　《御批歷代通鑑輯覽》，卷50，頁1482，「御批」。
〔註14〕　《御批歷代通鑑輯覽》，卷94，頁3025，「御批」。
〔註15〕　《御批歷代通鑑輯覽》，卷38，頁1098，「御批」。
〔註16〕　《御批歷代通鑑輯覽》，卷83，頁2664，「御批」。
〔註17〕　《御批歷代通鑑輯覽》，卷56，頁1677，「御批」。
〔註18〕　《御批歷代通鑑輯覽》，卷54，頁1604。
〔註19〕　〈御批歷代通鑑輯覽・御製序〉
〔註20〕　《御批歷代通鑑輯覽》，卷95，頁3091，「御批」。

既廁闡仕，即義在死。」〔註21〕在此一標準之下，包括晏嬰、蘇武、狄仁傑等素有美譽之人，又或是被高宗鄙爲「從古第一無恥者」，歷事五朝，自號「長樂老」的馮道，皆難逃高宗的指責。而能持正不屈，慷慨赴義如東漢臧洪、唐代張巡、許遠、金朝完顏薩布等人，即便其人或有不可爲訓之處，仍是值得以御批嘉獎之。〔註22〕

　　藉由對人物事蹟的重新定位，清高宗可說在《通鑑輯覽》中打造了一個嶄新的評定準則。此一準則中的唯一評判標準，可以「各盡其份，盡忠報國」八字作爲總結。基本上來說，此一評判標準具有普遍性的特徵，此一評判標準只以受評判者的行爲爲評判對象，與受評判者的所屬族群或是身份地位一概無涉。特別是就「死節」層面觀之，除大量記述明清政權交替之際，官場與民間諸人的生死抉擇外，亦重新探討了歷代史事中與生死抉擇有關的諸多史蹟，無論對於史載之事是褒揚或是貶抑，皆可據此辨識高宗所欲建立的價值觀念究爲何物。〔註23〕

　　就全書價值來看，《通鑑輯覽》在清代官修史籍中可說是居於一承先啓後之地位，無論是早已修竣之史書—如聖祖時期之《御批通鑑綱目》，以及《明史》、《明紀綱目》等書，或是後續纂修的《勝朝殉節諸臣錄》或《貳臣傳》等書，內中皆可發現《輯覽》的影響。〔註24〕

　　乾隆四十七年十一月初七日，諭曰：

---

〔註21〕《御批歷代通鑑輯覽》，卷95，頁3061，「御批」。

〔註22〕高宗認爲，完顏薩布雖圖「潔身獨善」，「置國事於不顧」，但因其「尚能殉義以全大節」，並未在批語中對完顏薩布有進一步的指責。關於御批全文，請見《御批歷代通鑑輯覽》，卷91，頁2950，「御批」。又，該則御批中，完顏氏之名先作薩布，後又作賽布，於此亦略可窺見《輯覽》全書在刊刻上的粗疏之處。

〔註23〕葉高樹認爲，官修史書傳達的概念可視爲是「以史御下」的策略，筆者十分認同此一看法。但其所言：「乾隆皇帝在忠君教育層面所舉證的範例，無論是忠節義行、畏死倖生或反覆無常，都是記述明清政權轉移之際漢人對前途的抉擇」云云，筆者不敢苟同。一如正文所言，高宗在《通鑑輯覽》對於歷代史事皆有探討，並不僅限於明清政權轉移之際。僅以忠節而言，便有評論晏嬰不死君難、蘇武娶婦生子、公孫祿與王莽贊議、廉丹盡節王莽、楊彪受魏光祿大夫，以及劉殷仕漢等諸多批語。針對畏死倖生一類，亦有評論袁淑、王僧綽、沈文秀、王琨、王志、范雲、沈約諸人之御批。故葉高樹所言，實有有待商榷之處。關於葉高樹對官修史書中「以史御下」策略的看法，請見氏著《清朝前期的文化政策》，頁156～177。

〔註24〕關於《御批通鑑綱目》、《明紀綱目》等書依照《通鑑輯覽》義例改正之過程，請參見上揭何冠彪《明清人物與著述》，頁257～280。

……朕批閱《御批通鑑綱目》編內……于遼、金、元事多有議論偏謬其肆行詆毀者。《通鑑》一書關係前代治亂興衰之跡，至《綱目》（資治通鑑綱目）祖述麟經，筆削惟嚴，爲萬世公道所在，不可稍涉偏私。……況前史載南北朝相稱，互行詆毀，此皆當日各爲其主，或故爲此訕笑之詞。至史筆係千秋論定，豈可騁私臆而廢公道乎？……所有《通鑑綱目續編》一書，其遼、金、元三朝人名、地名本應按照新訂正史一體更正。至《發明》、《廣義》內三朝時事不可更易外，其議詆毀之處，著交諸皇子及軍機大臣量爲刪潤，以符孔子《春秋》體例。仍令黏簽進呈，候朕閱定後，將此諭冠之編首，交武英殿照改本更正，後發交直省督撫各一部，令各照本抽。將此通諭中外知之。〔註25〕

由前引上諭可知，《通鑑綱目續編》之所以有需要再行修訂，實因「前史載南北朝相稱，互行詆毀」，而「于遼、金、元事多有議論偏謬。」此類記載除與《通鑑輯覽》中經清高宗欽定之書法體例多有不合之處外，於人名、地名處也與新訂正史有所齟齬。故需依照新訂正史－也就是《御批歷代通鑑輯覽》的定例，重新加以修正。

除強調記注義例之畫一性外，《輯覽》中所進行之對於歷朝臣子在易代之際的生死抉擇評判，則是以獎勵「慷慨輕生」的形式爲後來史著所繼承。乾隆四十年十一月初十日，清高宗透過軍機處頒佈上諭，於其中指出：

崇講忠貞，所以風勵臣節。然自昔累朝嬗代，凡勝國死事之臣。罕有錄予易名者。……久而遺事漸彰，複經論定，今明史所載可按而知也。……力矢孤忠，終蹈一死以殉。……遭際時艱，臨危授命，均足稱一代完人，爲褒揚所當及。……即自盡以全名節，其心亦可衿憐。……捨生取義，各能忠於所事，亦豈可令其湮沒不彰？自宜稽考史書，一體旌諡。其或諸生韋布，及不知姓名之流，並能慷慨輕生者，議諡固難，於概及亦當令俎豆其鄉，以昭軫慰。……又若明社將移，孫承宗、盧象升等之抵拒王師，身膏原野……凡明季盡節諸臣，既能爲國抒忠，優獎實同一視。〔註26〕

〔註25〕《軍機處檔・乾隆朝上諭檔》・長本》（臺北，國立故宮博物院藏），乾隆四十七年檔，頁 168 至 170，乾隆四十七年十一月初七日。

〔註26〕《軍機處檔・乾隆朝上諭檔》・長本》（臺北，國立故宮博物院藏），乾隆四十

上諭中明確表示，之所以易名與諡，其目的在於「風勵臣節」。而獎勵的標準則端視其人是否「力矢孤忠」、「一死以殉」。即便是「諸生韋布，及不知姓名之流」，只要「捨生取義，各能忠於所事」，便可「俎豆其鄉」，與明季盡節者「優獎實同一視」。此種標準衍生到最後，便形成了編輯《貳臣傳》的中心思想。

乾隆四十一年十二月戊戌日，上諭：

> 諭軍機大臣等。前因沈德潛選輯《國朝詩別裁集》，進呈求序。朕偶加批閱，集內將身事兩朝，有才無行之錢謙益居首，有乖千秋公論。而其中體制錯謬，及世次前後倒置，亦複不可枚舉。因於御制序文內，申明其義，並命內廷翰林，爲之精校去留，俾重鑄版，以行於世……。〔註27〕

而庚子日又發上諭：

> 諭：昨閱江蘇所進應毀書籍內，有朱東觀選輯明《末諸臣奏述一卷》……指言明季秕政，語多可采，因命軍機大臣，將疏中有犯本朝字句，酌改數字，存其原書。而當時具疏諸臣……在明已登仕版，又復身仕本朝。其人既不足齒，則其言不當復存，應概從刪削。蓋崇獎忠貞，即所以風勵臣節也。……及降附後，潛肆詆毀之錢謙益輩，尤反側僉邪，更不足比於人類。……朕思此等大節有虧之人，不能念其建有勳績，諒於生前；亦不因其尚有後人，原於既死。今爲準情酌理，自應於國史內，另立貳臣一門，將諸臣仕明及仕本朝各事蹟據實直書。使不能纖微隱飾…此實朕大中至正之心，爲萬世臣子植綱常。〔註28〕

從上諭中不難看出，《通鑑輯覽》中一再強調之「則所以教萬世之爲君者，即所以教萬世之爲臣者也」的評判標準，被此《勝朝殉節諸臣錄》和《貳臣傳》二書以褒獎忠孝的形勢繼承下來，並成爲編纂該類史籍時的唯一標準。

除對乾隆朝的官方史籍編輯作業產生深遠的影響外，《通鑑輯覽》中針對如何穩定王朝的統治基礎，亦有著自成體系的一套論述邏輯。清高宗於御批中多次針對倡議分封、均田、井田或是車戰之類的言論發表看法，認爲「古

---

年檔，頁 149～151。乾隆四十年十月初十日。又見於《清實錄‧高宗純皇帝實錄)》，頁 14630。

〔註27〕《清實錄‧高宗純皇帝實錄)》，乾隆四十一年十二月戊戌，頁 15023。

〔註28〕《清實錄‧高宗純皇帝實錄)》，頁 15023～15024。

制不能復于後世，亦其事使然」，〔註29〕對於陸贄「欲改賦錢而復徵穀絹」一事，亦認爲此一作法乃是「徒泥故冊陳言，而不知時勢所便」之舉。〔註30〕由是可知，高宗並不認爲政治制度是不能加以變更的。儘管其對王莽改制，以及王安石變法之事多有批評，但此種批評事實上是建基於結果而進行的，並不是因爲改制不當所以批評，而是因爲改制結果不盡理想，而使得高宗認爲此種變法是不可行的。

但在文物衣冠上，高宗卻相當堅持其不可更易性，對於元魏改制衣冠，金主棄圍獵地與民耕等事，高宗皆不表贊同。但是此類情形不可視作是高宗因循守舊之舉。就本質上來說，強調舊俗之不可廢棄，其實際上反映了清高宗對於滿族文化被漢族文化日漸稀釋的憂慮。無論是強調「風礪臣節」，或強力的迫使滿人重回「國語騎射」之路，在在顯示了高宗對於一個以滿洲部族成員爲主要統治成員的政治架構，其核心成員日漸漢化，失去自身獨特性質的憂慮。〔註31〕

除此之外，爲了使清王朝的傳承體系能夠永續發展，清高宗針對歷朝史事中與儲位問題有關處，一一指出其中「墨守嫡長」、〔註32〕「狃於立長立嫡」之處，〔註33〕強調：

　　……夫以天下與人易，爲天下得人難，所爲遲遲而不敢冒昧從事，正堯舜之志也。……嘗考以忠臣自負者，莫不以早建太子，擇賢師傅教

---

〔註29〕 《御批歷代通鑑輯覽》，卷47，頁1731，「御批」。

〔註30〕 《御批歷代通鑑輯覽》，卷59，頁1789，「御批」。

〔註31〕 喬治忠認爲：「他（清高宗）從『法祖』觀念引出反對一切變法的政治見解，則是在批閱《通鑑輯覽》中形成的。」筆者對此看法略有不同的意見。事實上，「變法」二字所牽涉的層面相當廣闊，舉凡組織架構的變革、錢糧刑名的改良，甚至防洪賑飢等社會救濟措施的執行，皆可視作是變法的一環。而所謂「守舊可法，變更宜戒」一語，在筆者看來，喬治忠對此語的解釋較貼近於「遵守舊規是值得師法的，變更舊規是必須要慎之戒之的」。但是筆者認爲，這句話其實應該看做高宗在提點讀史者，哪些事情在遵守舊規的情況下是值得效法的，而又有哪些事情在變更後結果不良，故需加以警戒。在對清高宗此語的解釋上，筆者以爲，喬治忠的解讀並不必然錯謬，謹以長註腳的形式附於頁末，以爲討論。關於喬治忠對於清高宗變法思想的討論，請參見氏著《中國官方史學與私家史學》，頁266～267。此外，筆者認爲對於高宗強調滿洲舊俗風尚諸事的解釋，葉高樹的看法實有值得參考之處。關於葉高樹對於清高宗重行「國語騎射」的看法，請參見氏著《清朝前期的文化政策》，頁414。

〔註32〕 《御批歷代通鑑輯覽》，卷30，頁854，「御批」。

〔註33〕 《御批歷代通鑑輯覽》，卷34，頁997，「御批」。

之爲急務。此無他，蓋半出於懵懂，盜襲人言而不知世務。半出于僉邪，欲圖後日之富貴而已。孔子曰：「唯上智與下愚不移」，若因選賢教之即得賢，堯舜早施之丹朱商均矣。且世愈變而風愈下，名位已定，其不肖者固不足論，即有英賢之姿，諛之者獻其逢迎，忌之者亟其排陷，古今之蹟，章章可考也。則何如令其同列兄弟之間，均選賢而教之，之爲愈乎？是不亟亟于策立者，實所以保全之也。設云，一旦不虞，將起紛爭。蓋處置得宜，雖不立亦如泰山之安，若處置不得宜，雖立定亦有肘腋之患。茲故悉而論之，以破千載之惑。〔註34〕

而於乾隆四十八年起始編纂之《古今儲貳金鑑》，作爲一部使秘密建儲制度理論化，成熟化的官定史籍，該書在理論基礎上皆依高宗於《輯覽》中所發之批語而行。由此可見，《通鑑輯覽》對於清代秘密建儲制度的完善，實有其不可抹煞之貢獻。〔註35〕

# 第五節　結　論

　　從上文中可以知道，《通鑑輯覽》全書，無論是正文部分或是簡端批語，俱是高宗個人在御批該書前之三十餘年統治經驗的具體反映。高宗站在盛世統治者的角度上，展現了一種帶有濃厚儒家道德觀念風采的使命感，對於歷史上的人、事、物提出了屬於愛新覺羅・弘曆其人的獨有論述。

　　此種論述的特徵在於靈活運用了傳統漢族史學的纂修傳統，將滿族入關前略顯質樸的撰修方式，昇華到了寓褒貶於一字的境界。除去部分政治意涵較低的史事考證御批不談，此種藉由御批修正史事記載和人物評價的手法，使得清高宗得以用較少的政治成本來緩和滿漢族群間所可能潛藏的思想衝突。此外，針對蒙古等外藩地帶所進行的語言和族群源流考證，亦是清廷天下一統概念的進一步展示。而將目光擴展到科場之上，由於官定史書在科考策論中代表了歷史策論考題的標準解答，且乾隆朝的官定史書又皆帶有《通鑑輯覽》的色彩。職是之故，我們可以理解《輯覽》一書對於有志科考者，自有其不可違逆的地位。

---

〔註34〕《御批歷代通鑑輯覽》，卷62，頁1905，「御批」。

〔註35〕關於《通鑑輯覽》與《古今儲貳金鑑》間的關係，可參看喬治忠，《中國官方史學與私家史學》，頁267。

作爲清高宗前半生歷練的具體展現，《輯覽》一書的歷史觀念是基於實用觀點而存在的，雖然在部分政治事務的處理上，高宗並不反對因時制宜的作法，但凡涉及綱常名教之處，則毫無妥協可言。此種以傳統道德意涵爲敍事主軸的編纂方式，對於後繼的清廷君臣之影響實在難以量化，此一部份仍有待進一步深入進行研究和討論。

本文僅就閱覽所及，敬陳一孔之見，多有疏漏之處，還請讀者多加指正。

# 附錄 《御批歷代通鑑輯覽》各卷御批數量表

| 卷別 | 總數（則） | 起迄年代〔註36〕 | 歷經年數 |
|---|---|---|---|
| 1 | 10 | 伏羲氏至有虞氏帝舜五十載 | 152 |
| 2 | 12 | 夏禹元載至商王受辛三三祀即周武王十三年 | 1083 |
| 3 | 7 | 周武王十三年至周幽王一年 | 352 |
| 4 | 14 | 周平王元年至周襄王九年 | 128 |
| 5 | 13 | 十年至周定王二十一年 | 57 |
| 6 | 18 | 周簡王元年至周景王十一年 | 52 |
| 7 | 12 | 十二年至周敬王三十年 | 44 |
| 8 | 10 | 三十一年至周威烈二十二年 | 86 |
| 9 | 12 | 二十三年至周赧王三十五年 | 123 |
| 10 | 12 | 三十六年至秦王政二十五年 | 59 |
| 11 | 9 | 秦始皇二十六年至秦二世三年 | 15 |
| 12 | 13 | 楚漢元年至漢高帝五年 | 5 |
| 13 | 13 | 六年至呂后八年 | 22 |
| 14 | 18 | 漢文帝元年至漢景帝後三年 | 39 |
| 15 | 11 | 漢武帝建元元年至元狩六年 | 24 |

〔註36〕起迄年代中，以小字書寫的部分爲皆爲《輯覽》原書形式所爲。年代小字書
寫者表示在《輯覽》中並未將該朝視爲正統。此外，亦有多個年號皆爲大書
紀年者，此種情形表示當時爲多個政權分立的情形，《輯覽》在編輯凡例上以
各爲匹敵國視之。

| 16 | 17 | 漢武帝元鼎元年至漢昭帝始元六年 | 36 |
|---|---|---|---|
| 17 | 20 | 元鳳元年至漢宣帝黃龍元年 | 32 |
| 18 | 15 | 漢元帝初元元年至漢成帝永始四年 | 36 |
| 19 | 12 | 元延元年至漢平帝元始五年 | 17 |
| 20 | 17 | 漢孺子嬰居攝元年至漢淮陽王三年 | 19年有奇 |
| 21 | 21 | 後漢光武帝建武元年至十八年 | 17年有奇 |
| 22 | 17 | 建武十九年至後漢章帝建初八年 | 40 |
| 23 | 20 | 元和元年至後漢安帝建光元年 | 38 |
| 24 | 18 | 延光元年至後漢桓帝延熹二年 | 38 |
| 25 | 22 | 延熹三年至後漢靈帝中平四年 | 28 |
| 26 | 19 | 中平五年至後漢獻帝建安四年 | 12 |
| 27 | 16 | 建安五年至二十五年 | 21 |
| 28 | 23 | 蜀漢昭烈帝章武元年至蜀漢帝禪延熙十一年 | 28 |
| 29 | 16 | 延熙十二年至晉武帝咸甯五年 | 31 |
| 30 | 22 | 太康元年至晉惠帝永興元年 | 25 |
| 31 | 15 | 永興二年至晉元帝太興元年 | 14 |
| 32 | 25 | 太興二年至晉穆帝永和三年 | 29 |
| 33 | 15 | 永和四年至晉孝武帝太元四年 | 32 |
| 34 | 14 | 太元五年至晉安帝隆安二年 | 19 |
| 35 | 17 | 隆安三年至義熙六年 | 12 |
| 36 | 20 | 義熙七年至宋文帝元嘉四年魏太武帝始光四年 | 17 |
| 37 | 15 | 元嘉五年神麕元年至元嘉二十七年太平眞君十一年 | 23 |
| 38 | 17 | 元嘉二十八年平眞君十二年至宋明帝泰始二年魏獻文帝天安元年 | 16 |
| 39 | 22 | 泰始三年皇興元年至齊武帝永明四年魏孝文帝太和十年 | 20 |
| 40 | 18 | 永明五年太和十一年至齊主寶卷永元二年魏宣武帝景明元年 | 14 |
| 41 | 19 | 齊和帝中興元年景明二年至梁武帝天監十八年魏孝明帝神龜二年 | 19 |
| 42 | 16 | 普通元年正光元年至大通二年魏孝莊帝永安三年 | 11 |
| 43 | 23 | 中大通三年魏節閔帝普泰元年至中大同元年東魏孝靜帝武定四年 | 16 |

| 44 | 16 | 太清元年武定五年至梁元帝承聖元年魏廢帝欽元年齊文宣帝天保三年〔註37〕 | 6 |
|---|---|---|---|
| 45 | 17 | 承聖二年魏廢帝欽二年天保四年至陳主伯宗光大二年齊天統四年 | 16 |
| 46 | 20 | 陳宣帝太建元年至隋文帝開皇八年 | 20 |
| 47 | 13 | 開皇九年至隋煬帝大業二年 | 18 |
| 48 | 14 | 大業三年至大業十三年 | 11 |
| 49 | 22 | 大業十四年至唐高祖武德六年 | 6 |
| 50 | 25 | 唐高祖武德七年至唐太宗貞觀十年 | 13 |
| 51 | 18 | 貞觀十一年至唐高宗永徽六年 | 19 |
| 52 | 20 | 顯慶元年至唐中宗嗣聖六年 | 34 |
| 53 | 34 | 嗣聖七年至唐睿宗景雲元年 | 21 |
| 54 | 26 | 景雲二年至唐玄宗開元二十五年 | 27 |
| 55 | 17 | 開元二十六年至天寶十五載（即唐肅宗至德元載） | 19 |
| 56 | 23 | 唐肅宗至德二載至唐代宗大曆三年 | 12 |
| 57 | 23 | 大曆四年至唐德宗建中四年 | 15 |
| 58 | 23 | 興元元年至貞元九年 | 10 |
| 59 | 21 | 貞元十年至唐憲宗元和七年 | 19 |
| 60 | 18 | 元和八年至唐敬宗寶曆二年 | 14 |
| 61 | 23 | 唐文宗太和元年至唐武宗會昌六年 | 20 |
| 62 | 23 | 唐宣宗大中元年至唐僖宗乾符五年 | 32 |
| 63 | 15 | 乾符六年至唐昭宗龍紀元年 | 11 |
| 64 | 14 | 大順元年至天復元年 | 12 |
| 65 | 15 | 天復二年至天佑九年後梁太祖乾化二年 | 11 |
| 66 | 13 | 後梁主瑱乾化三年至後唐莊宗同光元年 | 11 |
| 67 | 17 | 同光二年遼太祖天贊四年至後唐明宗長興二年遼太宗天顯七年 | 8 |
| 68 | 17 | 長興三年天顯八年至後晉高祖天福六年會同五年 | 10 |
| 69 | 15 | 天福七年遼太宗會同六年至後漢隱帝乾佑元年遼世宗天祿三年 | 7 |
| 70 | 18 | 乾佑二年天祿四年至後周世宗顯德五年遼穆宗應曆九年 | 10 |
| 71 | 17 | 顯德六年應曆十年至宋太祖開寶七年遼景宗保甯七年 | 16 |

〔註37〕魏廢帝元欽沿用孝靜帝年號，即位年去年號，稱元年。

| 72 | 19 | 開寶八年保甯八年至宋太宗淳化五年遼聖宗統和十四年 | 20 |
| 73 | 22 | 至道元年統和十五年至宋眞宗天禧三年太平元年 | 25 |
| 74 | 17 | 天禧四年太平二年至宋仁宗慶曆元年遼興宗重熙十二年 | 22 |
| 75 | 22 | 慶曆二年重熙十三年至至和二年遼道宗清甯三年 | 14 |
| 76 | 28 | 嘉佑元年清甯四年至宋神宗熙寧二年咸雍三年 | 6 |
| 77 | 27 | 熙寧三年咸雍八年至熙寧八年太康三年 | 6 |
| 78 | 22 | 熙寧九年太康四年至宋哲宗元佑六年太安九年 | 16 |
| 79 | 17 | 元佑七年太安十年至宋徽宗崇寧二年遼天祚帝乾統五年 | 12 |
| 80 | 20 | 崇寧三年乾統六年至重和元年天慶十年 | 15 |
| 81 | 20 | 宣和元年保大元年至宣和七年金太宗天會三年 | 7 |
| 82 | 19 | 宋欽宗靖康元年天會四年至靖康二年天會五年 | 一年有奇 |
| 83 | 17 | 宋高宗建炎元年至建炎二年天會六年 | 一年有奇 |
| 84 | 20 | 建炎三年天會七年至紹興元年天會九年 | 3 |
| 85 | 17 | 紹興二年天會十年至紹興七年天會十五年 | 6 |
| 86 | 15 | 紹興八年金熙宗天眷元年至紹興十五年皇統五年 | 8 |
| 87 | 13 | 紹興十六年皇統六年至紹興三十二年金世宗大定二年 | 17 |
| 88 | 23 | 宋孝宗隆興元年大定三年至淳熙十六年大定二十九年 | 27 |
| 89 | 17 | 宋光宗紹熙元年金章宗明昌元年至宋寧宗開禧元年太和五年 | 16 |
| 90 | 23 | 開禧二年太和六年元太祖元年至嘉定十三年金宣宗興定四年元太祖十五年 | 15 |
| 91 | 22 | 嘉定十四年興定五年元太祖十六年至宋理宗紹定五年金哀宗天興元年元太宗四年 | 15 |
| 92 | 18 | 紹定六年天興二年元太宗五年至淳佑十年元定宗五年 | 18 |
| 93 | 19 | 淳佑十一年元憲宗元年至宋度宗咸淳四年元世祖至元五年 | 18 |
| 94 | 22 | 咸淳五年至元六年至宋帝㬎德佑二年至元十三年 | 7年有奇 |
| 95 | 19 | 至元十三年宋益王昺景炎元年至至元二十四年 | 12 |
| 96 | 17 | 至元二十五年至元成宗大德十一年 | 20 |
| 97 | 25 | 元武宗至大元年至元泰定帝致和元年 | 21 |
| 98 | 26 | 元明宗元年至元順帝至正十二年 | 24 |
| 99 | 23 | 至正十三年至至正二十七年 | 15 |
| 100 | 27 | 明太祖洪武元年至洪武十九年 | 19 |
| 101 | 31 | 明太祖洪武二十年至明惠帝建文四年 | 16 |

| 102 | 23 | 明成祖永樂元年至明仁宗洪熙元年 | 23 |
|---|---|---|---|
| 103 | 23 | 明宣宗宣德元年至明英宗正統十一年 | 21 |
| 104 | 18 | 正統十二年至明景帝景泰七年 | 10 |
| 105 | 26 | 景泰八年英宗復辟天順元年至明憲宗成化九年 | 17 |
| 106 | 24 | 明憲宗成化十年至明孝宗弘治九年 | 23 |
| 107 | 20 | 弘治十年至明武宗正德十三年 | 22 |
| 108 | 16 | 正德十四年至明世宗嘉靖十三年年 | 16 |
| 109 | 19 | 嘉靖十四年至三十九年 | 26 |
| 110 | 13 | 嘉靖四十年至明神宗萬曆九年 | 21 |
| 111 | 17 | 萬曆十年至二十九年 | 20 |
| 112 | 16 | 萬曆三十年至明光宗泰昌元年 | 19 |
| 113 | 16 | 明熹宗天啓元年至七年 | 7 |
| 114 | 14 | 明莊烈帝崇禎元年至九年 | 9 |
| 115 | 9 | 崇禎十年至十六年 | 7 |
| 116 | 10 | 崇禎十七年（是年五月福王自立，至隔年五月明亡） | 1年5月 |

資料來源：〔清〕傅恆奉敕撰，《御批歷代通鑑輯覽》一百二十卷（附明唐桂二王末四卷）目錄，台北市：新興書局影印出版，民國48年。

# 參考書目

除古籍與檔案資料依年代排序外，其餘皆以作者姓氏筆畫順序排列。

## 一、古籍與檔案資料

### （一）經　書

1. 《尚書》，《十三經注疏》本，台北：藝文印書館，1989 年。
2. 《論語》，〔魏〕何晏等注，收於《四部要籍注疏叢刊》，北京：中華書局，1998 年。
3. 《孟子》，〔東漢〕趙歧等注，收於《四部要籍注疏叢刊》，北京：中華書局，1998 年。
4. 《左傳》，《十三經注疏》本，台北：藝文印書館，1989 年。
5. 《春秋左氏傳》，〔晉〕杜預等注，收於《四庫全書薈要》，台北：世界書局，1986 年，第 30～31 冊。

### （二）子　書

1. 《韓非子》，收於《景印文淵閣四庫全書》，台北：商務印書館，1983 年，第 729 冊。
2. 《荀子》，荀況著，收於《景印文淵閣四庫全書》，台北：商務印書館，1983 年，第 695 冊。

### （三）政　書

1. 《大清歷朝實錄》，台北：臺灣華文書局印行，1964～1965 年。
2. 《貞觀政要》，〔唐〕吳競，臺北市：大行書局印行，1956 年。
3. 《通典》，王文錦等校，〔唐〕杜佑撰，北京：中華書局，1992 年。

4. 《文獻通考》，〔元〕馬端臨著，收於《景印文淵閣四庫全書》，第 610～611 冊。

5. 《欽定歷代職官表》，〔清〕永瑢，紀昀等奉敕撰，收於《景印文淵閣四庫全書》，台北：商務印書館，1983 年，第 601 冊。

## （四）官修與私修史籍

1. 《漢書》，〔漢〕班固撰，台北：中華書局。

2. 《後漢書》，〔晉〕司馬彪，〔南朝宋〕范曄撰，收於《景印文淵閣四庫全書》，台北：商務印書館，1983 年，第 252 冊。

3. 《資治通鑑》，司馬光，收於《景印文淵閣四庫全書》，台北：商務印書館，1983 年，第 304～310 冊。

4. 《御批資治通鑑綱目》，〔清〕清聖祖御批，收於《景印文淵閣四庫全書》，台北：商務印書館，1983 年，第 689～691 冊。

5. 《御定資治通鑑綱目三編》，〔清〕張廷玉等奉敕纂，紀昀等校，收於《景印文淵閣四庫全書》。

6. 《御批歷代通鑑輯覽》，〔清〕傅恆等奉敕撰，台北：新興書局，1959 年。

7. 《御批歷代通鑑輯覽》，〔清〕傅恆等奉敕撰，收於《文津閣四庫全書》，北京：商務印書館，2005 年，史部編年類第 116～118 冊。

8. 《御批歷代通鑑輯覽》，〔清〕傅恆等奉敕撰，收於《景印文淵閣四庫全書》，台北：商務印書館，1983 年，第 335～339 冊。

9. 《御批歷代通鑑輯覽》，〔清〕傅恆等奉敕撰，收於《四庫全書薈要》，台北：世界書局，1986 年，第 173～178 冊。

10. 《增批歷代通鑑輯覽》，〔清〕傅恆等奉敕撰，台北：生生印書館，1985 年。

11. 《清史列傳》，清國史館編，王鐘翰點校，北京：中華書局，2005 年。

## （五）筆記、詩文集、叢書

1. 《全唐詩》，中華書局編，北京：中華書局，1996 年。（借）

2. 《御製日知薈說》，〔清〕清高宗御製，長沙：湖南人民出版社標點本，1999 年 9 月。

3. 《御製樂善堂全集定本》，收於《清高宗御製詩文全集》，台北：國立故宮博物院，1975 年。

4. 《御製文初集》，〔清〕清高宗御製，收於《清高宗御製詩文全集》，台北：國立故宮博物院，1975 年。

5. 《嘯亭雜錄》，〔清〕昭槤撰，北京：新華書局，1997 年。

6. 《觀堂集林》，〔清〕王國維撰，北京：中華書局，1991 年。

7. 《通鑑史料別裁》，首都圖書館編，北京：學苑出版出版社，1998 年。

### （六）檔案資料

1. 《軍機處檔‧乾隆朝上諭檔》，台北，國立故宮博物院藏。

### （七）電子資源

1. 《井觀瑣言》，〔明〕鄭瑗撰，收於《文淵閣四庫全書》電子版（網上版），台北：迪志文化出版公司，2007 年。

## 二、專　書

### （一）中文著作

1. 丁原基，《清代康雍乾三朝禁書原因之研究》，台北：華正書局，1983 年。
2. 王記錄，《清代史館與清代政治》，北京：人民出版社，2009 年。
3. 白新良，《清史考辨》，北京：人民出版社，2006 年。
4. 何冠彪，《明清人物與著述》，香港：香港教育圖書公司，1996 年。
5. 吳哲夫，《四庫全書薈要纂修考》，台北：國立故宮博物院，1976 年。
6. 杜維運，《中國史學史》，台北：三民書局，1993 年。
7. 侯德仁，《乾隆御批通鑑》，北京：中華書局，2008 年。
8. 馬起華，《清高宗朝之彈劾案》，台北市：華岡出版部，1974 年。
9. 郭伯恭，《四庫全書纂修考》，《收入民國叢書》第四編第四十一冊，台北：商務印書館，1966 年。
10. 喬治忠，《中國官方史學與私家史學》，北京：北京圖書館出版社，2008 年。
11. 喬治忠，《清朝官方史學研究》，台北：文津出版社，1994 年。
12. 葉高樹，《清朝前期的文化政策》，台北縣板橋，稻鄉出版社，2002 年。
13. 楊珍，《清朝皇位繼承制度》，北京：學苑出版社，2001 年。
14. 劉靜貞，《皇帝和他們的權力——北宋前期》，台北：稻鄉出版社，1996 年。
15. 戴逸，《乾隆帝及其時代》，北京：中國人民大學出版社，1992 年。
16. 饒宗頤，《中國史學上之正統論》，上海：遠東出版社，1996 年。

### （二）翻譯著作

1. 孔復禮（Philip Kuhn）著，陳兼、劉昶等譯，《叫魂：乾隆盛世的妖術大恐慌》，台北：時英出版社，2000 年。
2. 彼得‧柏克（Peter Burke）著，許授南譯，《製作路易十四》，1997 年。

3. 柯比（Copi, Irving M.）著，張身華譯，《邏輯概論》，台北：幼獅出版，1972 年。

4. 凱斯・詹京斯（Keith Jekins），著，賈士衡譯，《歷史的再思考》，台北：麥田，1996 年。

# 三、期刊與學位論文

## （一）期刊論文

1. 王德毅，〈商輅與《續資治通鑑綱目》〉，《中國歷史學會集刊》，41（2008 年），頁 1～17。

2. 何冠彪，〈清代前期君主對官私史學的影響〉，《漢學研究》，16：1（1998 年），頁 155～182。

3. 金鑫，〈乾隆改定遼金元三史譯名探析〉，《滿語研究》，1（2009 年），頁 60～64。

4. 金鑫，〈試論乾隆對民族史的關注〉，《大連民族學院學報》，2（2008 年），頁 16～19。

5. 陳明光，〈漢代「鄉三老」與鄉族勢力蠡測〉，《中國社會經濟史研究》，4（2006 年），頁 9～13。

6. 黃兆強，〈唐君毅先生論春秋經傳〉，《興大歷史學報》，19（2007 年），頁 155～176。

## （二）學位論文

1. 呂松穎，《清代乾隆御製詩詩意圖研究》，國立臺灣師範大學美術學系碩士論文，2000 年。

2. 林佑伊，《龔鼎孳出仕三朝之研究》，國立中央大學歷史研究所碩士論文，2009 年。

3. 林志偉，《清乾隆朝的官馬——需求、購補與孳養》，國立臺灣師範大學歷史研究所碩士論文，2005 年。

4. 林秋燕，《盛清諸帝治蒙宗教政策之研究》，國立臺灣師範大學歷史研究所碩士論文，2000 年。

5. 邱怡靜，《從奏摺硃批看清前期君臣一體之關係》，私立東吳大學歷史研究所碩士論文，2006 年。

6. 施澔霖，《清代邊政策略——乾隆朝治理新疆之個案分析（1760～1795）》，私立中國文化大學政治學研究所碩士論文，2006 年。

7. 洪意評，《洪任輝與乾隆朝之中英貿易》，國立清華大學歷史研究所碩士論文，2006 年。

8. 胡豔惠，〈《史記》之《春秋》書法研究》〉，國立成功大學中國文學研究所碩士論文，2005 年。

9. 徐漢霖，《中國與中亞歷史關係之探討──以哈薩克汗國爲例》，私立清雲科技大學中亞研究所碩士論文，2008 年。

10. 翁靜梅，《清廷與哈薩克在新疆貿易之研究──乾隆朝爲中心》，國立政治大學邊政研究所碩士論文，1992 年。

11. 馬雅貞，《戰爭圖像與乾隆朝（1736～1795）對帝國武功之建構──以《平定準部回部得勝圖》爲中心》，國立台灣大學藝術史研究所碩士論文，2000年。

12. 高進，《從制度面看清代的河防工程──以乾隆時期爲範圍的探討》，國立臺灣大學歷史學研究所碩士論文，1996 年。

13. 涂靜盈，《蘇努家族與天主教信仰之研究》，國立中央大學歷史研究所碩士在職專班，2008 年。

14. 張正樺，《清乾隆朝驛傳制度之研究》，國立臺灣師範大學歷史學研究所碩士論文，2007 年。

15. 張惠珠，《盛清時期四川常平倉之研究》，私立中國文化大學史學研究所碩士論文，1995 年。

16. 張菁華，《懲貪風而申國憲──乾隆朝懲治侵貪案研究》，國立政治大學史學研究所博士論文，2006 年。

17. 張嫣修，《清國史館《貳臣傳》與《欽定續通志‧貳臣傳》之比較研究》，私立逢甲大學中國文學所碩士論文，2004 年。

18. 張睿娟，《清代滿人的漢化問題──以清代滿文滿語的使用爲例》，私立東海大學歷史學研究所碩士論文，1994。

19. 陳維新，《清代對俄外交禮儀體制及藩屬歸屬交涉（1644～1861）》，私立中國文化大學政治學研究所博士論文，2005 年。

20. 黃文秉，《清代政治思想管制之研究──以康、雍、乾三朝文字獄案爲例》，中央警察大學行政管理研究所碩士論文，2004 年。

21. 潘志群，《清初的統治正當性問題》，國立臺灣大學歷史學研究所碩士論文，2003 年。

22. 蔣竹山，《從打擊異端到塑造正統──清代國家與江南祠神信仰》，國立清華大學歷史學研究所碩士論文，1994 年。

23. 蔡秉叡，《和珅與乾隆朝晚期（1775～1795）政局之研究》，國立成功大學歷史學研究所碩士論文，2006 年。

24. 鄭永昌，《清代乾隆朝錢貴時期之私錢問題及其對策（1736～1775 年）》，國立臺灣師範大學歷史學研究所博士論文，2004 年。

25. 盧亦璿，〈司馬光《資治通鑑》之「春秋」書法研究──以中晚唐爲例〉，

（國立成功大學中國文學研究所碩士論文，2009 年。

26. 賴崇誠，《清越關係研究——以貿易與邊務爲探討中心（1644～1885）》，
國立臺灣師範大學歷史研究所博士論文，2004 年。

## 四、論文集

1. 王鐘翰，〈清軍入關與滿族的政治思想文化〉，《王鐘翰清史論集》第二冊，
北京：中華書局，2004 年，頁 813～821。

2. 王鐘翰，〈國語騎射與滿族的發展〉，《王鐘翰清史論集》第二冊，北京：
中華書局，2004 年，頁 846～859。

3. 莊吉發，〈清代政治與民間信仰〉，《清史論集（一）》，台北：文史哲出版
社，1997 年，頁 169～206。

4. 莊吉發，〈清初諸帝的北巡及其政治活動〉，《清史論集（一）》，台北：文
史哲出版社，1997 年，頁 235～276。

5. 莊吉發，〈清高宗禁燬錢謙益著述考〉，《清史論集（三）》，台北：文史哲
出版社，1998 年，頁 175～197。

6. 莊吉發，〈清高宗敕譯《四書》的探討〉，《清史論集（四）》，台北：文史
哲出版社，2000 年，頁 61～76。

7. 莊吉發，〈傳統與創新：從現存史館檔看清史的纂修〉，《清史論集（十三）》，
台北：文史哲出版社，2004 年，頁 155～202。

## 五、工具書籍

1. 《康熙字典》，收入中華漢語工具書書庫，合肥市：安徽教育，2002 年。

2. 《說文解字注》，〔清〕段玉裁撰，台北：藝文印書館影印，1994 年。